A CELEBRAÇÃO DO MATRIMÔNIO NA ALTA SOCIEDADE FLORENTINA DO QUATTROCENTO

CONSELHO EDITORIAL

Ana Paula Torres Megiani
Eunice Ostrensky
Haroldo Ceravolo Sereza
Joana Monteleone
Maria Luiza Ferreira de Oliveira
Ruy Braga

A CELEBRAÇÃO DO MATRIMÔNIO NA ALTA SOCIEDADE FLORENTINA DO QUATTROCENTO

Maria Verónica Perez Fallabrino

Copyright © 2017 Maria Verónica Perez Fallabrino.

Grafia atualizada segundo o Acordo Ortográfico da Língua Portuguesa de 1990, que entrou em vigor no Brasil em 2009.

Edição: Haroldo Ceravolo Sereza
Assistente acadêmica: Bruna Marques
Editora assistente: Danielly de Jesus Teles
Projeto gráfico, diagramação e capa: Jean Ricardo Freitas
Revisão: Alexandra Colontini
Imagem da capa: Maestro di Marradi, *Lo scambio degli anelli*, c. 1480

Esta obra foi publicada com apoio da Fapesp, processo número 2015/09886-7.

CIP-BRASIL. CATALOGAÇÃO-NA-FONTE
SINDICATO NACIONAL DOS EDITORES DE LIVROS, RJ

F182c

Fallabrino, Maria Verónica Perez

A celebração do matrimônio na alta sociedade florentina do quattrocento
Maria Verónica Perez Fallabrino. - 1. ed.
São Paulo : Alameda, 2016.
21 cm

Inclui bibliografia e índice
ISBN 978-85-7939-413-3

1. Casamento - História. 2. Casamento da realeza e nobreza. 3. Itália - Cortes - História. I. Título.

16-35687   CDD: 306.8
                       CDU: 392.3

ALAMEDA CASA EDITORIAL
Rua 13 de Maio, 353 – Bela Vista
CEP 01327-000 – São Paulo, SP
Tel. (11) 3012-2403
www.alamedaeditorial.com.br

SUMÁRIO

Prefácio
7

Apresentação
13

Matrimônio e família na Florença do Quattrocento
35

As práticas matrimoniais florentinas: valores e estratégias
99

As práticas matrimoniais florentinas: cerimônias e costumes
171

A vida matrimonial florentina:
algumas considerações
235

Fontes documentais
247

Referências bibliográficas
251

Agradecimentos
259

PREFÁCIO

Guarda d'imparentarti con buoni cittadini, frase que aparece na documentação utilizada neste livro que tenho o prazer de prefaciar, marca divisa importante da Florença do Quattrocento, que define uma ética do matrimônio das famílias de altas esferas desta cidade italiana, além de estratégias de formação de parentado que impactam sobremaneira a sua vida pública, social, política e cotidiana. Na alta sociedade florentina o casamento não é resultado de uma convivência dos noivos, do afeto que possam sentir um pelo outro, mas dos interesses dessas famílias "por estabelecer alianças de casamento capazes de promover vínculos sociais, políticos e econômicos com o fim de reforçar a hierarquia e o lugar que elas ocupavam na sociedade".

A análise sensível e atenta às sutilezas e diversas camadas de representações de suas fontes fez com que María Verónica nos apresentasse em seu trabalho, inicialmente defendido como uma dissertação de mestrado no Programa de Pós-graduação em História da PUC-SP, uma interpretação das práticas de matrimônio da Florença renascentista que nos revelam sentimentos, angústias, expectativas, frustrações, bem como nos deu uma descrição viva e colorida de uma cidade engalanada para os cortejos matrimoniais de seus grandes e poderosos, cujo fausto e brilho reforçavam ainda mais a sua posição social. Mais do que um cenário por onde circulam as personagens do drama histórico da construção de uma sociedade urbana e mercantilista, a cidade em seu trabalho é um espaço de construção social, artefato das próprias alianças e solidariedades que esses desfiles de boda selavam, deixando suas marcas visíveis nos espaços da cidade dos Médici e da síndrome de Stendhal.

Verónica circula entre uma história antropológica do casamento e da família, uma história de gênero, na qual os papéis masculinos e femininos são muito bem delimitados, e uma história social das elites. Entre representações e práticas o casamento em Florença revela astúcias, conchavos e sentimentos. Estes casamentos não nasciam do passado, de uma história compartilhada pelos noivos, da experiência vivida trilhada em comum que levava a uma legitimação pública desta aliança, mas ao contrário, visavam ao futuro, à manutenção dos privilégios de classe, do lugar social ocupado pelas famílias poderosas. Eles dispõem a continuidade de um "projeto" de construção e manutenção de poder político e social que se constrói pelo estabelecimento de laços de consanguinidade. Assim, o sentimento, o amor conjugal, não são as causas que levam ao matrimônio, mas o resultado deste pacto e desta cerimônia, que era tanto pública, inserindo a prática da aliança no espaço e na memória cívica da cidade, quanto privada, estabelecendo relações recíprocas entre as famílias envolvidas. O amor dos cônjuges deve ser resultado deste projeto comum, da constituição deste parentado que une as famílias tanto na prosperidade das finanças compartilhadas, quanto na adversidade das desgraças econômicas e sociais que muitas famílias enfrentavam. O amor é, portanto, resultado deste papel social representado pelos noivos como continuadores de uma posição e de um *status*; ele é, assim, um sentimento cívico, gerando a honra e a respeitabilidade daqueles que são responsáveis por governar e manter a grandeza da poderosa e bela Florença.

Entretanto, estas alianças não estão desprovidas de sentimento amoroso. Se a mulher casadoura, a noiva em potencial e esposa recém-casada pouco opina sobre seu próprio matrimônio, assim com o noivo, ambos secundários nas tratativas, é em outro papel, o de mãe, que a mulher adquire protagonismo. Ela é uma das principais responsáveis da articulação destas alianças e da escolha da noiva ou do noivo de sua filha ou filho e é por meio de suas cartas que foi possível a Verónica recuperar a tessitura desses casamentos. Portanto, estes matrimônios em Florença não nascem do amor romântico, ainda que ele possa caber na posteridade dos casados e seja mesmo esperado que aconteça, mas do amor materno, que busca um equilíbrio entre os interesses econômicos e políticos de sua família e a posição social de seus membros, a moral pública que garante a sua consideração e boa reputação, os interesses de seus filhos, as qualidades que garantam uma boa convivência, muitas vezes na incômoda condição, quando mães da noiva, de garantir um bom casamento com um dote que permita alguma escolha numa situação financeira por vezes desvantajosa.

É justamente da atenção a essa faceta do amor materno que nasce a ideia deste trabalho, como informa a própria autora: da leitura de carta datada de 1447, de Alessandra Macinghi Strozzi a seu filho Filippo, exilado em Nápoles por motivos políticos, na qual conta-lhe a felicidade de haver conseguido colocar bem a sua irmã, Caterina, casando-a com Marco, filho de Parente di Pier Parenti, "que é jovem de bem e virtuoso, e é filho único e rico". Nessa escolha, ainda mais agudamente importante no momento em que um dos filhos está caído em desgraça, a habilidade de Alessandra Strozzi foi "colocar" sua filha em uma situação vantajosa em condições que eram extremamente desvantajosas para a família: sua idade avançada, dezesseis anos, o exílio político de Filippo, um dote que quase leva à ruína as finanças familiares, mas que é concebido como um investimento a longo prazo. Este bom casamento servia, assim, para "recolocar" a família da noiva uma posição privilegiada dentro da alta sociedade florentina.

Como todo trabalho historiográfico, o livro de María Verónica nasce da proximidade que gera um estranhamento em relação ao passado: é como olhar para um espelho que nos fornece uma imagem retorcida de nós mesmos. Temos ali a similaridade da família, do amor materno e fraternal, do casamento, da cerimônia de boda, do vestido da noiva, da festa e do banquete, da alegria e contentamento, mas esses sentimentos estão colocados de forma exótica, desconexa, descomposta em relação à representação do mundo tal como conhecemos em sua atualidade. O amor materno exclui considerar os sentimentos e escolhas dos filhos, o amor conjugal é consequência, e não causa do matrimônio, a alegria pela aliança está marcada muito mais por interesses materiais e políticos que sentimentais ou privados. O matrimônio é, assim, além de uma questão privada e familiar, um negócio público e um dever cívico, que ocupa a pena de tratadistas e humanistas da importância de um Alberti, por exemplo.

Mas estão presentes aí os sentimentos; se não são casamentos fundamentados em um amor apaixonado, como recorda a autora, ainda assim, nas cartas que trocavam os cônjuges, "notamos um interesse pela vida em comum, pelos assuntos e preocupações do outro e pelo bem-estar dos filhos e dos parentes que os uniam". Afinal, como recorda, o casamento é parte de uma representação humanista na qual "o amor matrimonial era exaltado como um sentimento perfeito que devia se fundamentar na afeição nascida na convivência". Uma das principais qualidades deste trabalho foi transitar nesse caminho complexo entre os sentimentos tidos como naturais e imutáveis e as diferenças que nos separam das práticas e representações do passado, esse domínio de uma radical alteridade e ruptura.

Cabe notar ainda a novidade e importância deste trabalho para a consolidação dos estudos da história moderna no Brasil, pouco acostumado a meter-se nas searas da história antiga, medieval ou renascentista. Se, de um lado, não causam escândalo os historiadores brasilianistas, norte-americanos ou europeus que estudam a história do Brasil, permitindo uma multiplicidade de pontos de vista e olhares estrangeiros sobre a nossa história, adotamos frequentemente uma posição colonizada e provinciana que nos impede de olhar epistemologicamente a esse outro que constrói diuturnamente tantas representações sobre nós e a nossa história. Nada deveria impedir-nos de voltar nosso olhar para aqueles que por tanto tempo construíram teorias e interpretações sobre nossa história e que esperam, avidamente, que levemos de volta, por meio de publicações e comunicações em eventos internacionais, nossos estudos de caso nos quais aplicamos esta ou aquela teoria por eles inventada. Educamos nosso olhar, educamos nossa sensibilidade historiográfica, toda vez que exercemos nossa curiosidade intelectual para fora de nós mesmos. Sejamos, assim, além de brasilianistas, europeístas, americanistas, africanistas e tudo mais que o pensamento nos permitir. Seu lugar de pesquisadora estrangeira afincada no Brasil talvez tenha permitido à autora olhar sem barreiras ou entraves a este objeto historiográfico que se apresentou diante de si por meio do acesso inicialmente fortuito às fontes. É de se louvar, portanto, o exercício empreendido por María Verónica Perez Fallabrino nessa excelente, sensível e cuidadosa dissertação de mestrado, a qual tive o privilégio de orientar, e que promete ser o início de uma brilhante carreira de historiadora.

Amilcar Torrão Filho

APRESENTAÇÃO

Pensar na celebração de um matrimônio, hoje em dia e na nossa sociedade, é pensar no anelo de um casal por legitimar a sua união afetiva, fruto de uma escolha pessoal e de um período de convivência e conhecimento mútuo. É pensar também nos preparativos da festa, na escolha do salão, das flores, do buffet, da música, na ilusão da noiva com o seu vestido. Dependendo do casal e suas tradições familiares, deve-se considerar ainda a disponibilidade da igreja, sinagoga, mesquita ou outros locais de celebração do rito matrimonial. É uma tarefa que demanda tempo e dinheiro, e que, geralmente, começa a ser preparada nos meses que se seguem à celebração do noivado.

O propósito principal deste livro é abordar o matrimônio em um contexto bem distante do nosso, afastado no tempo e no espaço: o das famílias da alta sociedade da Florença do Quattrocento. O objetivo é compreender a forma como o matrimônio era concebido e praticado no âmbito das relações sociais e dos interesses deste grupo. Mas, por que seria interessante ao conhecimento histórico estudar o matrimônio em outros espaços e épocas?

Partimos da concepção de que a forma de se pensar o matrimônio é cultural, portanto, diz respeito a questões próprias do entorno social e da cultura que lhe dão sentido. Para o historiador Georges Duby (1988), pesquisas sobre o casamento são muito relevantes, pois o seu papel é fundamental em qualquer formação social.

> É realmente pela instituição matrimonial, pelas regras que presidem às alianças, pelo modo como são aplicadas tais regras, que as sociedades humanas, até mesmo as

que se pretendem mais livres e se imbuem da ilusão de o ser, governam o seu futuro, tentam perpetuar-se na manutenção das suas estruturas, em função de um sistema simbólico, da imagem que estas sociedades têm da sua própria perfeição. [...] O casamento funda as relações de parentesco, funda a sociedade no seu todo. Ele forma a pedra angular do edifício social (DUBY, 1988, p. 19).

Nessa perspectiva, uma vez que o matrimônio envolve relações de gênero, de grupo e de parentesco, normas, costumes e rituais simbólicos e opera como uma ocasião para o gasto e o consumo (roupas, móveis, presentes e comida) – assuntos importantes para o conhecimento dos valores e interesses de uma sociedade e de seu tempo –, analisar o modo como ele era pensado e celebrado em diferentes contextos do passado torna-se uma forma de apreciar não somente a diversidade, mas as mudanças e permanências de uma prática comum à maioria das culturas na história. O matrimônio não significa apenas uma união legítima entre duas pessoas, ele toca em assuntos que dizem respeito a temas culturais, sociais, políticos, econômicos e religiosos, mostrando-se, assim, um tema de relevância à pesquisa dos historiadores.

Particularmente, o interesse pelo matrimônio na Florença do Quattrocento despertou-se há algum tempo, quando uma carta escrita por Alessandra Macinghi Strozzi, em 1447, chamou a minha atenção para o tema. Nela, esta viúva florentina, de quarenta anos de idade, relatava a seu filho Filippo, exilado em Nápoles por motivos políticos,[1] o casamento da sua filha Caterina, irmã do jovem:

---

1   Os homens da família Strozzi haviam sido banidos de Florença em 1434, como inimigos do regime de Cosimo de Medici. Os Strozzi estavam entre as famílias que apoiaram a conspiração contra Cosimo e que derivou no exílio que o afastou da cidade em 1433. Com o seu retorno a Florença, em 1434, os conspiradores e seus descendentes masculinos foram expulsos da cidade e condenados a viver no exílio. Ver: CRABB, Ann. *The Strozzi of Florence: widowhood & family solidarity in the Renaissance*. Michigan: Univesity of Michigan Press, 2000.

Primeiramente te aviso que, por graça de Deus, temos colocado a nossa Caterina ao filho de Parente di Pier Parenti, que é jovem de bem e virtuoso, e é filho único e rico e tem vinte e cinco anos de idade, e tem oficina de manufatura da seda; [...]. E assim lhe darei de dote mil florins [...]. E esse dinheiro é parte de vocês e parte minha. E se eu não tivesse tomado esse partido ela não se casava neste ano [...]. E esse partido nós tomamos para melhor; pois ela estava com dezesseis anos de idade e não havia que demorar mais para casá-la. Procuramos colocá-la em maior posição política e hierarquia, mas com mil quatrocentos ou (mil) quinhentos florins; o que era a minha ruína e a de vocês. [...] E eu considerando tudo resolvi colocar bem a menina e não olhar para tantas coisas: e parece-me estar certa que aí ela estará bem como outras moças de Florença, pois tem a sogra e o sogro que estão muito felizes e só pensam em contentá-la. Ah! E nem te falo Marco, o marido, que sempre lhe diz: pede aquilo que você quiser (1877, p. 3-5, grifo meu[2]) [3]

2 [*] No decorrer do texto, todas as citações de documentos em língua estrangeira são traduzidas por mim.

3 "E´n prima t´avviso come, per grazia di Dio, abbiàmo allogata la nostra Caterina al figliuolo di Parente di Pier Parenti, ch´ è giovane da bene e vertudioso, ed è solo, e ricco, e d´età d´anni venticinque, e fa bottega d´arte di seta; [...] E sì gli do di dotta fiorini mille [...]. E questi danari sono parte de´ vostri e parte de´ mia. Che s´io non avessi preso questo partito, non si maritava quest´anno [...]. E questo partito abbiàn preso pello meglio; che era d´età di anni sedici, e non era da 'ndugiar più a maritarla. Èssi trovato da metterla in maggiore istato[*] e più gentilezza, ma con mille quattrocento o cinquecento fiorini; ch´era il disfacimento mio e vostro. [...] Ed io, considerato tutto, diliberai acconciar bene la fanciulla, e non guardare a tante cose: e parmi esser certa la starà bene come fanciulle di Firenze; cha ha la suocera e 'l suocero che ne sono sì contenti; che non pensan se non di con-

O entusiasmo com que essa mãe comentava o futuro matrimônio da filha me fez pensar na felicidade que este tipo de notícias também provoca no presente. Geralmente, o casamento dos filhos gera uma grande alegria na vida dos pais, a qual os leva a dividir a novidade com parentes, amigos, vizinhos e colegas de trabalho. No entanto, uma vez que os motivos que levam à manifestação dessa felicidade são marcados pelos valores do lugar e da época, deve-se compreender a felicidade de dona Alessandra Strozzi com base no modo como os florentinos da alta sociedade do Quattrocento concebiam o matrimônio.

Nesse sentido, a leitura da carta nos faz sentir partícipes da novidade do futuro casamento de Caterina, um casamento que se apresenta como um ato racional, pensado de forma prática e decidido de acordo com possibilidades econômicas. Uma realidade diferente à maioria dos matrimônios da nossa cultura, mas que igualmente provocava sentimentos de alegria e emoção na mãe da jovem. As palavras de dona Alessandra geram muitos questionamentos, perguntas que querem saber a percepção que aquela época tinha sobre o matrimônio, entender o papel da família na decisão dos casamentos, os valores que se ponderavam na escolha dos noivos, a racionalidade com que o tema era tratado, o determinante do dote, da posição social e a relevância da idade – tão exaltada por dona Alessandra –, além de tantos outros assuntos implícitos nas entrelinhas da carta. É impossível não pensar também na jovem Caterina, e, por que não, no jovem Marco; como era a experiência do casamento para as moças? E para os noivos? Qual era o envolvimento deles na decisão do matrimônio?

Na busca por respostas decidí me aventurar no estudo do tema, pensando o matrimônio da alta sociedade florentina do Quattrocento no seu valor de prática familiar, social e cultural. Nessa perspectiva, uma vez que o corpo documental aqui analisado foi fundamentalmente produzido por pessoas que moravam na própria cidade de Florença, a pesquisa se centra no espaço urbano florentino e não na cidade-estado ou República

---

tentalla. O! non ti dico di Marco, cioè il marito, che sempre gli dice: Chiedi ciò che tu vuogli" (* O termo *istato* refere à participação na vida política).

de Florença, conformada por muitos outros territórios. Desse modo, sempre que se falar de Florença estarei me referindo à cidade, quando for necessário falar da República florentina será feita a devida alusão.

Também gostaría de esclarecer que por alta sociedade entendo as ricas famílias vinculadas principalmente às atividades mercantis e com participação política na vida pública florentina. Isto é, os banqueiros que com seus recursos materiais financiavam o comércio, a arte e a política da Europa e os grandes mercadores que:

> Compravam bens no exterior para clientes ricos: tapeçarias, cortinados, painéis pintados, candelabros, manuscritos, prataria, joias, escravos. Especulavam, comprando todo um carregamento de alume (para a indústria têxtil) ou de lã, especiarias, amêndoas ou sedas, transportando-as do sul para o norte da Europa e vice-versa, e vendendo a preço mais elevado (PARKS, 2005, p. 49).

Nesse sentido, é importante explicar que a Florença do *Quattrocento* descendia de uma longa transformação socioeconômica que havia mudado grandemente a hierarquia social da cidade, a qual estava vinculada, fundamentalmente, à riqueza e à vinculação política das famílias. Falamos de uma transição entre uma Florença governada por famílias tradicionais vinculadas à terra e uma Florença dominada pelas famílias das novas riquezas do mundo mercantil.[4] Esta transição ocor-

---

4   Quando falamos em mundo mercantil ou em sociedade mercantil referimo-nos ao contexto social movido pelo empreendedorismo comercial dos grandes mercadores. Uma sociedade cuja dinâmica se centra no acúmulo de importantes capitais: produto do comércio em grande escala com as mais longínquas cidades do mundo. A sociedade mercantil é aquela que destaca o grupo dos grandes negociantes da massa dos comerciantes comuns e do resto da sociedade. Trata-se de uma sociedade estritamente hierarquizada, com um enorme aparelho de comércio, manufatura, transporte e crédito. É sobre esse grupo reduzido de homens, vinculados ao comércio a distância, que recai não somente o poder econômico, mas também o po-

reu paulatinamente desde as primeiras décadas do século XIII, através de um longo processo no qual o poder político das famílias de tradições feudais, chamadas de *grandi* ou *magnati*, foi confrontado pelas famílias emergentes das atividades bancárias e comerciais, a chamada *gente nuova* ou *popolo grasso*.[5]

O resultado desse processo foi o fortalecimento político da *gente nuova*, que ganhou espaço no governo da cidade e encurtou as distâncias sociais que a separavam dos chamados *magnati*. Muitas das famílias dos *magnati* viram afetadas as suas riquezas e a sua onipresença na vida política de Florença, o que levou a muitas delas a incorporar as atividades mercantis ao seu modo de vida e a estabelecer matrimônios com membros das novas riquezas da cidade, misturando-se assim à nova realidade do mundo florentino e diluindo as distâncias sociais do passado. No final do *Trecento*, tanto pelo seu poder econômico quanto pelo seu poder político, as famílias tradicionais e as famílias das novas riquezas urbanas já eram entendidas como uma única alta sociedade, com a única diferença do prestígio que concedia a antiguidade do nome ao primeiro grupo (FABBRI, 1991). Como afirmara Fernand Braudel, "em Florença, no final do século XIV, a antiga nobreza feudal e a nova grande burguesia mercantil são apenas uma classe, formando a elite do dinheiro que também se apossa, logicamente, do poder político" (1987, p. 46).

A escolha pela denominação de alta sociedade é de caráter pessoal. Trata-se de uma tentativa de aproximação à noção com que a Florença daquele período concebia a divisão hierárquica da sua socieda-

---

der político das cidades. BRAUDEL, Fernand. *A dinâmica do capitalismo*. Rio de Janeiro: Rocco, 1987.

5 A longa transição sociopolítica florentina dos séculos XIII e XIV é extensamente abordada por: NAJEMY, John M. *A history of Florence*: 1200-1575. Maden: Blackwell Publishing, 2006. Também, de forma mais concisa, há referências em: FABBRI, Lorenzo. *Alleanza matrimoniale e patriziato nella Firenze del '400*: studio sulla famiglia Strozzi. Firenze: Leo S. Olschki Editore, 1991; CRUM, Roger J.; PAOLETTI, John T. *Renaissance Florence: a social history*. New York: Cambridge University Press, 2006.

de, em termos simples, constituída por um grupo de grandes (os *grandi* e o *popolo grasso*) e um grupo de pequenos (o *popolo minuto*). Dado que não existe uma denominação comum entre os historiadores para este grupo – geralmente se referem a ele como burguesia, aristocracia, nobreza, classe dirigente ou elite –, optei pelo uso de alta sociedade como uma forma de pensar a esses indivíduos em termos similares aos que eles próprios se concebiam.

O tempo do Quattrocento foi escolhido por ser um período que pensou amplamente o tema do matrimônio, da família e da vida doméstica, deixando um grande legado em termos de documentos literários e pessoais. Foi também um período em que a alta sociedade tinha uma percepção bem definida de si, como um grupo de prestígio e diferenciado do resto da sociedade pela importância social das suas atividades mercantis e pelas suas possibilidades políticas. Ainda, por ser um tempo que presenciou uma relativa estabilidade, não obstante as guerras com cidades vizinhas e as conspirações contra os Medici. A janela de tempo fechou-se nesse século pelos grandes acontecimentos que marcaram seus últimos anos e levaram à desestabilização social e política – a influência de Girolamo Savonarola, a entrada de Carlos VIII da França à cidade, a queda de Piero de Medici e o difícil período que levou ao poder o outro ramo dos Medici e derivou na instituição do ducado hereditário em 1532.[6]

As diversas leituras que deram suporte contextual a esta pesquisa apresentaram um cenário no qual a família era o núcleo mais importante da sociedade. Na Florença do Quattrocento, os indivíduos eram estritamente ligados ao seu grupo familiar e este definia o lugar que as pessoas ocupavam dentro da comunidade. As possibilidades de relacionamento social, de acesso a cargos políticos na administração florentina e a empreendimentos comerciais dependiam grandemente da posição e poder que ocupava cada família.

---

6 No referente ao contexto histórico florentino do Quattrocento considerou-se: NAJEMY, John M. *A history of Florence*: 1200-1575. Maden: Blackwell Publishing, 2006; HIBBERT, Christopher. *The house of Medici: its rice and fall*. Nova York: Harper Perennial, 2003.

Ainda, o poder e o prestígio de uma família não se limitavam apenas à própria riqueza, posição social ou tradição política, vinculavam-se também aos laços criados com os parentes adquiridos a partir do casamento. De acordo com as práticas matrimoniais da época, as famílias florentinas vinculavam-se umas às outras por meio do matrimônio, gerando uma elaborada rede de patrocínio, apoio e solidariedade entre os parentes. A essa rede de parentesco tecida através dos matrimônios denominavam-na *parentado*, um termo reiteradamente citado na documentação que aqui analiso e que é fundamental ao desenvolvimento do trabalho pela sua importância nas relações sociais florentinas e na definição dos acordos matrimoniais da alta sociedade.

A geração do *parentado* era uma das principais finalidades do matrimônio, caminhando lado a lado com a geração da descendência. Para os florentinos, casar significava uma oportunidade de alargar o círculo de relações sociais e de pessoas aliadas. Desse modo, diferentemente do tempo presente, o casamento não representava o envolvimento afetivo dos noivos, mas o interesse de vinculação de suas famílias. Os futuros esposos, principalmente as moças, que casavam muito novas, não costumavam fazer parte das negociações matrimoniais e muito menos da escolha daqueles que seriam seus companheiros de vida. O matrimônio era um assunto de família, que envolvia valores sociais, econômicos e políticos de grande importância para o grupo.

A produção historiográfica desenvolvida sobre o tema foi de grande ajuda na construção do cenário matrimonial florentino, permitindo-nos representá-lo desde diversas perspectivas e aproximações. Nesse sentido, uma referência fundamental a todos aqueles que adentramos ao estudo do matrimônio nas cidades italianas é o trabalho de Francesco Brandileone, *Saggi sulla storia della celebrazione del Matrimonio in Italia* (1906). Fruto do alvorecer das Ciências Sociais, a obra debruça-se sobre a história dos ritos e celebrações matrimoniais na Península Itálica. Com base em fontes de caráter legal e notarial, e utilizando a descrição literária das bodas da alta sociedade romana, escritas pelo humanista Marco Antonio Altieri, entre 1506 e 1513, Brandileone analisa aspectos e tradições das diferentes etapas dos casamentos italianos medievais anteriores ao Concílio de Trento. Seu trabalho é uma grande contribuição para entender a importância que tanto a influência romana quanto a influência germânica medieval tiveram em algumas das práticas matrimoniais italianas.

Com a renovação histórica trazida pela Revista de Annales chegaram novos estudos sobre o matrimônio ao campo da historiografia, mas, desta vez, centrados nas especificidades das diversas regiões e cidades italianas. No que diz respeito à realidade florentina do Quattrocento, surgiram pesquisas importantes sob o viés de análises demográficas, que relacionaram dados seriais com a história social regional, principalmente dentro da historiografia de origem francesa e americana.

Nessa linha, está o importante trabalho de David Herlihy e Christiane Klapisch-Zuber, *Tuscans and their families: a study of the Florentine Catasto of 1427* (1985), fundamentado, como o próprio título sugere, na classificação e cruzamento de dados obtidos do *Catasto* florentino de 1427 – censo fiscal que evidenciava a riqueza, idade e composição das famílias toscanas.[7] A partir dos gráficos e dos quadros resultantes da pesquisa, fazendo ressalvas a possíveis distorções causadas por informação faltante ou duvidosa, esses historiadores observaram tendências e regularidades na sociedade florentina *quattrocentista*, as quais

7   O *Catasto* foi uma forma de registro fiscal instituída pelo governo de Florença em 24 de maio de 1427. Consistiu em uma forma mais elaborada de aporte fiscal do que o foram as medidas anteriores: como o chamado *Estimo* – impostos sobre a terra – e as chamadas *Gabelle* – formas de taxação indiretas. O *Catasto* surge como resposta à grande crise econômica provocada pelas longas guerras com Milão – que ressurgiram entre 1423 e 1428 –, buscando atrair maiores somas de dinheiro para a administração da cidade. Essa nova forma de taxação fiscal fundamentava-se na renda dos florentinos e não mais na propriedade, buscando captar impostos das novas formas de riqueza da cidade: o comércio, as manufaturas e as atividades bancárias. Mais informações em: HERLIHY, David.; KLAPISCH-ZUBER, Christiane. *Tuscans and their families: a study of the Florentine Catasto of 1427.* New Haven: Yale University Press, 1985.

nos dão conhecimento sobre a média de idade de homens e mulheres no primeiro casamento, a diferença média de idade entre os esposos, a porcentagem de casamentos na população da Toscana, as diversas configurações familiares e a tendência da sociedade à residência patrilocal. Igualmente baseada em dados demográficos, mas incorporando também documentação escrita de caráter privado, como cartas e diários familiares da época, a pesquisa de Anthony Molho situa-se entre as novas tendências da História Cultural. Ao relacionar dados extraídos dos arquivos do *Monte delle doti* com estudos anteriores sobre o Catasto florentino e documentos contemporâneos de caráter pessoal, [8] *Marriage Alliance in Late Medieval Florence* (1994) nos traz muitos aspectos relativos ao sistema dotal na Florença do século XV, tais como a relevância do dote para o casamento das moças e a forma como este valor influía nas estratégias matrimoniais das famílias da alta sociedade.

Posteriormente, estudos mais recentes vieram a complementar o conhecimento histórico sobre o tema. A consideração por novas fontes, novos objetos e novas formas de abordagem, trouxe consigo o surgimento de vários trabalhos dentro do campo historiográfico, os quais abordam o estudo do matrimônio na Florença Renascentista desde diversas perspectivas conceituais e metodológicas.

Nesse sentido, Gene Brucker fez uma importante contribuição ao tema com sua obra *Giovanni and Lusanna*: love and marriage in Renaissance Florence (2005), fundamentada no gênero da Micro-História. O estudo de um único processo judicial, que visava provar a legitimidade de um matrimônio celebrado em Florença, em 1453, colocou em evidência algumas características das práticas matrimoniais florentinas daquele período. A partir da análise dos testemunhos

---

8   O *Monte delle doti* foi um fundo de investimentos a longo prazo criado pelo governo florentino em 1425 que tinha o objetivo de auxiliar as famílias de todos os grupos sociais a prever e garantir um dote para o momento do casamento das filhas. Mais informações em: MOLHO, Anthony. *Marriage alliance in late Medieval Florence*. Cambridge: Harvard University Press, 1994.

registrados de parentes, vizinhos e amigos e das diferentes estratégias tomadas pelas partes em pleito, Brucker nos apresenta elementos muito significativos, como a importância das convenções de hierarquia social e de endogamia de grupo.

Sob um viés diferente, mas igualmente enriquecedor, buscando responder às perguntas que haviam nascido em suas pesquisas anteriores e que haviam ficado "mudas" na padronização da abordagem serial, Klapisch-Zuber, tendo por base fontes iconográficas contemporâneas e documentos pessoais redigidos por florentinos da época, trouxe novos olhares sobre as características dos ritos matrimoniais da Florença renascentista. Em seus artigos *Zacharias, or the ousted father: nuptial rites in Tuscany between Giotto and the Council of Trent* e *The Griselda Complex: dowry and marriage gifts in the Quattrocento*, ela analisa dois assuntos muito importantes e esclarecedores: os rituais que acompanhavam o processo de casamento florentino e as implicações simbólicas implícitas nos tradicionais presentes que eram entregues à noiva. No entanto, pelo fato de se tratar de artigos que conformam um livro sobre a mulher e a família, *Women, family, and ritual in Renaissance Italy* (1985), o resultado da pesquisa é apresentado de forma concisa e com pouca exposição dos testemunhos dos documentos pessoais.

Outras aproximações ao tema vieram na obra de Lorenzo Fabbri, *Alleanza matrimoniale e patriziato nella Firenze del '400: studio sulla famiglia Strozzi* (1991). O livro aborda o tema do matrimônio como aliança de poder, considerando os interesses e implicações que levavam aos acordos de casamento dos membros da casa Strozzi. A pesquisa fundamenta-se no estudo de cartas e diários pessoais produzidos por essa família e é um estudo rico em informações sobre o matrimônio florentino do século XV, especialmente no que diz respeito à importância que se concedia nas tratativas matrimoniais à escolha estratégica dos futuros parentes.

Em vista dos vários trabalhos produzidos sobre o casamento florentino no tempo da Renascença, é natural se perguntar: por que esta pesquisa seria relevante? Nesse sentido, penso que "a pesquisa histórica não tem uma trilha já pavimentada por mais que o tema de estudo seja conhecido" (BERNUZZI In: VIGARELLO, 2000, p. 226);

existem sempre novos contextos, novos questionamentos e novas possibilidades de abordagem.

Assim sendo, neste trabalho apresento o matrimônio na Florença do Quattrocento desde a perspectiva de diversas famílias da alta sociedade. Sob esse viés, abordo o tema de uma forma mais abrangente e menos pontual, ou seja, não a partir de um caso, assunto ou família particular, mas atendendo às diferentes questões que diziam respeito ao casamento como um todo, partindo da importância da família na sociedade florentina para logo analisar os assuntos relativos às práticas matrimoniais, desde os valores e estratégias consideradas nas primeiras tratativas de casamento até a consumação da união. Ainda, busco fazer isso com o testemunho dos próprios florentinos, fundamentando-me em escritos de caráter pessoal. Nesses documentos, expõem-se não só detalhes das práticas e tradições de casamento, mas sentimentos, inseguranças, expectativas e intenções com relação ao tema. Eles permitem ver de que forma o casamento era percebido e vivido pelos florentinos, oferecendo um panorama da importância que este evento tinha na vida das pessoas e das famílias.

Para entrar nessa realidade defini como fontes da pesquisa documentos escritos de três categorias diferentes: registros pessoais, cartas e obras literárias, produzidos por florentinos ou difundidos dentro de Florença, fundamentalmente, ao longo do século XV. Todos esses documentos encontram-se publicados em formato de livro.

Os registros pessoais, chamados de *Ricordi, Ricordanze, libro segreto* ou, simplesmente, *libro de...*, eram redigidos pelos próprios mercadores para registrar os acontecimentos importantes que tinham lugar na família. Neles, anotavam-se informações de particular significado para os membros da casa: nascimentos, batizados, casamentos, mortes, testamentos, participação em cargos políticos e assuntos econômicos, como associações comerciais, compras e vendas, pagamento de impostos, dotes, transferências de propriedades, construção de casas, etc.

Esse tipo de escrita foi uma prática muito difundida entre os florentinos nos séculos XIV e XV. De acordo com Vittore Branca, ela teria suas origens no século XIII, na forma de pequenas anotações pessoais que os mercadores realizavam nas margens dos livros de contabilidade de suas companhias de negócios. Com o transcurso do tempo, essas anotações foram se tornando mais habituais e específicas, correspondendo a necessidades políticas e econômicas da época: "o estabelecimento do *Catasto* florentino ou declaração de impostos, em 1427, [...] e o número crescente de *prestanze* devido às contínuas guerras, fizeram necessário manter contas precisas para assuntos financeiros e familiares" (BRANCA, 1999, p. xiv).[9]

Entretanto, além da necessidade de registrar informações familiares para propósitos fiscais, o desenvolvimento desta prática estava vinculado também a um interesse por traçar as memórias da família. Assim, além de narrar acontecimentos importantes do presente familiar, os florentinos registravam também assuntos do passado, escrevendo sobre os ancestrais, o local de origem da família, as atividades familiares e a antiguidade do nome. "Comecei a escrever sobre este livro para fazer memória daquilo que eu pude achar e escutar da nossa antiga progênie", escrevia Buonaccorso Pitti em seu diário, em 1412 (1905, p. 7).[10] Esse registro de informações do passado estabelecia uma referência identitária no presente, não somente para o narrador e sua família, mas também para a futura descendência. Nesse sentido, Angelo Cicchetti e Raul Mordenti (1985) explicam que a identificação familiar vinha através da linha de parentesco, por isso, esses diários eram muitos preciosos em seu significado.

Muito mais do que diários pessoais esses cadernos eram registros familiares, anotações feitas pelo chefe da família, com questões sobre a família e para a família. Desse modo, embora essa escrita se pretendesse

---

9 "The establishment of the Florentine *catasto* or tax assessment in 1427, [...] and the increasing number of *prestanze* due to continual wars, made it necessary to keep precise accounts of both financial and family matters". As *prestanze* eram empréstimos forçados feitos ao governo pelos cidadãos. Os mesmos eram baseados na dimensão do patrimônio familiar.

10 "Cominciai a scrivere in su questo libro, per fare memoria di quello, ch'io o potuto trovare, e sentire di nostra anticha progienia".

íntima e restrita unicamente aos membros da casa, ela não observava o caráter de intimidade e sensibilidade que caracterizou os diários do século XIX. Cicchetti e Mordenti afirmam que o livro de família podia até se denominar *libro segreto*, mas isso não significava que ele era pessoal "no sentido moderno e burguês do termo", tratava-se de uma escrita pensada para "um único sujeito coletivo, a própria família" (1985, p. 18).[11] Ainda, a continuidade desses registros familiares não se limitava apenas à vida do narrador, era uma prática "plurigeracional", aquele que escrevia o livro familiar previa "outras gerações que deviam lhe suceder na escrita e que leriam o livro no futuro" (CICCHETI; MORDENTI, 1985, p. 18).[12] Em muitas famílias, os *Ricordi* ou *Ricordanze*, como esses escritos eram mais comumente denominados, foram continuados por várias gerações. Assim foi o caso de famílias como os Rinuccini, Medici, Castellani e Corsini, entre outros.

Na opinião de Vittore Branca (1999), o mercador escritor – uma expressão cunhada por Christian Bec e longamente difundida por Branca –,[13] era totalmente consciente do importante valor dos seus escritos, seja para suas atividades econômicas seja para a vida familiar. Fundamentalmente, eram anotações objetivas e pontuais, atendendo a questões puramente informativas e de natureza prática. Entretanto, o caráter da escrita desses documentos correspondia à individualidade de cada mercador. Nessa tarefa, havia os que anotavam informações concisas, os que descreviam os acontecimentos com detalhe e os que, como Giovanni Morelli e Buonaccorso Pitti, utilizavam seus *Ricordi* para relatar também as suas vivências ou transmitir conselhos e valores aos seus descendentes. Além dos nomes já referidos, os relatos cotidianos aqui analisados permitiram uma aproximação à privaci-

---

11   "nel senso moderno e borghese del termine"; "un solo soggetto coletivo, a famiglia appunto".

12   "plurigenerazionale"; "altre generazioni che le dovranno succedere nella scrittura, e che le leggeranno il libro nel futuro".

13   BEC, Christian. *Les marchands écrivains: affaires et humanism à Florence*, 1375-1434. Paris: Mouton et cie, 1967.

dade das famílias Guicciardini, Macchiaveli, Dati, Martelli, Rucellai, Strozzi, Niccolini e Minerbetti.

Em linhas gerais, essas "histórias de vida familiar", como Branca as denomina (1999, p. xii), são documentos muito apreciados pelos historiadores, devido à riqueza de informações registradas, ao grande número de exemplares que sobreviveram – Gene Brucker (1991) menciona mais de cem – e à utilidade como fonte de pesquisa em diversas áreas da história: economia, política, cultura, vida cotidiana, alimentação, arte, gênero e infância, entre tantas outras. Ainda, conforme Leonardo Fabbri, esses registros são fontes "de grande utilidade, não só pela riqueza das suas informações, mas também pela altíssima confiabilidade da mesma" (1991, p. 11),[14] já que, como ressaltara Salvino Salvini, "quem escreve para si e de si, não com a intenção de publicar seu escrito, mas para servir de memória e de incitamento àqueles da casa, escreverá coisas reais e sabidas naqueles tempos" (1720, p. xii).[15]

Maria Teresa Cunha se refere à importância documental dos diários como "registros de vida produzidos individualmente, mas que guardam traços culturais de um capital de vivências da época de quem o escreve" (2012, p. 259). Desse modo, esses documentos são muito úteis ao desenvolvimento da pesquisa, pois trazem anotações sobre os acordos matrimoniais, as pessoas envolvidas nas tratativas, as despesas econômicas trazidas pelo casamento, os presentes intercambiados e as diversas etapas do processo matrimonial, questões que permitem analisar as práticas matrimoniais e a percepção que a alta sociedade da Florença do Quattrocento tinha do matrimônio. São testemunhos variados e singulares de grande importância, que nos aproximam da realidade cultural dessas famílias, isto é, da forma como elas pensavam e reproduziam os matrimônios dos seus parentes.

14 "di grande utilità non solo per la ricchezza delle sue informazione, ma anche per l'altissima affidabilità delle stesse".

15 "chi scrive per sé e di sé, non per disegno di pubblicare il suo scritto, ma che di memoria serva e d'incitamento a quei di casa, scriverà cose vere e sapute in quei tempi".

Outro tipo de fonte que considero neste trabalho são correspondências escritas no período por: Alessandra Macinghi Strozzi, viúva florentina e mãe de cinco filhos – duas mulheres e três homens – aos quais arranjou casamento entre 1447 e 1470; Lucrezia Tornabuoni de´ Medici, esposa de Piero de Medici e encarregada dos primeiros contatos com a família de Clarice Orsini, em Roma, para acordar o casamento do filho Lorenzo com essa jovem, em 1468; e Marco Parenti, mercador florentino, genro da mencionada Alessandra Strozzi, que ajudou nas negociações matrimoniais de seus cunhados Filippo e Lorenzo Strozzi, que se encontravam exilados em Nápoles.

Essas cartas são ricas em informações sobre as tratativas de casamento, as estratégias familiares, a escolha dos noivos e os valores morais e materiais que comandavam as escolhas matrimoniais. São fontes importantes que dizem muito sobre a forma como os indivíduos pensavam as próprias vidas e as dos parentes próximos, mas dizem também sobre as "dimensões culturais do sujeito" (MALATIAN, 2012, p. 200). As cartas são vestígios de vidas que expressam valores internalizados, formas de pensar, sentir e agir que remetem à concepção de mundo de uma dada época ou de um dado grupo social.

Entretanto, deve-se mencionar que a fonte epistolar apresenta algumas dificuldades. Ângela de Castro Gomes explica que "trabalhar com cartas é algo fácil e agradável e, ao mesmo tempo, muito difícil e complexo", já que "é um tipo de documentação abundante e variadíssima, mas também fragmentada, dispersa" (2004, p. 21). Nas cartas que aqui analiso essa fragmentação se materializa em longos períodos de ausência de comunicação e na falta das respostas dos destinatários. Porém, uma vez que o objetivo do meu trabalho é a análise de um assunto específico e não a construção de uma memória individual ou coletiva, isso não se torna um obstáculo na abordagem do tema. Mesmo sem uma continuidade, as cartas são muito explícitas individualmente em apresentar a percepção que os indivíduos tinham do matrimônio, a qual se manifesta desde variadas perspectivas, nos relatos dos acordos de casamento, nas formas como se expressavam em relação a eles, nos assuntos que se apontavam como relevantes na escolha dos noivos e das famílias, nas preocupações, nos anéis e na menção de presentes, datas e roupas.

Além do mais, essas correspondências têm um diferencial que é muito significativo, algumas delas foram escritas por mulheres, uma ocorrência menos frequente nos vestígios que restaram da época. Essa particularidade as torna especiais, pois permite a possibilidade de conhecer a concepção de matrimônio do ponto de vista feminino, desde a forma como as mães pensaram, refletiram e influíram no casamento dos filhos. Teriam as mulheres pensado o matrimônio dos filhos com a mesma racionalidade e praticidade que os homens? As cartas de Alessandra Strozzi e Lucrezia Tornabuoni são uma oportunidade de esclarecer esse questionamento.

Ainda, o fato de que essa documentação fosse intercambiada entre membros da própria família dá a estas cartas um tom muito atraente, já que, além de evidenciarem a forma como o casamento era pensado pela alta sociedade, o fazem desde a perspectiva da própria intimidade do diálogo familiar, mostrando os anseios, medos e ambições que envolviam as tratativas matrimoniais e que eram revelados apenas em meio a um vínculo de estreita confiança. Analisar a expressão de sentimentos íntimos em relação aos matrimônios familiares é importante para compreender os interesses e ansiedades que giravam em torno dos acordos matrimoniais, da escolha dos esposos, do valor do dote e até da idade dos filhos, como vimos na carta de dona Alessandra Strozzi acima mencionada. Para Patrizia Salvadori, "são missivas que, em muitos aspectos, [...] refletem a aguda atenção que era dada à complexa arte de combinar matrimônios" (1993, p. 21).[16]

Além das cartas e dos diários dos mercadores, documentação de caráter privado e pessoal, a pesquisa se fundamenta também em tratados humanistas do período, que abordam e discutem a concepção e a importância da família e do matrimônio na sociedade mercantil. Trata-se de manuscritos que transitavam entre os altos círculos da sociedade e

---

16 "Sono missive che, per molti aspetti, [...] riflettono l'acuta attenzione che veniva prestata alla complessa arte del combinare matrimoni".

abordam um sem-número de questões relacionadas ao universo privado dessas famílias. Embora essas obras apresentem uma visão idealizada sobre o casamento e a vida familiar, as concepções que elas expressam são relevantes a esta pesquisa, pois são representativas da forma de pensar daquele tempo e daquela sociedade.

    São considerados três tratados em particular. O diálogo de Leon Battista Alberti – nascido em Gênova durante o período em que sua família permaneceu exilada de Florença, cidade à qual retornaram em 1428 – *I libri della Famiglia*, escrito entre 1433 e 1437, que discute amplamente a importância do núcleo familiar, do matrimônio e da vida doméstica, trazendo questões importantes sobre o dote, o *parentado*, a escolha da esposa, os valores morais e a idade aconselhada para o casamento. A obra do veneziano Francesco Barbaro, *Prudentissimi et gravi documenti circa la elettion della moglie*, uma tradução de 1548 da original em latim *De re uxoria*, composta em 1415. A mesma foi um presente de casamento para Lourenço de Médici (o Velho) e Ginevra Cavalcanti, tendo assim a sua difusão na cidade de Florença. Trata temas como a natureza do matrimônio, a sua importância social, a escolha da esposa, os valores morais femininos e os deveres da mulher no desempenho da função conjugal. E o diálogo *Vita Civile*, do florentino Matteo Palmieri, produzido em 1429. A obra se centra, fundamentalmente, em torno das qualidades do cidadão ideal, mas, nessa perspectiva, aborda questões relativas ao ideal do matrimônio, as suas funções e importância para a vida civil, a relação entre o marido e a mulher e a relevância dos filhos e das relações de *parentado*.

    Essas obras dizem "sobre o presente da sua escrita" (PESAVENTO, 2003, p. 39). Produzidas dentro de uma mesma periodicidade, tornam-se significativas para entender o universo cultural que caracterizou a sociedade florentina do Quattrocento. Por mais que se trate de obras com uma preocupação intencional ou idealizada, os ideais, valores e representações que elas difundem em relação à família, ao matrimônio, aos esposos e às relações de parentesco, são representativos da visão da sua realidade contemporânea.

Nesse sentido, gostaría de mencionar que os tratados humanistas e as fontes pessoais ofereceram informações complementárias de grande interesse para o desenvolvimento do tema, ajudando a compreender quanto do "ideal" da literatura fazia parte da vida cotidiana e dos valores dos florentinos e como a vida cotidiana tinha as suas singularidades nem sempre condizentes com os ideais humanistas.

Assim, definidos o cenário da pesquisa, os personagens e o corpo documental, o trabalho trilha o caminho da História Cultural na concepção de Roger Chartier, por permitir "entrar na complexidade de uma sociedade a partir de um elemento particular – uma biografia, uma existência singular, um evento, uma prática particular" (1999 *apud* BURMESTER, 2003, p. 41).

Nessa perspectiva, o matrimônio na alta sociedade da Florença do *Quattrocento* é pensado a partir da categoria de prática cultural. Assuntos como as estratégias matrimoniais, a escolha dos noivos e suas famílias, as etapas do processo de casamento, os valores morais e materiais ponderados nas tratativas são analisados sob o viés de práticas que visavam "fazer reconhecer uma identidade social, exibir uma maneira própria de estar no mundo, significar simbolicamente um estatuto e uma posição" (CHARTIER, 1990, p. 23). Na análise, concebo as práticas matrimoniais florentinas não como discursos neutros, mas como atitudes que assinalavam os valores e as formas de pensar da alta sociedade, que visavam mostrar a distinção social do grupo, reforçar o poder e a hierarquia que se tinha dentro da sociedade e atender a interesses e necessidades.

Ainda, por ser o matrimônio um evento acordado entre as famílias dos noivos para corresponder com as próprias ambições e desejos, é importante considerar a forma como a unidade familiar era pensada. Assim, a categoria de família acompanha e fundamenta a minha escrita, sendo ponderada com base em historiadores como Philippe Ariès, Richard Goldthwaite e Lauro Martines.

Para entender a concepção de matrimônio da alta sociedade da Florença do Quattrocento deve-se antes entender a forma como a família era concebida, de que modo os florentinos davam valor e se sentiam em relação a esse grupo. Nesse sentido, Philippe Ariès aponta o nascimento de um "sentimento de família" na época estudada, um sentimento que ele ressalta como "importante e sugestivo" na Florença do século XV e que vincula à afetividade que nasce na coabitação e na privacidade do ambiente doméstico (2006, p. xxi). Esse sentimento é também assinalado por Richard Goldthwaite (1972), que o define como o surgimento de uma nova cultura familiar, enraizada nas novas formas de convívio entre as pessoas da casa. Essas novas formas de privacidade da vida familiar desenvolveram uma maneira diferente de se olhar para o grupo; isso não quer dizer que antes a família não existisse como uma realidade vivida, mas, segundo Ariès (2006), ela não era pensada como um sentimento ou como um valor.

Além disso, é pertinente considerar a importância que se lhe atribuía socialmente ao grupo familiar como símbolo de prestígio e hierarquia. Segundo Martines, reconhecido pesquisador da sociedade florentina aqui estudada, o prestígio de uma família da alta sociedade sustentava-se no fato dela ser "antiga e estabelecida" em Florença e de ter uma longa história de "riqueza e serviço público" (2011, p. 54).[17] Entender as grandes famílias florentinas dessa ótica é importante para analisar a lógica que articulava e comandava as práticas matrimoniais florentinas e para entender os porquês dos valores e interesses que se estimavam na hora de se definir o casamento dos filhos.

Igualmente, uma vez que a celebração do matrimônio é um dos acontecimentos em que os significados do masculino e do feminino se manifestam com maior ênfase, seja através do valor simbólico dos comportamentos, seja através dos aspectos rituais, das vestimentas e da troca de presentes, é importante considerar a categoria de gênero, sugerida por Joan Scott (1990). Essa categoria, que brinda a possibilidade de recuperar a experiência coletiva de homens e mulheres no tempo, é significativa para ponderar em que forma os papéis sociais masculinos e femininos eram pensados e reproduzidos nas práticas matrimoniais e para analisar o lugar que ocupavam os noivos nas tra-

---

17 "Old and established"; "wealth and public office".

tativas de casamento, a forma como eles participavam (ou não) das diversas etapas que o conformavam e os ideais de esposo e esposa que eram procurados pelas famílias.

Desse modo, com as bases acima referidas e com o propósito de adentrar no tema do matrimônio sob o viés cultural, tenho como objetivo principal analisar as práticas matrimoniais da alta sociedade florentina do Quattrocento, considerando-as a partir do interesse das famílias por estabelecer alianças de casamento capazes de promover vínculos sociais, políticos e econômicos com o fim de reforçar a hierarquia e o lugar que elas ocupavam dentro da sociedade. Nessa procura, tento compreender a forma como os acordos matrimoniais eram definidos, ponderando as estratégias familiares na construção de redes de *parentado* e observando o papel que os valores materiais, sociais e morais exerciam nas tratativas. Igualmente, busco entender a participação da família, dos noivos e de membros da comunidade nas negociações dos casamentos, ressaltando as implicações deste envolvimento, a dinâmica das tratativas e o papel que cada um desempenhava nelas. Assim também, uma vez que os registros dos mercadores florentinos testemunham a existência de diversas etapas na celebração do matrimônio, considero cada um desses momentos, desde a procura dos noivos até a consumação da união, ponderando o significado e ritual de cada uma das cerimônias.

De tal modo, com a intenção de corresponder aos propósitos da pesquisa estruturo a minha escrita em três capítulos:

O primeiro capítulo se inicia apresentando a importância da família na sociedade florentina. Nesse particular, centro-me em entender a forma como o grupo familiar era concebido e idealizado, a conformação da família, as práticas de convívio doméstico e os laços de parentesco, assim como a importância que tinham os antepassados e o prestígio familiar para as famílias da alta sociedade. Abordo também a questão do *parentado*, buscando esclarecer o significado dessa forma de parentesco nas relações sociais florentinas e o modo como ele era entendido entre as pessoas, isto é, qual era o papel que se atribuía aos novos parentes e que relevância eles tinham na hora de se definir um matrimônio. Por último, entro no tema do matrimônio propriamente dito, analisando o seu valor de aliança entre famílias, as diferentes etapas que o constituíam, seus aspectos laicos e religiosos e a historicidade de suas práticas.

No decorrer do segundo capítulo, analiso as práticas matrimoniais florentinas considerando os valores e estratégias familiares. Assim, primeiramente, trato a questão do dote, a sua relevância nas tratativas e possibilidades matrimoniais, a preocupação dos pais e das famílias para garantir esse valor às filhas chegado o momento do matrimônio e o problema da sua tendência inflacionária no decorrer do século XV. Igualmente, centro-me no tema dos futuros parentes de casamento, na importância que as famílias concediam ao valor social, político e econômico do futuro *parentado*, os interesses criados em torno dos possíveis matrimônios, os conselhos e estratégias familiares e os critérios que definiam a escolha. Para finalizar, abordo a forma como os futuros esposos eram escolhidos, qual era o valor individual que se concedia aos noivos, como eles eram observados pelas suas possíveis futuras famílias e quais eram as qualidades físicas, morais e comportamentais que se valorizavam em cada um dos gêneros.

O terceiro e último capítulo deste trabalho se detém sobre as práticas matrimoniais florentinas sob o viés de suas cerimônias e costumes. Desse modo, trato em detalhe as diversas etapas que constituíam o cenário matrimonial da época, dando especial atenção ao significado que se concedia a cada uma delas. Inicio o tema a partir do momento em que as famílias se definiam por querer casar os filhos; assim, considero o início das tratativas, as pessoas envolvidas nas negociações e a celebração do acordo de matrimônio entre as partes. Na sequência, centro-me na oficialização da união, começando com os preparativos de casamento – a encomenda de móveis, joias, do vestido e do enxoval da noiva – até a comemoração do matrimônio, legitimado com a troca de consentimentos dos esposos na presença de um notário. Por último, abordo o dia da festa de casamento, que se iniciava com o cortejo da noiva pelas de ruas da cidade até a casa da família do esposo, onde era recebida com um grande banquete que celebrava a importância da aliança estabelecida.

MATRIMÔNIO E FAMÍLIA NA FLORENÇA DO QUATTROCENTO

"Guarda d´imparentarti con buoni cittadini", escrevia Giovanni di Pagolo Morelli a seus filhos no início do século XV (1718, p. 255).[1] Havendo ficado órfão de pai quando era criança, esse florentino de uma rica e tradicional família de mercadores resolveu dedicar parte de seu livro de *Ricordi* ao aconselhamento preventivo de seus descendentes. Assim, em caso de não se encontrar presente chegado o momento deles casarem, deixou-lhes a seguinte recomendação: "faz com que o teu parente seja mercador, seja rico, seja antigo em Florença, seja Guelfo, esteja no estado, seja amado por todos, seja afetuoso e bom em cada ato" (1718, p. 272).[2]

As palavras de Morelli me pareceram uma boa apresentação ao tema do matrimônio da alta sociedade florentina do Quattrocento, pois elas manifestam de forma explícita o grande interesse que havia por trás dos casamentos da época: a vinculação social. Muito mais do que uma união entre duas pessoas, o casamento era uma aliança entre duas famílias – veja-se que Morelli utiliza a expressão contrair parentesco (*imparentarti*) e não o termo casar – estrategicamente planejada e avaliada para servir aos propósitos do grupo. Em sua análise sobre os casamentos florentinos do *Tre-Quattrocento*, o historiador Guido Pampaloni afirma: "o matrimônio, mais do que um fato individual é um evento que interes-

---

[1] "Procura contrair parentesco com bons cidadãos".
[2] "fa che 'l parente tuo sia mercatante, sia ricco, sia antico a Firenze, sia guelfo, sia nello istato, sia amato da tutti, sia amorevole e buono in ogni atto".

sa à família inteira, tanto do homem quanto da mulher" (1966, p. 32).³ Nesse sentido, podemos dizer que na representação do mundo mercantil o momento de casar os filhos era visto pelas famílias como uma oportunidade para afiançar o próprio prestígio dentro da comunidade, conectando-se a famílias também ricas, antigas na cidade, virtuosas e com uma longa história de serviço político, como sintetizara Morelli.

Essa realidade não era única do ambiente florentino, nas outras repúblicas e principados da península itálica a união matrimonial entre os membros da alta sociedade também era pensada na forma de aliança e decidida por estratégias familiares. O historiador Anthony D'Elia (2004) menciona que nas orações pronunciadas nas celebrações matrimoniais das grandes figuras italianas do século XV, o casamento era frequentemente louvado pela sua característica de promover poder e influência política entre as famílias dos noivos. Já Nino Tamassia afirma que, nas diversas cidades italianas dos séculos XV e XVI, o matrimônio "era considerado como um negócio que concernia antes de tudo à família" (1910, p. 174).⁴ Porém, a despeito da grande similitude do matrimônio como um acordo entre as famílias dos noivos e a paridade de algumas práticas, como o pagamento do dote, as várias etapas que constituíam o casamento e as semelhanças rituais nas cerimônias, as diferentes cidades italianas assimilaram e reproduziram a união matrimonial de acordo com os valores e interesses de cada sociedade, conferindo-lhe a cada costume e a cada celebração suas próprias particularidades culturais.

Em referência ao contexto florentino, podemos dizer que Morelli não foi o único entre os seus contemporâneos a ressaltar a importância de se arranjar uma boa aliança matrimonial. Essa ansiedade em relação ao casamento manifestou-se de forma muito diversa e espontânea no decorrer de todo o século XV, um testemunho que se expressa nos diversos documentos do período – diários pessoais, cartas e obras lite-

---

3 "il matrimonio più che fatto individuale è avvenimento che interessa l'intera famiglia, tanto del maschio che della femmina".

4 "era considerato come un affare, che riguardava anzitutto la famiglia".

rárias – e que mostra a preocupação que a Florença do Quattrocento tinha com a sorte conjugal de seus filhos. A importância do matrimônio era tal que o tema continuou a inquietar a sociedade nos anos que lhe seguiram. Uma das reflexões mais frequentemente citada a respeito é do início do século XVI e pertence ao político e historiador Francesco Guicciardini:

> Não há nada na nossa vida civil que seja mais difícil do que casar convenientemente as suas filhas: o que sucede porque todos os homens, tendo maior estima de si próprios do que os outros têm a respeito deles, pensam, em um princípio, poder caber em lugares que não lhe correspondem. [...] Portanto, é necessário medir bem as suas condições e as dos outros e não se deixar levar por mais opiniões do que as convenientes (1857, p. 123). [5]

Nesse sentido, podemos observar que tanto Morelli quanto Guicciardini falam da grande preocupação que casar "convenientemente" a descendência gerava nos pais florentinos. Mesmo expressando-se de formas diferentes, ambos sugerem o cuidado e a precaução que exigia achar um par adequado para os filhos, alguém que "coubesse" dentro da própria família correspondendo com ela em riqueza e hierarquia. Arranjar um matrimônio acorde com a própria posição "mais do que sorte, demanda grande prudência", dizia Guicciardini, seja para não recusar um possível parentado e logo se arrepender, seja para não se rebaixar a dar o sim ao primeiro candidato que se apresenta (1857, p. 218). [6]

---

5   "Non è cosa nel vivere nostro civile che abbia più difficultà che el maritare convenientemente le sue figliuole: il che procede perché tutti gli uomini, tenendo più conto di sé che non tengono gli altri, pensano da principio potere capere ne´ luoghi che non gli riescono. [...] È dunque necessario misurare bene le condizioni sue e degli altri, né si lasciare portare da maggiore opinione che si convenga".

6   "che oltre alla sorte ricerca prudenza grande".

Uma apreensão similar por arranjar um bom matrimônio para a filha também se manifestava em dona Alessandra Strozzi, citada na apresentação deste livro. Ao relatar o futuro casamento de Caterina com Marco Parenti, um jovem rico, dedicado à manufatura da seda, ela dizia: "e esse partido nós tomamos para melhor, pois ela estava com dezesseis anos de idade, e não havia que demorar mais para casá-la. Procuramos colocá-la em maior posição política e hierarquia, mas com mil quatrocentos ou (mil) quinhentos florins; o que era a minha ruína e a de vocês" (1877, p. 4).[7]

A carta de dona Alessandra, além de sugerir a ansiedade que produzia nos pais oferecer um matrimônio conveniente aos filhos, também sugere o trabalho e dedicação que essa tarefa demandava, já que as famílias deviam procurar a melhor opção de casamento dentro das próprias possibilidades sociais e econômicas. Ela aponta igualmente para o custo que representava para toda a família conceder às moças dotes dignos da sua posição. E também para a importância do tempo, pois, segundo as suas palavras, existia certa urgência com relação à idade das jovens para o casamento. Desse modo, aprofundar no tema do matrimônio pede entrar em uma grande diversidade de assuntos. Mas, antes disso, torna-se necessário considerar a forma como a família era concebida, uma vez que ela tinha um papel determinante nas práticas matrimoniais da Florença da época.

A família na sociedade florentina

O tema da família foi muito ponderado na reflexão dos florentinos do Quattrocento. A importância do nome familiar, os antepassados, o casamento e a continuação da descendência através do nascimento dos filhos, eram assuntos significativamente presentes na documentação escrita que sobreviveu ao período. A família representava o núcleo

---

7   "e questo partito abbiàn preso pello meglio; che era d´età di anni sedici, e non era da ´ndugiar più a maritarla. Èssi trovato da metterla in maggiore istato e più gentilezza, ma con mille quattrocento o cinquecento fiorini; ch´era il disfacimento mio e vostro".

central na organização da sociedade e os florentinos eram estritamente vinculados ao seu grupo familiar. De um modo geral, a reputação de um indivíduo na vida pública refletia no prestígio de toda a família e, reciprocamente, o prestígio familiar espelhava-se no indivíduo. Era à família que os florentinos deviam a sua obrigação primeira, pois era a condição social da família que determinava as possibilidades e oportunidades dos indivíduos na comunidade. Podemos dizer que, antes do que homens e mulheres, os florentinos eram membros de uma determinada casa ou grupo familiar, os representantes da história e do prestígio dos seus antepassados. Assim, como afirma Lauro Martines (2011), a subjetividade existia, primeiramente, em relação à família; o indivíduo não integrava a sociedade livremente, ele era sempre vinculado à sua origem familiar.

Nessa perspectiva, uma das razões que levou à valorização da família foi a importância que os florentinos concederam à vida cívica. E, nesse assunto particular, os humanistas desempenharam um papel relevante. Família e cidade foram pensadas conjuntamente, no intuito de promover uma vida em sociedade virtuosa e ordenada, centrada no bem comum. Como dissera Jacob Burckhardt, na época, tentou-se organizar "a vida doméstica de forma consciente, ordenada e mesmo como uma obra de arte", através de "uma reflexão sensata acerca de todas as questões da vida em comum, da educação, da organização e do serviço doméstico" (2003, p. 287-288).

No que concerne a esse tema é fundamental a escrita de Leon Battista Alberti, pois suas obras transmitem a forte relação com que a vida familiar e a vida civil eram pensadas na época. Basicamente, podemos dizer que a relevância da família na obra de Alberti materializou-se no tratado dedicado exclusivamente ao tema: *I libri della famiglia* (1972). Talvez, a obra que tratou com maior profundidade a questão familiar no período. Mas, o que levou a esse humanista, que costumamos vincular à arte e à arquitetura, a escrever sobre a vida familiar? Segundo ele comenta, foi o interesse por devolver às cidades italianas a glória e o poder de outrora,[8] para o qual "o amor pela pátria, a fidelidade, a diligência, o disciplinadíssimo e honorabilíssimo comportamento dos cidadãos" sempre foi fundamental (1972, p. 5).[9] Mas há outro fator importante que também devemos considerar, a obra é uma espécie de panegírico à família Alberti, ao prestígio do nome e ao virtuosismo de seus membros, escrita logo após o retorno da família do longo exílio que a afastou de Florença e no qual o próprio Leon Battista também se viu envolvido.[10] Contudo, isso não quita à obra a sua sintonia com as preocupações da época, pois o tema da família e da vida doméstica foi tratado com igual interesse e dedicação por outros humanistas.

Na formação de cidadãos dignos e honoráveis Alberti ressaltava a importância da educação familiar na transmissão de bons costumes e valores. Para ele, a estabilidade civil devia se estruturar dentro de cada casa, educando-se os jovens para a vida em sociedade. Nesse sentido, ressaltava que correspondia aos mais velhos "ter grande cuidado e diligência em fazer, dia a dia, a juventude mais honesta, mais virtuosa e mais agradável aos nossos cidadãos" (1972, p. 21).[11] Era função das famílias transmitir à descendência não só o amor pela sua casa e pelos seus parentes, mas também pela sua cidade. "O bom cidadão amará a tranquilidade, mas não tanto a sua própria quanto também aquela dos outros", dizia Alberti, "desejará a união, sossego, paz e tranquilidade

---

8 No prólogo de seu livro, Alberti lamenta a perda do amor à pátria, o triunfo da discórdia e o enfraquecimento da consciência cívica entre os italianos, o que, segundo ele, levou à perda da antiga glória latina.

9 "l´amore verso la patria, la fede, la diligenza, le gastigatissime e lodatissim osservanze de´ cittadini".

10 A família Alberti foi banida de Florença por motivos políticos em 1402 e só pode retornar à cidade em 1428.

11 "averri grandissima cura e diligenza in far di dí in dí la gioventú piú onesta, piú virtuosa e piú a´ nostri cittadini grata".

da própria casa, mas muito mais aquela da sua pátria e da república" (1972, p. 223).¹² Entretanto, o assunto da família para Alberti não se restringe apenas ao tratado sobre a vida familiar. Em sua obra sobre a arquitetura, *De re aedificatoria* ou *I dieci libri de l'architettura* (1546), escrita entre 1443 e 1452, quase uma década depois que os livros da família, o tema se faz presente em reiteradas ocasiões, já que Alberti relaciona a casa e sua distribuição em habitações com o uso que o grupo familiar faria dela – a casa pensada pelo humanista tinha um pátio interior amplo e luminoso para a reunião e convivência da família, este era o centro ou o lugar principal, dele saíam as salas de refeições, o escritório, os quartos e, mais afastadas do centro, as habitações usadas para o armazenamento de alimentos e animais. Assim, vemos que também nesse livro existe uma relação próxima entre as concepções de família e de cidade. A casa embelecia o espaço urbano, mas ela era construída também para o bem-estar da família. Como explica Françoise Choay, Alberti pensava a arquitetura para satisfazer a necessidade, a comodidade e o prazer estético das pessoas, ele "faz da edificação a origem da reunião dos homens em sociedade" (2010, p. 78).

Nessa perspectiva, a literatura humanista pensou a unidade familiar como um microcosmo da cidade, um modelo básico sobre o qual se organizava a vida em sociedade. A responsabilidade civil e os valores morais dos indivíduos começavam em casa, na convivência com os parentes, no exemplo e nos ensinamentos dos mais velhos. Ordem e harmonia dentro da casa resultavam em ordem e harmonia para a cidade. Alberti dizia: "a cidade [...] é uma grande casa e inversamente a casa é uma pequena cidade" (1546, p. 18).¹³ Essa relação recíproca entre o uno e o todo se aplicava igualmente à organização civil, o espaço urbano era como uma grande família e a família era uma expressão da cida-

---

12 "il buono cittadino amerà la tranquillità, ma non tanto la sua propria, quanto ancora quella degli altri"; "desidererà l'unione, quiete, pace e tranquillità della casa sua propria, ma molto piú quella della pátria sua e della republica".

13 "la citta [...] é uma gran casa, et à l'incontro una casa é uma picciola citta".

de. Assim também se manifestava o seu contemporâneo e humanista Matteo Palmieri, em seu tratado *Vita Civile* escrevia: "como bem se governa a família, bem se governa a república" (1982, p. 84).[14] Basicamente, uma família "bem governada" representava um alicerce básico para o equilíbrio da vida civil florentina. Buscava-se, sobretudo – embora nem sempre com sucesso –, ordenar a sociedade, conter a violência nas ruas, o nascimento de filhos ilegítimos, os vícios e o comportamento imoral das pessoas. Educava-se a juventude para uma vida de virtude cívica: exortava-se a cuidar a honra do nome familiar, o comportamento honesto e moralmente virtuoso, a prudência, o bom juízo nas escolhas e decisões e uma vida ativa em benefício da família e do serviço público. Eram os jovens que demandavam a maior atenção por parte dos parentes, já que, segundo Palmieri, nessa idade começava-se "a gostar dos prazeres do mundo e a segui-los segundo o anseio dos desejos" (1982, p. 35).[15] Foi um período em que se tornou necessária a descoberta de uma razão orientadora capaz de inibir e diferir os interesses e os impulsos do indivíduo (COSTA LIMA, 2007). Nesse anelo de uma sociedade melhor, cabia à família o controle e a disciplinarização de seus membros; o núcleo familiar foi pensado como um solo fértil para o cultivo de valores e princípios morais que contribuíssem para a glória e a honra da cidade.

Mas, além dessa importância que se lhe concedia na vida cívica, em que consistia a noção de família entre os florentinos? Philippe Ariès (2006) notou o surgimento de um novo olhar em relação à família na Europa dos séculos XV e XVI, um olhar que foi transformando a concepção dos vínculos afetivos familiares e valorizou a convivência doméstica. De acordo com Ariès, dentro desse cenário europeu "o episódio florentino do século XV é importante e sugestivo", pois aqui já existiam novas formas de se pensar e reconhecer a família (2006, p. xxi). As práticas de convívio privado da Florença do Quattrocento eram diferentes

---

14 "como si governi bene la famiglia, como la reppublica".

15 "a gustare i diletti del mondo et quegli seguire secondo i desiderii appetiscono".

das de outras regiões da Europa. O grupo de pessoas que morava dentro de uma mesma casa era mais compacto, e esse fato foi fundamental para o desenvolvimento de um novo sentimento em relação à família: "O palácio florentino não abrigava o mundo de servidores e criados, comuns nas grandes casas da França e da Inglaterra nos séculos XV e XVI [...] ele não abrigava mais do que dois ou três servidores, que nem sempre eram conservados por muito tempo", afirmava Ariès (2006, p. xx). As famílias florentinas desfrutavam mais da privacidade da vida íntima e do contato entre seus membros, assim desenvolveram uma nova afetividade em torno do grupo familiar e a família se tornou um dos valores fundamentais dessa sociedade.

De acordo com Ariès, essa noção de família nascida na modernidade era diferente da ideia medieval de linhagem; enquanto essa última se estendia "aos laços de sangue, sem levar em conta os valores nascidos da coabitação e da intimidade", o sentimento de família estava ligado "à casa, ao governo da casa e à vida na casa" (2006, p. 145). Vale dizer que não por isso a percepção familiar florentina deixou de se sustentar nos antecessores e na memória coletiva do passado, que era muito importante principalmente entre as grandes famílias, mas abriu-se espaço para os sentimentos e experiências nascidas no presente, e eis aqui o elemento novo apontado por Ariès. Alguns documentos do século XV sugerem claramente essa valorização da afeição familiar. Leon Battista Alberti afirmava: "acredito que não exista amor mais firme, mais constante, mais completo, nem maior, do que o amor do pai pelos filhos" (1972, p. 33).[16] Assim também, ele defendia que com o diálogo e a convivência "o amor entre mulher e marido podia se tornar grandíssimo" (1972, p. 107).[17]

Para melhor explicar esse contexto florentino, Ariès referencia a pesquisa do historiador Richard Goldthwaite (1972), fundamentada nas mudanças estilísticas dos palácios florentinos do Quattrocento, que com a progressiva retirada das lojas que funcionavam nos andares térre-

---

16 "non credo amore alcuno sia piú fermo, di piú constanza, piú intero, né maggiore che quello del padre verso de´ figliuoli".

17 "puossi l´amor tra moglie e marito riputar grandissimo".

os dessas residências fecharam-se para o interior, modificando não só o espaço privado, mas as relações dentro dele. Assim, Ariès explica:

> No século XV, o palácio florentino modificou sua planta, seu aspecto e seu sentido. Antes de mais nada, o palácio tornou-se uma unidade monumental, um maciço solto na vizinhança. As lojas desapareceram, assim como os ocupantes estranhos. O espaço assim separado foi reservado à família, uma família pouco extensa. As *loggia* que davam para a rua foram fechadas ou suprimidas. Se o palácio passou a testemunhar melhor do que antes o poderio de uma família, ele deixou também de se abrir para o exterior. A vida cotidiana passou a concentrar-se no interior de um quadrilátero rude, a salvo dos barulhos e das indiscrições da rua (2006, p. xx).

O sentimento de família é assim uma percepção nova na Florença do século XV. Richard Goldthwaite (1972) o define como uma cultura enraizada nas novas formas de convívio doméstico. De acordo com seu parecer, o caráter de privacidade dos palácios florentinos era consequência de uma progressiva transformação dos valores da vida familiar. Para ele, na experiência íntima dos membros da casa havia surgido uma novaforma de se pensar a família, uma afetividade que nascera com o ato simples e cotidiano da convivência.

> Dentro do isolamento do palácio, com a sua espaçosa privacidade e acrescida elegância, onde as relações eram mais isoladas e menos extensas, onde a família se retirou para si mesma, é surpreendente que os homens encontrassem uma apreciação mais acentuada dos valores da vida doméstica? (GOLDTHWAITE, 1972, p. 1009).[18]

---

18 "within the isolation of the palace with its spacious privacy and increasing elegance, where relations were more secluded and less extended, where the

A esse questionamento levantado por Goldthwaite no nosso tempo, a eloquência de Alberti parece lhe responder desde o passado: "Gostaria que todos os meus se albergassem sob um mesmo teto, em um mesmo fogo se aquecessem e em uma mesma mesa se sentassem" (1972, p. 232).[19] No desejo do humanista podemos sentir um grande apreço pela convivência familiar e pelos costumes domésticos, por partilhar junto com os seus um teto, um fogo e uma mesa, assim como conversas, momentos em comum, gestos e experiências decorrentes dessa anelada convivência. Desse modo, suas palavras manifestam o quanto era natural que um novo sentimento tivesse surgido em meio às trocas e à intimidade do ambiente da casa.

Também, Goldthwaite aponta que "a privacidade da casa de um homem significava não só a retirada da vida pública, mas também o distanciamento da maioria dos parentes que não eram membros da sua família imediata" (1972, p. 998).[20] Nesse sentido, ele vê nessa transformação cultural uma progressiva nuclearização das ricas famílias florentinas no decorrer do século XV. Na sua perspectiva, dentro da alta sociedade, a família constituída por pais, filhos e alguns serviçais teria começado a ganhar espaço frente à família estendida a partir da fragmentação familiar ocorrida após a morte do progenitor. Em seu estudo sobre os Strozzi, Capponi, Guicciardini e Gondi (1968) ele apontou uma tendência à família nuclear na progressiva divisão entre os filhos do patrimônio herdado do pai. Essa divisão teria levado à individualização das riquezas e, consequentemente, à desintegração dos grandes grupos familiares de outrora.

---

    family withdrew into itself, it is surprising that men found a keener appreciation of the values of the domestic life?".

19 "Vorrei tutti i miei albergassero sotto uno medesimo tetto, a uno medesimo fuoco si scaldassono, a una medesima mensa sedessono".

20 "The privacy of a man´s home meant not only withdrawal from public life but also detachment from most relatives who were not members of his inmediate family".

No entanto, se a sua ideia de uma nova cultura fundamentada no sentimento familiar foi amplamente aceita entre os historiadores, não foi igual com a sua teoria da nuclearização das ricas famílias florentinas. O historiador Francis William Kent (1977) tinha um ponto de vista oposto. Em seu estudo sobre os Capponi, Ginori e Rucellai, ele estabelece que as ricas famílias florentinas continuaram a se concentrar em torno da figura do pai, incluindo igualmente os filhos casados, as suas respectivas famílias e alguns outros parentes viúvos ou solteiros. A esse debate historiográfico, o trabalho de David Herlihy e Christiane Klapisch-Zuber (1985), fundamentado nas declarações fiscais dos florentinos, aportou evidências estatísticas: a estrutura familiar múltipla, conformada por várias gerações e vários casais, continuava em vigor entre os grandes nomes da Florença do Quattrocento.

Ainda, os resultados da pesquisa de Herlihy e Klapisch-Zuber (1985) elencaram uma ampla variedade de configurações familiares. Além das famílias múltiplas, eles relacionaram: pessoas que viviam isoladas; casais; famílias conjugais, formadas por pai, mãe e filhos; e famílias conjugais ampliadas, albergando algum ascendente, irmão ou parente. Dessa relação, as famílias múltiplas representavam 7,8% em 1427, 12,5% em 1458 e 14,7% em 1480, uma tendência crescente (1985, p. 334, tabela 10.7). Não obstante esse crescimento dentro da sociedade, a sua estrutura não ultrapassava as sete pessoas em média (1985, p. 287, fig. 10.2).

De um modo geral, as famílias múltiplas florentinas eram núcleos formados por dois ou mais casais, já que as mulheres ao casar passavam a morar na casa da família do esposo. Assim, os filhos homens continuavam sua vida no lar paterno, divindo o espaço com o pai e a mãe, com os outros irmãos e com os filhos que vinham a ter, congregando-se dessa forma três gerações sob um mesmo teto. Logicamente, havia configurações familiares múltiplas maiores e menores do que a média de sete indivíduos sugerida pelo estudo de Herlihy e Klapisch-Zuber (1985), esses números variavam de acordo com as circunstâncias de cada família: morte de um dos progenitores ou de algum dos filhos, trabalho de algum filho em outra cidade (mesmo assim a nora e seus filhos geralmente ficavam na casa familiar com os sogros), necessidade econômica de algum parente próximo, filhas ainda solteiras ou viúvas que escolheram voltar à casa paterna etc. Contudo, independentemente das singularidades de cada casa, o número de integrantes dessas famílias ampliadas não era extenso.

Assim, mesmo estendida, a família florentina tinha a originalidade de ser pouco numerosa em relação às famílias de outras cidades da Europa da época, que abrigavam números maiores de parentes e servidores (ARIÈS, 2006). Os dados mostram-nos uma tendência a novas formas de privacidade familiar. Não exatamente uma nuclearização familiar das ricas famílias, como sugeria Goldthwaite, mas novas práticas de convivência doméstica, centradas em grupos familiares menores, como salientara Ariès. Possivelmente, essas novas formas de coabitação fossem promovidas pelo desenvolvimento do individualismo, que levou a valorizar a convivência apenas com os parentes mais próximos. Ou também pelo grande empreendedorismo dos mercadores que, muitas vezes, enviavam seus filhos ou irmãos em idade adulta para cuidar dos negócios da família em outras cidades ou regiões, desmembrando assim os grandes grupos familiares de outrora.

Podemos dizer que as práticas de coabitação florentinas permitiram às famílias desfrutar um mundo privado, um mundo próprio, facilitando o relacionamento e a intimidade das pessoas dentro da casa. Essas novas formas de convívio levaram a reconhecer a família como um valor sentimental. A vida, no passado, era vivida em público e essa densidade social não deixava lugar para a família, "não que a família não existisse como realidade vivida", ressaltava Ariès, "mas ela não existia como sentimento ou como valor" (2006, p. 191).

Ainda, ao pensar no íntimo dessa convivência doméstica e na configuração das ricas famílias florentinas é natural questionar-nos: o que se considerava família? E, por que a estrutura familiar múltipla era uma prática da alta sociedade?

Com relação ao primeiro questionamento Herlihy e Klapisch-Zuber (1985) explicam que, para propósitos fiscais, o *Catasto* de Florença considerava a unidade familiar como todas as "bocas" ou "cabeças" que viviam a expensas do declarante. Em linhas gerais, pessoas relacionadas por vínculos de sangue ou casamento e unidas por obrigações de mútuo apoio. Já o parecer contemporâneo de Leon Battista Alberti definia a família da época como o núcleo formado por "os filhos, a mulher, e os outros domésticos, familiares e serviçais" (1972, p. 226).[21]

Na definição do humanista, dois pontos em particular merecem atenção. Primeiramente, os vínculos biológicos não são os únicos que ele considera, incluem-se os trabalhadores domésticos e os serviçais, que escapam aos laços de sangue ou de casamento. Nesse sentido, uma possível explicação estaria na própria origem do termo família. Segundo Françoise Zonabend "a palavra família é ela própria latina, um derivado de *famulus* (servo); portanto, ela não descreveria originalmente o que normalmente conhecemos por esse termo" (1996, p. 8).[22] De acordo com o dicionário etimológico de Ernout e Meillet, citado por Zonabend (1996), família teria significado em princípio os escravos e servos que viviam sob um mesmo teto, denotando uma ideia de patrimônio ou propriedade, para logo se estender aos descendentes e a todos aqueles que vivessem sob a autoridade de uma pessoa. Nessa perspectiva, a família seria considerada por Alberti como o grupo de pessoas, parentes e não parentes, que viviam sob o comando de uma figura paterna. A concepção de família denotava assim a ideia conjunta de propriedade e autoridade.

Em segundo lugar, resulta significativa a menção à mulher e aos filhos como vínculo imediato à figura masculina, o que liga a noção de família ao grupo formado a partir do casamento e reafirma que havia entre os florentinos um sentimento familiar que valorizava não só a tradição dos antepassados, mas o grupo que se formava com cada novo matrimônio. Com relação ao tema, Alberti exaltava o "quanto é prazeroso viver naquela primeira companhia natural do matrimônio e receber os filhos, os quais são penhor e estabilidade da benevolência e

---

21 "E´ figliuoli, la moglie, e gli altri domestici, famigli, servi".

22 "The word family is itself Latin, a derivative of *famulus* (servant); however, it did not originally describe what we normally understand by this term".

do amor conjugal e repouso de todas as esperanças e vontades paternas" (1972, p. 128).²³

Ainda, com relação ao segundo questionamento, a pesquisa de Herlihy e Klapisch-Zuber (1985) apontou que o tamanho da unidade familiar estava relacionado, na grande maioria dos casos, à proporção da riqueza. "Em Florença", eles escreveram, "quando se passa das categorias baixas ou médias de riqueza para as mais altas, o tamanho médio do lar começa a crescer regularmente" (1985, p. 286).²⁴

Essa relação entre as famílias múltiplas e a riqueza poderia estar fundamentada em dois valores muito ponderados pela alta sociedade mercantil: a economia doméstica e o prestígio familiar. No que refere ao primeiro desses valores, o pensamento de Alberti assim se manifestava:

> é maior economia, filhos meus, estar assim juntos, fechados por trás de uma única porta. [...] Eu compreendo que, em duas mesas estendem-se duas toalhas de mesa, em dois fogos consumem-se duas pilhas de lenha, em duas casas precisam-se dois servos, onde bastava apenas um. [...] Para fazer de uma família, duas, precisa-se duplicar as despesas [...] (1972, p. 232-233).²⁵

A economia na vida familiar, chamada *masserizia* no contexto florentino, era considerada uma grande virtude. Na visão das famílias da

---

23 "quanto sia dilettoso vivere in quella prima naturale compagnia del congiugio e riceverne figliuoli, e' quali sieno come pegno e statici della benivolenza e amore congiugali e riposo di tutte le speranze e voluntà paterne".

24 "when one passes from the lower or middle categories of wealth to the higher, the average size of the hearth begins to rise regularly".

25 "è maggiore masserizia, figliuoli miei, starsi così insieme chiusi entro ad uno solo uscio. [...] Io comprendo questo, che a due mense si spiega due mappe, a due fuochi si consuma due cataste, a due masserizie s´adopera due servi, ove a uno assai bastava solo uno. [...] A fare d´una famiglia due, gli bisogna doppia spesa [...]".

alta sociedade, era muito louvável que os indivíduos soubessem cuidar dentro da casa a riqueza que se ganhava fora. Desse modo, que os hábitos de coabitação desse grupo fossem determinados pela racionalidade das atividades mercantis parece-me uma explicação plausível e justificável. Assim também, aquela que diz respeito ao prestígio que conferia aos olhos da sociedade ser o chefe de uma família numerosa e unida, com forte presença dentro da vizinhança – a honra masculina estava estreitamente vinculada ao respeito e à dignidade que conferia ser um chefe de família, cuja autoridade se refletia no bom governo familiar e na união e protecionismo das pessoas da casa. Nesse sentido, novamente Alberti, dizia:

> [...] uma luz diferente de louvor e autoridade conseguirá quem se encontre acompanhado pelos seus, por muitas razões será confiável, por muitas razões temido [...]. Muito mais será conhecido e admirado o pai de família que por muitos dos seus seja seguido, do que aquele que esteja só ou quase abandonado (1972, p. 233).[26]

Dessa tendência da alta sociedade às famílias múltiplas também dão testemunho os muitos palácios familiares daquele período que, ainda hoje, existem dentro dos muros da cidade de Florença. Quando não compartilhavam uma mesma casa, as famílias mais tradicionais costumavam se concentrar em uma mesma vizinhança, geralmente em uma mesma rua ou em torno de uma mesma praça (ECKSTEIN, 2006).

Nesse particular, Florença era formada por quatro distritos chamados *quartiere*, os quais se dividiam em quatro vizinhanças ou *gonfalone*.[27]

---

26 "altro lume di lode e di autorità conseguirà chi se truovi accompagnato da' suoi per molte ragioni fidati, per molte ragione temuti, che colui, il quale sarà con pochi strani o senza compagnia. Molto piú sarà conosciuto, piú e rimirato il padre della famiglia quale molti de' suoi seguiranno, che qualunque si sia solo e quasi abandonato".

27 *Gonfalone* e *quartiere* são termos muito presentes nos documentos da época e referem à divisão espacial do cenário urbano florentino. Por volta de

A vizinhança tinha uma grande importância em termos de organização social: era um lugar de relações, de troca, de conversas, de conhecimento e reconhecimento entre as pessoas. Assim, os grandes nomes florentinos eram sempre relacionados a uma determinada vizinhança, aquela dentro da qual todos os ramos familiares haviam se agrupado, a mesma na qual os seus antecessores haviam constituído residência e vínculos no passado e na qual haviam construído os amplos palácios que tanto exaltavam o prestígio da família. No *gonfalone* teciam-se as redes sociais entre amigos, parentes e vizinhos, era o lugar do cotidiano, onde as pessoas criavam vínculos que iam além da mera superficialidade. Geralmente, dentro da vizinhança as famílias "arranjavam casamentos, selecionavam padrinhos para os filhos, formavam companhias de negócios e estabeleciam clientelas para suas lojas" (BRUCKER, 2005, p. 5-6).[28]

Uma vez considerada a noção de família como grupo vinculado ao espaço doméstico, devemos pensar também a sua relação com os laços de parentesco. Isto é, com a "trama de papéis sociais ligados por relações biológicas, reais ou imaginárias" (GOODE, 1970, p. 22). Conhecer a forma como as relações de parentesco se manifestavam é muito importante para compreender a família florentina desde novas perspectivas, pois, mesmo tratando-se de um fato biológico tão básico, as formas de

---

1340, Florença foi dividida em quatro *quartieri* (distritos), os quais foram nomeados de acordo com as principais igrejas às quais se vinculavam: Santa Maria Novella, Santa Croce, San Giovanni e Santo Spirito. Cada um dos *quartiere* tinha seu caráter particular, distinguindo-se pela mistura de palácios, casas, oficinas, lojas, capelas e fundações monásticas – franciscanas, dominicanas ou carmelitas. Por outra parte, eles encontravam-se divididos em células administrativas menores, os *gonfaloni* (vizinhança), a modo de quatro *gonfaloni* por *quartiere*, totalizando dezesseis. Mais informações em: TREXLER, Richard C. *Public Life in Renaissance Florence*. Ithaca: Cornell University Press, 1991.

28 "they arranged marriages, selected godparents for their children, formed business partnerships, and established clienteles for their shops".

parentesco se reinterpretam e se expressam de acordo com uma lógica que é própria de cada grupo social (ZONABEND, 1996, p. 13).

Nesse sentido, o antropólogo Jack Goody (1973b) assinalava um sistema de parentesco bilateral na Europa daquele tempo. Segundo ele: "em estruturas bilaterais o significado da prática econômica de descendência através da mulher é usualmente, ao menos, tão significativo quanto a descendência através dos homens" (1973b, p. 56).[29] Para Goody o sistema de parentesco europeu se opõe ao das sociedades africanas estudadas por ele, nas quais se estabelecia uma relação unilateral em que a descendência era exclusivamente patrilinear. No entanto, ao estudarmos a sociedade florentina do Quattrocento vemos que, se ela não se estruturava unilateralmente como as sociedades africanas, também não o fazia de modo puramente bilateral. Havia, na interpretação do parentesco entre os florentinos, práticas e ideias marcadamente patrilineares.

Nino Tamassia explica que, nas cidades italianas do século XV:

> Para conservar a própria individualidade, a família restringe os efeitos do vínculo de sangue aos ágnatos, isto é, aos descendentes por linha masculina de um progenitor comum, com diretas e gerais limitações dos direitos da mulher, embora ágnata (1910, p. 110).[30]

Da forma como os vínculos biológicos eram vividos e reproduzidos socialmente depreendem-se duas práticas culturais muito importantes da sociedade mercantil: uma delas diz respeito à coabitação; a outra, à exclusão da mulher em questões de patrimônio. Com relação ao primeiro assunto, Charles de La Roncière, ao descrever as famílias toscanas, afirma o seguinte:

29 "in bilateral structures the practical economic significance of descent trhough females is usually at least as significant as descent through males".

30 "Per conservare la propria individualità, la famiglia restringe gli effetti del vincolo di sangue agli agnati, cioè ai discendenti, per linea maschile, dal comune progenitore, con rude e generale limitazione dei diritti della donna, anche se agnata".

Todos esses lares, por mais acolhedores, abertos e povoados que sejam, não agrupam normalmente senão parentes por parte dos homens. Os parentes por afinidade, por parte das mulheres, mesmo muito próximos ou muito desprovidos (órfãos ou mesmo bastardos), só são aí introduzidos com reticência (mas tratados, uma vez admitidos no lar, com hospitalidade e afeição) (2004, p. 167).

A prática de convívio doméstico é uma das manifestações mais significativas da importância que os florentinos concediam aos laços sanguíneos por linha masculina, muito exaltados pelo humanista Matteo Palmieri: "depois dos filhos, estimam-se e devem ser úteis os netos e qualquer um nascido do nosso sangue" (1982, p. 161).[31] Entretanto, essa valorização do vínculo biológico não se limitava apenas aos descendentes, os florentinos davam grande importância também aos laços de união com seus antepassados.

Entre os membros da alta sociedade havia um grande interesse pelo registro e conhecimento do passado familiar. Buscava-se resgatá-lo a partir das lembranças, daquilo que se havia ouvido entre os parentes ou de documentos antigos conservados na família. Nos cadernos familiares relatavam-se as origens dos antepassados, os casamentos celebrados entre os parentes, o papel que alguns ancestrais desempenharam na história da cidade e a forma como haviam adquirido a riqueza e o prestígio: "Aqui embaixo escreverei quem foram os nossos antepassados", anotava Lapo Niccolini em seus escritos pessoais (1969, p. 153);[32] já Buonaccorso Pitti expressava a sua intenção de escrever "para fazer memória daquilo que pude achar e escutar da nossa antiga progênie" (1905, p. 7).[33]

---

31 "dopo i figliuoli, si stimano et debbono essere utili i nipoti et qualunche altro nato di nostro sangue".

32 "qui appresso iscriverò chi furono i nostri antecessori".

33 "per fare memoria di quello ch'io ò potuto trovare e sentire di nostra anticha progienia".

Esse "fazer memória", como escrevera Buonaccorso Pitti, ou querer saber "quem foram" os antepassados, como almejara Niccolini, não somente servia para definir o grupo familiar no presente, dando coesão a seus membros a partir do senso de pertencimento à família, também era muito importante na definição do prestígio e da identidade do próprio indivíduo. O passado familiar refletia profundamente na vida individual dos florentinos, eles se reconheciam como sujeitos na medida em que se sentiam pertencentes a uma dada família e eram reconhecidos socialmente por isso. No desempenho das atividades políticas e econômicas e nas relações com vizinhos, parentes, empregados, parceiros e amigos, a riqueza e o prestígio da família de origem contribuíam para definir o caráter individual. O indivíduo se reconhecia como tal na medida em que se sentia parte do grupo que o diferenciava do resto da sociedade. Como afirmara Jacob Burckhardt, o desenvolvimento do homem singular na Itália renascentista vinculou-se, "essencialmente, a seu reconhecimento em si próprio e nos outros" (2003, p. 226); e, nesse desenvolvimento, a família desempenhou um papel muito importante.

Portanto, através das relações de parentesco sanguíneo nasciam não somente a solidariedade entre os parentes e o senso de união familiar, mas também as referências identitárias dos florentinos. Escrevendo aos seus contemporâneos, Alberti dizia:

> A natureza deu às famílias um excelente e próprio vínculo, acima de tudo fortíssimo; esse foi a verdadeira e devida consanguinidade, [...] a verdadeira e natural conjunção entre aqueles que são de um mesmo sangue e nome, criados juntos, faz com que aquilo que dói e motiva a um, também motive a todos os outros (1843, p. 169).[34]

---

34 "La natura diede alle famiglie ottimo fra loro e proprio vincolo, sopra tutti fermissimo; questo fu, la vera e dovuta consanguinità, [...] la vera e natural congiunzione fra quelli che sono d'uno sangue e nome allevati insieme, fa que quello che duole e move l'uno in tempo, ancora move tutti gli altri".

Assim, o vínculo de sangue era pensado como uma união verdadeira, um vínculo natural que criava laços de solidariedade e identificação entre os indivíduos. Segundo Alberti, o parentesco sanguíneo representava um corpo único, em que a dor ou a motivação de um, era a dor e a motivação de todos.

Ainda com relação ao tema do parentesco, Nino Tamassia ressalta que: "dizendo família ou casa, diz-se também patrimônio" (1910, p. 108);[35] e, nessa perspectiva, o vínculo de consanguinidade representava realidades diferentes para homens e mulheres. Tanto em Florença quanto em outras regiões do território italiano "a mulher era virtualmente excluída de participação na propriedade paterna" (KLAPISCH-ZUBER, 1985, p. 214).[36] Na época, no que diz respeito à transferência de propriedade, o direito ao patrimônio familiar recaía fundamentalmente nos herdeiros masculinos. Em compensação, a família concedia à mulher o dote para o casamento: o valor em dinheiro que as famílias das moças entregavam aos esposos na hora do matrimônio.

De acordo com o parecer de Jack Goody, que via a transferência de propriedade no parentesco europeu como bilateral, o dote era entendido "como um tipo de herança *pre-mortem* para a noiva" (1973a, p. 1).[37] No entanto, Christiane Klapisch-Zuber entende que, entre os florentinos, o dote não representava a parte que correspondia às filhas na herança paterna, era uma quantia bem menor que trabalhava como uma forma de excluí-las da transferência do patrimônio familiar:

> Seu pai ou seus irmãos dotavam-na "apropriadamente", mas eles faziam todos os esforços para evitar que ela removesse alguma das terras que constituíam o núcleo

---

35 "Dicendo famiglia o casa, si dice anche patrimonio".
36 "a woman was virtually excluded from a share in the paternal state".
37 "as a type of pre-mortem inheritance to the bride".

do seu patrimônio ou alguma das casas nas quais seus antepassados haviam vivido (1985, p. 214).[38]

Nesse sentido, Margareth King, que centra seus estudos históricos na mulher renascentista, explica que em algumas comunidades do norte da Europa e da Espanha, onde a propriedade era divisível entre os herdeiros de ambos os sexos, o dote era a parte da herança que correspondia à mulher, que nem sempre era equitativa, já na Itália "constituía a fração do patrimônio que se lhe designava e que a excluía do resto" (1993, p. 73).[39]

Assim sendo, o dote era um bem que pertencia à mulher. Ele costumava ser administrado pelo marido durante o matrimônio, mas era ela que detinha a propriedade sobre essa quantia em dinheiro, podendo deixá-la como herança aos filhos ou podendo reaver o seu valor em caso de viuvez. O tema do dote será tratado com maior profundidade no segundo capítulo do livro, porém, é importante ressaltar que, embora a maioria das vezes o dote trabalhasse como uma forma de excluir as filhas do patrimônio familiar, já que era o único bem que as moças ganhavam dos pais, houve alguns florentinos que agiram de modo diferente. No caso de Fetto Ubertini, além do pagamento do dote, ele estipulou em seu testamento o legado de algumas propriedades familiares para suas filhas, as quais os irmãos das moças deviam entregar caso elas se tornassem viúvas (In: BRUCKER, 1998). Ann Crabb (2000) menciona também, que de 66 testamentos analisados por ela, 58% incluem às filhas entre os herdeiros.

Além do núcleo doméstico, dos laços de parentesco e do patrimônio, a família envolvia outro significado muito importante entre os mem-

---

38 "her father or her brothers dowered her 'appropriately', but they made every effort to keep her from removing any of the lands that constituted the nucleus of their patrimony or any of the houses in which their ancestors had lived".

39 "constituía la fracción del patrimonio que se le designaba y que la excluía del resto".

bros da alta sociedade, ela era representante do prestígio e da posição social dos indivíduos. Segundo o historiador Lauro Martines, nesse contexto,

> a família [...] se interpõe entre o indivíduo e a sociedade. Ela medeia e determina suas relações com o mundo em geral, pois ele enfrenta o sistema social condicionado pela posição de sua família na sociedade, e seu lugar na vida pública é regido pelo lugar político da sua família (2011, p. 50).[40]

Posterior a Martines, o parecer de Leonardo Fabbri é muito similar; ele sustenta que na sociedade florentina,

> a família continuava a ser uma das instituições portadoras da estrutura social, núcleo primário de agregação, capaz de exercer profundas repercussões, seja sobre a vida econômica, seja sobre a vida política. O indivíduo nos anos 1400 [...]. Descobria de fato, desde o nascimento, um lugar preciso na sociedade em relação a sua própria origem familiar (1991, p. 34).[41]

Assim, como detentora do lugar social que ocupavam os florentinos dentro da comunidade, a família atuava como uma ponte que conectava o indivíduo com a sociedade. O grupo familiar ao qual se pertencia definia a condição do indivíduo desde o momento do nascimento,

---

40 "the family [...] stands between the individual and society. It mediates and determines his relations with the world at large, for he confronts the social system conditioned by his family's position in society, and his place in public life is governed by the political place of his family".

41 "la famiglia continuava ad essere una delle istituzioni portanti dell'assetto sociale, nucleo primario di aggregazione, capace di esercitare profonde ripercussioni sia sulla vita economica che su quella politica. L'individuo nel '400 [...]. Trovava anzi, fin dalla nascita, un posto preciso nella società proprio in relazione alla sua origine familiare".

determinando as relações de parentesco e solidariedade que incidiriam em sua vida pessoal e que conformariam seu grupo de aliados na vida pública. Desse modo, para as altas camadas sociais, a família representava também um símbolo de identidade e prestígio, sendo a portadora da tradição e da hierarquia social de seus membros.

E o que era essa tradição familiar? De acordo com Lauro Martines (2011), a tradição de uma família na sociedade denotava antiguidade e estabilidade política e econômica. Consistia em uma combinação de riqueza e serviço público desempenhado por um longo período de tempo. A associação com as principais repartições do governo e uma sólida posição, quer como proprietários de terra, banqueiros ou grandes mercadores, desenvolviam a reputação e a autoridade de uma família dentro da cidade (MARTINES, 2011). Assim, a tradição familiar significava a manutenção, ao longo das gerações, de um rico patrimônio e de um considerável registro de participação nos assuntos do governo. Ela dizia respeito à antiguidade do nome, à riqueza e ao desempenho político dos membros da casa.

A hierarquia que concedia pertencer a uma família com longa tradição na cidade percebe-se na forma como os indivíduos se definiam em relação aos antepassados. Muitos florentinos, por exemplo, desenvolveram o hábito de ressaltar em seus escritos pessoais a antiguidade do nome familiar. Giovanni Morelli foi um deles; em seu caderno de *Ricordi* escreveu com orgulho: "nossos ancestrais vieram morar na cidade de Florença já faz 300 anos ou mais" (1718, p. 217).[42] De modo similar, também Alberti ressaltou em sua obra a importância de seus antepassados:

> [...] pode-se glorificar a casa Alberta que por mais de duzentos anos nunca foi pobre o suficiente como para não estar entre as famílias de Florença consideradas riquíssimas. Tanto na memória de nossos antigos como nos nossos escritos domésticos acharão que em casa

---

42 "nostri antichi venuti ad abitare nella città di Firenze, già sia anni 300 o più".

Alberta sempre fomos grandíssimos e famosíssimos, verdadeiros, bons e inteiros mercadores (1972, p. 173).[43]

As palavras de Alberti referem não só à antiguidade do nome, mas também à riqueza e à atividade que lhes deu prestígio. Os mercadores e banqueiros, especialmente, viam-se como os grandes artífices do desenvolvimento florentino, por isso davam grande valor e magnitude ao seu lugar social. Na opinião do contemporâneo Goro Dati, "aquele que não é mercador e que não procurou o mundo e viu as nações das pessoas estrangeiras e retornou à pátria com riqueza, não é por nada estimado" (1904 *apud*. MARTINES, 2011, p. 32-33).[44] Lorenzo Strozzi também afirmava que das atividades mercantis "todas as riquezas da nossa cidade, muitas vezes, dependem" (1851, p. 9).[45]

Essa consciência de que as atividades mercantis contribuíam para o bem da cidade, por trazerem riqueza, trabalho, desenvolvimento cultural e apoio econômico para o governo, sustentava o apreço que a alta sociedade tinha de si. Mas, principalmente, a estima e o orgulho que essas famílias sentiam pelas próprias ocupações fundamentavam-se na ideia de que a riqueza familiar havia sido adquirida de forma honorável, isto é, conquistada a partir de atividades nobres e socialmente prestigiosas.

De acordo com o pensamento da alta sociedade florentina, algumas formas de ganhar dinheiro eram mais dignas e honoráveis do que outras. Exaltavam-se o comércio em grande escala e as atividades bancárias com mercados estrangeiros; degradava-se o trabalho manual,

43 "si può gloriare la casa Alberta che da ducento e piú anni in qua mai fu essa sì povera ch'ella non fusse tra le famiglie di Firenze riputata ricchissima. Né a memoria de' nostri vecchi, né in nostre scritture troverrete che in casa Alberta non sempre fussono grandissimi e famosissimi, veri, buoni e interi mercatanti".

44 "chi non è mercatante e che non abbia cerco il mondo e veduto l'estranie nazioni delle genti e tornato alla patria con avere, non è reputato da niente".

45 "tutte le ricchezze della nostra città le più volte dependono".

as atividades dos pequenos comerciantes e a riqueza vinculada à usura e a outras atividades gananciosas (MARTINES, 2011). Esse pensamento estava presente também na escrita dos humanistas. Matteo Palmieri escrevia, "a mercadoria, quando é pobre e pequena com certeza é banal e vil; quando for grande e abundante, enviada e trazida de muitos lugares [...] com certeza merece glória" (1982, p. 187).[46] Já Alberti afirmava: "eu, podendo, não gostaria de ter que vender e comprar ora isso ora aquilo, que são tarefas de mercenários e ocupações vis" (1972, p. 235-236). [47]

Mas, além da valorização das atividades bancárias e do comércio em grande escala, a nobreza das ocupações mercantis atrelava-se também a um fator de fundamental importância para a alta sociedade: as mesmas estavam vinculadas com as corporações de ofício mais importantes da cidade. No contexto florentino daquele tempo, os graus de diferenciação social distribuíam-se de acordo com a hierarquia ocupacional, a qual estava basicamente relacionada à participação dos indivíduos nas guildas ou corporações de ofício.

No topo dessa estrutura social estavam as denominadas guildas maiores (*arti maggiori*), das quais faziam parte os membros da alta sociedade, mercadores, banqueiros e homens de letras; a continuação vinham as chamadas guildas menores (*arti minori*), constituídas por comerciantes de pequeno e mediano porte, trabalhadores e artesãos vários; e havia também atividades não amparadas pelas guildas, como eram aquelas vinculadas ao trabalho manual de lã e de seda.[48] Essa divisão

---

46   "la mercatantìa, quando è povera et piccola certo è inliberale et vile; quando fusse grande et copiosa, mandante et conducente di molti luoghi [...] certo merita loda".

47   "io possondo non vorrei avere a venderee comperare ora questo ora quello, che sono faccende da mercennarii, e vili ocupazioni".

48   Em total, existiam em Florença 21 guildas ou corporações de ofício: sete maiores e 14 menores. Das sete *arti maggiori* a que tinha o maior prestígio social era a *Arte dei Giudici e Notai*, vinculada às atividades legais, logo, vinham as guildas relacionadas ao comércio e manufatura de lã, seda e tecidos, *Arte della Lana*, *Arte di Por Santa Maria* e *Arte di Calimala*. Os

atendia a critérios não só de hierarquia social, mas também política, os membros das guildas maiores tinham uma representação consideravelmente maior nas repartições do governo florentino (HIBBERT, 2003). Deste modo, pertencer às *arti maggiori* significava possuir dois elementos muito importantes na determinação da distinção social: a riqueza e o ofício público.

A importância que participar da política florentina tinha para a vida social pode ser notada nas palavras de Giovanni Morelli (1718), citadas no início do capítulo. Ele pedia aos filhos casar com pessoas que fossem não só de famílias ricas, de mercadores e antigos em Florença, mas também participantes do governo. Ser parte da vida política da cidade concedia grande honra aos indivíduos e à suas famílias. Matteo Palmieri afirmava: "nada será mais digno entre os homens do que a virtude de quem exerce pela utilidade pública" (1982, p. 136).[49]

Em termos de hierarquia política, todos os membros da família eram responsáveis pelo prestígio familiar. A participação de um indivíduo nas repartições do governo trazia reputação para toda a família, de igual modo como o passado político da família concedia poder e distinção ao indivíduo. Era uma troca recíproca. A tradição política familiar era um sinal marcante da posição que se ocupava na sociedade. Lauro Martines afirmava que na época, "para calcular o valor de um indivíduo, para identificá-lo socialmente, os florentinos desenvolveram o hábito de observar a proeminência (ou obscuridade) política de seus ancestrais, assim como a participação dele nos assuntos públicos" (2011, p. 43).[50]

---

banqueiros faziam parte da Arte del Cambio; os médicos e comerciantes de tintas, espécies e medicinas, da *Arte dei Medici, Speziali e Merciai*; e os vendedores de peles e couros, da *Arte dei Vaccai e Pellicciai* (HIBBERT, 2003; MARTINES, 2011)

49 "niuna cosa sarà mai più degna fra gl'huomini che la virtù di chi per publica utilità se exercita".

50 "to calculate the stature of an individual, to identify him socially, Florentines developed the habit of looking to his ancestors' political prominence (or obscurity), as well as to his own activity in public affairs".

Essa estreita relação entre a posição social e a participação nas funções públicas explica que alguns cidadãos tivessem por hábito registrar em seus diários pessoais os antecedentes políticos de seus antepassados e de si próprios. Um bom exemplo é o mercador Buonaccorso Pitti, que menciona em seus escritos que seu pai "foi *priore* duas vezes" e seu irmão, além de ter exercido como *priore* em duas ocasiões, foi "muitas vezes do *Collegio*" (1905, p. 16-18).[51]

Com base nas perspectivas analisadas, podemos dizer que entre os membros da alta sociedade o significado de família tinha diversas acepções. O termo família era utilizado com sentidos diferentes, podendo referir:

> O conjunto de todos aqueles que carregavam o mesmo sobrenome, incluindo ramos laterais frequentemente chamados, em uma metonímia curiosa, de "casa" ou "facção"; a linhagem ágnata, ou patrilínea, limitada aos ramos cuja descendência de um ancestral comum era recente e bem estabelecida; e o lar, a unidade residencial doméstica daqueles que viviam sob um mesmo teto, [...]. Apesar do foco principal nos ágnatos, os florentinos eram também intensamente conscientes dos parentes cognatos (através das mães)

---

51 "fu de´priori due volte"; "piú volte di colegio". Os *priori* eram os membros da Signoria de Florença, corpo mais importante do governo florentino - integrada por oito *Priori* e um *Gonfaloniere* de Justiça. Ainda havia os conselhos chamados *Collegi*, como os *Dodici Buonomini* (Doze bons homens) e os *Sedici Gonfalonieri* (Dezesseis Gonfalonieri), encarregados de promulgar leis e de formular a política externa. Também formavam parte do governo os Dez da guerra, os Oito da segurança, os Seis do comércio e, em situações de crise, os cidadãos podiam aprovar o estabelecimento de um comitê de emergência, chamado Balìa, para governar a cidade durante um período de seis meses (HIBBERT, 2003).

e dos parentes afins (adquiridos em alianças de casamento) (NAJEMY, 2006, p. 219-220).⁵²

Vale ressaltar que, como o próprio Najemy salienta, um sentido tão expansivo de família só era possível entre os núcleos mais abastados. Para muitos artesãos e trabalhadores "a 'história' familiar envolvia pouco mais do que os avós e seus descendentes, especialmente entre a maioria que não tinha sobrenome", para essas pessoas a realidade familiar era geralmente limitada à família imediata (2006, p. 221).⁵³

Desse modo, para uma alta sociedade cuja coesão se sustentava em torno dos vínculos de parentesco, que valorizava a convivência doméstica e os laços afetivos e que via no nome familiar a tradição do longo passado de riqueza e prestígio político dos antepassados, referência identitária de todos os membros da casa, é natural que o matrimônio, elemento assegurador da perpetuação legítima da família, cobrasse uma importância fundamental. Sobretudo, porque além de perpetuar legitimamente a família ele trazia consigo a formação de novos e importantes vínculos de parentesco.

A importância do matrimônio: a construção do parentado

Em linhas gerais, a posição das famílias da alta sociedade florentina não se relacionava unicamente ao prestígio, antiguidade, riqueza e

---

52 "the assemblage of all those bearing the same surname, including lateral branches, often called, in a curious metonym, the 'casa', or 'consorteria'; the agnatic lineage, or patriline, limited to the branches whose descent from a common ancestor was recent and well established; and the household, the domestic residential unit of those who lived under one roof, [...]. Despite their primery focus on agnates, Florentines were also intensely aware of cognatic kin (through their mothers) and affinal kin (acquired in marriage alliances)".

53 "family 'history' involved little more than grandparents and their descendants, especially among the majority who lacked a surname".

desempenho político de seus membros, ligava-se também às redes de *parentado* que se integravam, isto é, aos vínculos criados com parentes adquiridos a partir do casamento. Lauro Martines explica que:

> As fontes florentinas do século XV – crônicas, diários, cartas, cadernos domésticos e documentos públicos – exibem um grau surpreendente de harmonia em suas assunções a respeito dos fatores que determinavam um lugar social elevado. De modo geral, quatro fatores eram comumente tomados como importantes: riqueza honoravelmente adquirida, um substancial registro de serviço público, descender de uma antiga família florentina, e vínculos de casamento com outra família de alguma consequência política ou econômica (2011, p. 18).[54]

Assim, tradicionalmente, os grandes nomes florentinos buscavam se vincular uns aos outros por meio dos matrimônios, na procura não só de reforçar a própria hierarquia, mas de instituir com os novos parentes vínculos de poder e reciprocidade.[55] Os laços de *parentado* apresentavam-se como uma forma das famílias multiplicarem as relações dentro

---

54 "Florentine sources of the fifteenth century – chronicles, diaries, letters, domestic handbooks, and public documents – exhibit a striking degree of harmony in their assumptions about the factors that determined elevated social place. Broadly speaking, four factors were commonly taken to be important: honorably-acquired wealth, a substantial record of service in public office, descent from an old Florentine family, and bonds of marriage with another family of some political and economic consequence".

55 A respeito das relações de parentado ver: KLAPISCH-ZUBER, Christiane. Kin, friends, and neighbors: the urban territory of a Merchant family in 1400. In: ___. *Women, family, and ritual in Renaissance Italy.* Chicago: University of Chicago Press, 1985, p. 68-93; FABBRI, Lorenzo. *Alleanza Matrimoniale e Patriziato nella Firenze del '400*: Studio sulla famiglia Strozzi. Firenze: Leo S. Olschki Editore, 1991; DE LA RONCIÈRE, Charles. *A vida privada dos notáveis toscanos no limiar da Renascença.*

da comunidade, abrindo "um campo todo novo e pleno de promessas às relações, às confidências, aos apoios, às afeições"; os parentes de casamento eram pensados como solidariedades privadas que completavam a família ou lhe faziam concorrência (RONCIÈRE, 2004, p. 169).

O termo *parentado* era muito comum entre os florentinos e muito utilizado no dizer cotidiano. Em seus *Ricordi*, Buonaccorso Pitti (1905) mencionava a sua intenção de escrever sobre a sua antiga progênie e sobre os *parentadi* antigos e modernos havidos na família. Donato Velluti, ainda no Trecento, também escrevia: "o homem deseja saber da sua nação, e dos seus antepassados, e de como foram os *parentadi*" (1914, p. 3).[56] O dizer desses mercadores, além de mostrar o uso frequente que se dava a esse termo, ressalta a importância social que essa forma de parentesco tinha entre os florentinos. Na intenção desses homens por reconstruir a memória da família e traçar a sua antiguidade e o seu prestígio, resgatavam-se do passado não só os vínculos sanguíneos, mas também aqueles criados e adquiridos através dos casamentos.

Desse modo, consideramos o *parentado* como um laço de parentesco, pois o conceito de parentesco não se restringe apenas aos componentes biológicos, inclui também os sociais. Além disso, porque como afirma Françoise Zonabend, "em cada sociedade, todos os termos de parentesco em uso definem a esfera social de parentesco que essa reconhece" (1996, p. 14).[57]

Nesse sentido, para a Florença do Quattrocento, o termo *parentado* definia o parentesco criado e contraído, em oposição ao parentesco sanguíneo, e representava um laço importante dentro das relações sociais que se estabeleciam entre as famílias. Charles de La Roncière (2004) comenta que, enquanto a família designava a todos os descen-

In: DUBY, Georges. *História da vida privada*, 2: da Europa feudal à Renascença. São Paulo: Cia. das Letras, 2004, p. 163-309.

56 "l'uomo desideri di sapere di sua nazione, e de' suoi passati, e come i parentadi sono stati".

57 "In every society, all the kinship terms in use define the social sphere of kinship it recognizes".

dentes de um mesmo ancestral em linha masculina, o *parentado* indicava as alianças de parentes tecidas através dos matrimônios, parentescos suplementares organizados ao longo do tempo em torno das mães, filhas, esposas e noras. O *parentado* completava e consolidava o círculo de sangue através de uma aliança simbólica sustentada na confiança, no apoio e na mútua solidariedade entre famílias. Os florentinos entendiam o relacionamento com os parentes adquiridos por casamento como um parentesco suplementar, um vínculo reciprocamente vantajoso e benéfico para ambas as partes.

A literatura humanista concedeu grande importância a essa forma de parentesco, de tal modo que alguns autores associaram, explicitamente, a escolha da esposa com a procura por bons e úteis parentes. Leon Battista Alberti foi um dos que escreveu: "ao se tomar mulher busca-se beleza, *parentado* e riqueza (dote)" (1972, p. 132, grifo meu).[58] Já Francesco Barbaro defendia como primeira consideração na escolha de uma esposa a importância da sua virtude, mas, mesmo assim, mencionava que "os antigos, cuja autoridade, seja pela grande doutrina seja pela experiência de muitas coisas, ainda persiste, pensaram que na mulher a idade, os bons costumes, o *parentado*, a beleza e o dote devem ser procurados" (1548, p. 11).[59]

Do ponto de vista prático, a importância das relações de parentesco criadas com os casamentos fundamentava-se na geração de vínculos afetivos novos e estáveis, os quais, proveitosamente, resultavam em um alargamento do campo de influências no mundo social. "Casar significava – potencialmente, ao menos – soldar o grupo da mulher com o próprio, alargando assim o número de pessoas com as quais se poderia contar" (FABBRI, 1991, p. 99).[60] Ocasionalmente, casar e contrair pa-

---

58 "nel tôr moglie si cerchi belleze, parentado e ricchezze".

59 "Gli antichi, l'autorità di quali et per la gran dottrina, et per la esperienza di molte cose vive anchora; pensorono che nella moglie la età, i buon costumi, il parentado, la bellezza, et la dote si havessero à ricercare".

60 "Sposarsi significava – potenzialmente, almeno – saldarei l gruppo della moglie con il proprio, allargando, così, il numero delle persone su cui poter contare".

rentesco eram usados quase como sinônimos, Morelli (1718) não pedia aos filhos casar com bons cidadãos, mas contrair parentesco com eles. Com relação aos casamentos, alguns florentinos falavam em *parentado* desde o momento em que se selavam os acordos matrimoniais. Marco Parenti – genro da já citada Alessandra Strozzi, o jovem que casara com sua filha Caterina – era um deles. Ele mantinha contato epistolar frequente com seu cunhado Filippo Strozzi e, em 1451, escreveu-lhe informando o futuro casamento de sua irmã Alessandra com o jovem Giovanni Bonsi: "nestes poucos dias concluiu-se esse *parentadò*", dizia-lhe (1996, p. 40).[61] Também Francesco Castellani registrou em seus *Ricordi* como, em 13 de novembro de 1448, escolheu por esposa dona Elena, filha de Francesco di Piero Allemani "e se fez dito *parentadò*" (1992, p. 116).[62]

Nem Parenti, nem Castellani falam em matrimônio, e sim em "ter-se feito" o *parentado*. O uso espontâneo que ambos fazem dessa expressão permite observar o quão corriqueiro era o uso desse termo entre os florentinos, mas, sobretudo, deixa transparecer a importância que tinha a criação desse vínculo. Em termos estratégicos, através do casamento uma família multiplicava as vinculações dentro da comunidade, expandindo o seu poder e prestígio ao ligar seu nome ao de outra família de igual poder e hierarquia. "Assim, ao matrimônio se lhe atribuíam funções de reprodução social não menos importantes do que aquelas de reprodução biológica" (FABBRI, 1991, p. 35).[63]

Nessa perspectiva, o parecer contemporâneo de Matteo Palmieri é muito esclarecedor:

> Depois dos filhos estimam-se e devem ser úteis os netos e qualquer um nascido do nosso sangue; [...] assim, multiplicados e não somente numa mesma casa recebidos, difundem-se as linhagens, os círculos de parentes-

---

61 "in questi pochi dì s'è chonchiuso questo parentado".

62 "e feci detto parentado".

63 "Così, al matrimonio si attribuivano funzioni di riproduzione sociale, non meno importanti di quelle di riproduzione biologica".

co e abundantes famílias, as quais, dando e recebendo legítimo casamento, com *parentadi* e amor, compreendem boa parte da cidade (1982, p. 161).[64]

Essas formas de afinidade criadas com os matrimônios teciam uma trama de solidariedades privadas capazes de garantir apoio, benefícios, proteção e recomendações a todo o grupo familiar. A mesma crescia e se alargava com cada novo casamento, como dizia Palmieri, trazendo cada vez mais poder de influência para as famílias da alta sociedade. Explicando-nos o comportamento dessas famílias, o historiador Nino Tamassia afirmava: "um 'grandíssimo *parentado*' era um modo de se fazer sentir mais vigorosamente nos assuntos públicos" (1910, p. 116).[65] Assim, buscavam-se parentes capazes de trazer uma utilidade concreta, de contribuir com seus favores tanto em assuntos da vida cotidiana quanto naqueles de maior importância política ou econômica, parentes que pudessem dar apoio através deles próprios ou através da sua própria rede de parentes, amigos e conhecidos.

O zelo com que os futuros parentes eram escolhidos tinha por fim evitar problemas e desilusões futuras à família, pois nem sempre esses vínculos de parentesco eram tão bem sucedidos quanto esperado. Nesse sentido, Leon Battista Alberti aconselhava:

> No *parentado*, primeiramente, se deve examinar a vida e modos de todos os novos unidos. Muitos matrimônios foram [...] razão de grande ruína à família, pois estabeleceram parentesco com homens litigiosos, competitivos, soberbos e malévolos. [...] Algumas vezes se vê que os

---

64 "Dopo i figliuoli, si stimano et debbono essere utili i nipoti et qualunche altro nato di nostro sangue [...] poi, multiplicati et non attamente in una medesima casa ricevuti, si diffundono le schiatte, le consorterie et copiose famiglie, le quali, dano e ricevendo leggitime nozze, con parentadi et amore comprehendono buona parte della città".

65 "Un 'grandissimo parentado' dava modo di farsi sentire più gagliardamente nei pubblici affari".

parentadi foram prejudiciais e calamitosos aos esposos, os quais tiveram que sustentar a sua família e àquela de aqueles onde tomaram a jovem (1972, p.134).[66]

Um desses casos malsucedidos está vinculado, coincidentemente, à casa dos Alberti. Em 1395, Giovanni Morelli casou-se com Caterina degli Alberti e a união prometia ser muito prolífica, já que, naquele momento, a família Alberti era uma das mais ricas e influentes de Florença. Porém, em 1402, eles foram exilados da cidade por assuntos políticos e esse fato acabou prejudicando o prestígio social de Morelli e a hierarquia de muitos dos seus aliados e só não acabou com suas possibilidades políticas graças às boas amizades do mercador e à sua importante riqueza. Outra aliança que acabou malograda em termos de *parentado* foi a de Giovanni Rucellai com Jacopa di Palla Strozzi, celebrada em 1428 e desmerecida pelo exílio que afetou os Strozzi em 1434.

Entretanto, assim como em algumas ocasiões o *parentado* podia trazer problemas às famílias, em outras também podia servir para solucionar assuntos ou conflitos do passado, consolidando vínculos entre famílias inimigas ou afastadas politicamente. Piero de Medici, na tentativa de se aproximar das famílias que representavam uma ameaça ao seu poder em Florença, criou parentesco com Giovanni Rucellai – aparentado com os Strozzi, antigos participantes da conspiração contra seu pai, Cosimo de Medici – através do matrimônio da sua filha Nannina com Bernardo Rucellai, filho do dito Giovanni. Com a mesma intenção, acordou o casamento de sua filha Bianca com Guglielmo de Pazzi; contudo, essa união não conseguiu evitar a conspiração planejada anos mais tarde pelos Pazzi e outros aliados para atentar contra a vida de seus fi-

---

66 "nel parentado in prima si vuole bene essaminare la vita e modi di tutti é nuovi coniuncti. Molti matrimonii sono stati [...] cagione di grande ruine alla famiglia, poiché sono imparentatosi con uomini litigiosi, gareggiosi, superbi e malvoluti. [...] Alcuna volta si vede e´ parentadi sono stati dannosi e calamitosi a quelli sposi, e´ quali hanno avuto a sostentare la famiglia sua e quella di coloro onde cavorono la fanciulla".

lhos Lorenzo e Giuliano, acabando na morte deste último e em grandes conflitos políticos e religiosos para a cidade de Florença.

O poder conciliador de alguns casamentos deve ter tido uma grande relevância na vida social, já que o religioso franciscano São Bernardino de Siena o exaltava com veemência em suas prédicas aos florentinos:

> Quanta concórdia se vê ser trazida pela mulher! Que onde estava a discórdia, por mediação da mulher há grandíssima tranquilidade: que algumas vezes haverá guerra mortal [...] entre um senhor e outro; e por uma moça que se case desta casa com aquela, pronto se fazem parentes com tanta tranquilidade, concórdia e paz que se restabelece a harmonia (1853, p. 178).[67]

Entregar uma filha ou parenta em matrimônio a famílias inimigas ou que representassem uma ameaça política parece ter sido uma estratégia bem-sucedida na grande maioria dos casos, de acordo com o dizer de São Bernardino. Receber como esposa e mãe dos filhos à filha de uma família oponente era um primeiro passo no restabelecimento da relação entre ambas as casas, uma forma de fortalecer o vínculo buscando evitar problemas ou rivalidades no futuro. Mesmo nos casos em que a estratégia não era tão eficaz, pelo menos conseguia adiar os conflitos; Piero de Medici aprazou quase 20 anos o confronto com os Pazzi – o casamento de Bianca de Medici com Guglielmo de Pazzi foi em 1459, a conspiração contra os Medici em 1478.

Mas, não foi somente o monge de Siena quem ressaltou a importância dos laços de *parentado*, outros autores da época também discorreram sobre os diversos usos e utilidades trazidos por esta forma de

---

67 "Quanta concordia si vede essare addivenuta per la donna! Chè anco dove sono istate le discordie, per la mezzanittà della donna so´state grandissima tranquillità: chè talvolta sarà stata guerra mortale [...] tra uno signore e un altro; e per una fanciulla che si mariti di questa casa in quella, subbito fatti parenti con tanta tranquillità e concordia e pace, che è stata una consolazione".

parentesco. Matteo Palmieri explicava que a estima pelos parentes de casamento, a quem denomina como *parentela coniuncti* (parentela unida), estava em que eles "caridosamente se socorrem e prestam uns aos outros conselhos, favores e assistência, os quais na vida representam atitude, conveniência e abundantes frutos" (1982, p. 161).[68] Por sua parte, Leon Battista Alberti foi determinante ao sobrepor o valor dos parentes de casamento ao da própria riqueza que a esposa trazia com o dote:

> toma-se esposa, primeiramente, para se gerar filhos; logo se pensa que os bons parentes próximos são melhores do que a fortuna, e ao juízo dos bons, muito mais úteis do que a riqueza. A riqueza, em muitos aspectos, torna-se algo fugaz e frágil; já os parentes sempre serão parentes se os consideras e tratas como parentes (1972, p. 138).[69]

A importância do *parentado* é explícita nas palavras de Palmieri e Alberti, na veemência com que esses humanistas expõem a sua utilidade, qualificando a relação como frutífera e conveniente. Os parentes adquiridos, se considerados e tratados como parentes, representavam um patrimônio sólido e acessível. Mas, além da exaltação pública em sermões religiosos e livros, o valor dos parentes também era reconhecido em escritos privados. Em seus *Ricordi*, Francesco Guicciardini escrevia: "o bom entendimento com os irmãos e com os parentes te traz benefícios

---

68 "caritativamente si sobvengono et fra loro medesimi conferiscono consigli, favori et aiuti, i qualli nella vita recono attitudine, commodità et abondanti fructi".

69 "tolgasi moglie per allevarne figliuoli in prima; dipoi si pensi che alle fortune piú sono e´ buon parenti fermi, e a giudicio de´ buoni, utili piú che la roba. La roba in molti modi si truova essere cosa faggiusca e fragile; e´ parenti sempre durano parenti, dove tu gli reputi e tratti non altimenti che parenti".

infinitos [...] em uma infinidade de coisas te favorece e te dá respeito" (1857, p. 187).⁷⁰

Nesse sentido, através do parentado, as famílias da alta sociedade florentina não somente definiam a sua própria hierarquia, vinculando-se com pessoas da mesma posição social e determinando a superioridade de sua condição perante os outros, elas também criavam um espaço novo e muito valioso de relações sociais. Através delas, reafirmavam-se socialmente, ampliavam as possibilidades de acesso a empreendimentos comerciais, cargos políticos e respaldo financeiro, e vinculavam-se a aliados capazes de lhes brindar ajuda e proteção em momentos decisivos. Deste modo, podemos dizer que o *parentado* constituía o que alguns teóricos hoje denominam de "capital social", relações confiáveis e cooperativas capazes de prover aos indivíduos com suporte material, emocional e oportunidades (McLEAN, 2007).

Paul McLean explica que "os florentinos, intuitivamente (e algumas vezes explicitamente), entendiam que as pessoas podiam 'se fazer' a si próprias – através do casamento, através do crédito, através das contas bancárias, através das carreiras, através do patrocínio" (2007, p. 5).⁷¹ Assim, as solidariedades de parentesco eram cuidadosamente construídas e muito refletidas antes de serem estabelecidas, pois deviam ser as mais convenientes e proveitosas possíveis. O *parentado* servia para afiançar a confiança das famílias na vida pública. Sempre que necessitavam, os florentinos sabiam que tinham pessoas com quem podiam contar e às quais podiam solicitar ajuda ou favores: apoio político, perdão de dívidas ou penas, diminuição nas taxas dos impostos, cargos em repartições do governo, cartas de recomendação, suporte em disputas judiciais e um sem-número de outros pedidos. Era nessas situações que os parentes se

---

70 "Lo intendersi bene co'fratelli e co'parenti ti fa infiniti beneficii [...] in infinite cose ti profitta e fátti avere in rispetto".

71 "Florentines intuitively (and sometimes explicitly) understood that people could 'make' each other – through marriage, through credit, through accounts, through careers, through patronage".

apresentavam em toda a sua utilidade, mostrando ser, como dizia Alberti (1972), muito mais úteis e convenientes do que a própria riqueza.

Em linhas gerais, para uma sociedade que se estruturava na vinculação social, o matrimônio não era simplesmente o elemento assegurador da sobrevivência familiar, era também o meio criador dos laços de amizade e proteção entre as famílias. Através da união conjugal, não somente se gerava a descendência que daria continuidade ao nome e ao prestígio da casa, também se instituía a solidariedade entre os parentes.

O matrimônio: uma aliança entre famílias

Um dos momentos mais importantes na vida dos florentinos era marcado pelo matrimônio. Por se tratar de uma sociedade estruturada em torno da família, o casamento era um acontecimento de grande significado, pois assinalava o nascimento de um novo grupo que daria continuidade ao nome e à tradição familiar através dos filhos nascidos de forma legítima, seguindo as normas da vida social. O matrimônio tinha também uma grande importância para o desenvolvimento da cidade, já que além de promover a geração de novos cidadãos em uma Florença demograficamente afetada pelas recorrentes epidemias de peste, também servia de base para o desenvolvimento da moralidade na vida civil.[72] De acordo com o pensamento da época, o matrimônio era capaz de tornar

---

72   Em 1348, Florença se viu grandemente afetada pela epidemia de peste bubônica que assolava a Europa. De acordo com diversas fontes do período, a cidade perdeu quase dois terços da sua população. Giovanni Morelli, em 1400, escrevera o seguinte: "diz-se, e certamente foi, que na nossa cidade morreram dois terços das pessoas, que se estimava que em Florença houvesse naquele tempo 120 mil almas, e que morreram, isto é, os corpos, oitenta mil" / "dicesi, e così fu di certo, che nella nostra città morirono i due terzi delle persone; ché era istimato che in Firenze avesse in quel tempo 120 mila anime, che ne morirono, cioè de' corpi, ottantamila" (1718, p. 279-80). Desde essa primeira epidemia, a peste voltou a atacar Florença nos seguintes períodos: 1360-63, 1371-74, 1399-1400, 1417, 1437-38, 1448-50, 1457, 1464, 1468, 1478 (MOLHO, 1994).

um jovem irresponsável em um homem de família, evitando-se assim a expansão da ilegitimidade dos filhos, o desperdício das riquezas familiares e os comportamentos violentos ou amorais que contribuíam à desordem da cidade. O casamento trazia responsabilidade social, tornava moços irresponsáveis em cidadãos de respeito, afastando-os assim dos vícios da juventude.

Essa visão em relação ao matrimônio era ressaltada fundamentalmente pelos humanistas, que defendiam como a principal obrigação na vida do homem, a de casar-se para aumentar a sua família e a sua cidade. "Útil é ter gerado filhos, aumentado o povo e dado cidadãos à pátria", dizia Palmieri (1982, p. 161).[73] Já Alberti afirmava: "ninguém terá mais alta, mais firme e sólida glória, do que aquele que se dedicar a aumentar, com fama e memória, a sua pátria, os cidadãos e a sua família" (1972, p. 32).[74] Nessa concepção do matrimônio como a forma de se perpetuar com honra o grupo familiar e a cidade, o parecer de Leonardo Bruni em sua vida de Dante é muito significativo; ele apresentava o casamento como a união ideal sobre a qual se erguia uma sociedade: "a primeira união, da qual, multiplicada, nasce a Cidade, é marido e mulher, nada pode ser perfeito onde isso não esteja, e somente esse amor é natural, legítimo e permitido" (1672, p. 24).[75]

Desde o ponto de vista religioso, São Bernardino de Siena e São Antônio de Florença ensinavam que através do matrimônio os esposos eram voluntariamente unidos em um vínculo perpétuo e legítimo (KIRSHNER, 2004). Em teoria, na época, a livre manifestação do consentimento dos cônjuges, seguida da consumação da união, era sufi-

---

73 "Utile cosa è avere generato figliuoli, cresciuto il popolo et dato cittadini alla patria".

74 "niuno sarà piú in alta e piú ferma e salda gloria, che costui el quale arà sé stessi dedicato ad aumentare con fama e memoria la patria sua, e´ cittadini e la famiglia sua".

75 "La prima congiunzione, dalla quale multiplicata nasce la Città, è marito, e moglie, ne cosa può esser perfetta, dove questo non sia, e solo questo amore è naturale, legittimo, e permesso".

ciente para tornar válido um matrimônio aos olhos da Igreja, que, como veremos no decorrer da escrita, pouca intervenção tinha nas celebrações matrimoniais da alta sociedade florentina.

Etimologicamente, matrimônio, do latim *matrimonium*, tem a sua raiz na palavra *mater*, mãe. De acordo com o Dicionário Etimológico da Língua Portuguesa, do filólogo Antenor Nascentes, os antigos romanos, ao considerar os encargos que o casamento traz à mulher, "apelidaram de matrimônio o ato pelo qual ela se liga ao homem, fazendo assim realçar a importância do seu papel quer como propagadora da espécie, quer sobretudo como educadora da prole" (1955, p. 322).

Essa relação entre o casamento e a maternidade, que no passado dera sentido ao termo matrimônio, manteve-se explícita na escrita humanista do século XV. De acordo com estes teóricos, a principal razão que devia levar aos florentinos ao casamento era a geração da descendência legítima. "Toma-se esposa, primeiramente, para se gerar filhos", escrevia Alberti (1972, p. 138).[76] De forma similar, Francesco Barbaro considerava o matrimônio um vínculo estreitíssimo, "uma perpétua união do marido e da mulher, legitimamente, e para a criação dos filhos" (1548, p. 7-8).[77]

Esse pensamento estava estreitamente relacionado com a valorização que socialmente se dava à família, ao patrimônio e à tradição iniciada pelos antepassados. É natural que fundamentados nesses valores os florentinos exaltassem a importância de uma descendência legítima, para perpetuar com honra o prestígio familiar e dar continuidade aos negócios da casa. Essa ideia é muito bem argumentada nas palavras de Leon Battista Alberti: "A quem tenha se esforçado por conquistar riqueza, poder, principados, muito haverá de lhe pesar não haver tido herdeiros verdadeiros e conservadores do seu nome e da sua memória" (1972, p. 128).[78]

---

76 "tolgasi moglie per allevarne figliuoli in prima".

77 "una perpetua unione del marito et della moglie, legittimamente, et per la creatione de figliuoli".

78 "A chi sé arà affannato per acquistare ricchezze, potenze, principati, troppo a costui pesarà non avere doppo sé vero erede e conservador del nome e

A ideia do matrimônio como uma união perpétua era defendida também por Alberti, que via na esposa uma "companhia firme e estável para a vida toda" (1972, p. 132).[79] A separação do casal não era moralmente aceita, nem pelo pensamento humanista, nem pelo religioso. Ambos defendiam a indissolubilidade do casamento até mesmo nos casos de esterilidade feminina, algo muito considerável quando pensamos que a geração de filhos era a finalidade principal do matrimônio. O próprio Alberti aconselhava a não seguir o costume dos antigos romanos de deixar uma esposa estéril para tomar uma esposa fértil, pois essa não era uma opção válida para poder romper o vínculo matrimonial.

Contudo, a existência dessa forma de pensar entre os teóricos não significava a ausência de casos de divórcio na vida cotidiana. Gene Brucker (1998) menciona uma petição de divórcio apresentada aos priores de Comuna de Florença pela família de Madelena di Ventura, em 1377, por causa de agressão e maltrato. Porém, devemos ressaltar que se tratava de uma família de comerciantes menores. Entre as famílias que aqui se analisam, não há referência a casos de divórcios. Nesse sentido, os grandes interesses que havia por trás dos casamentos talvez levassem a contornar as situações de discórdia, desentendimento, falta de amor e até agressão de outras maneiras, seja através da infidelidade – a maioria das famílias florentinas da alta sociedade tinha em seus registros a constância de filhos ilegítimos – ou mesmo da separação do casal, que podia se dar ao luxo de morar em propriedades separadas se necessário – foi o caso singular do segundo matrimônio de Giovanni Morelli (1718), que após a morte de Caterina degli Alberti casou-se com Drea Buondelmonti, e, por desentendimentos com a esposa, acabaram morando separados, ela na vila, ele na cidade.

Ainda, a despeito do importante papel que os filhos tinham para a perpetuação familiar, havia outro grande motivo que levava os florentinos ao casamento. Como salienta Lorenzo Fabbri (1991), especialmente na alta sociedade florentina, as funções de reprodução biológica trazidas

---

memoria sua".

79 "compagnia in tutta la vita ferma e stabile".

pelo matrimônio tinham o mesmo grau de importância do que aquelas de reprodução social. Se a primeira perpetuava o nome familiar através da descendência, a última consolidava a hierarquia da família através das relações e vínculos estabelecidos a partir dos casamentos. Desse modo, o nascimento dos filhos era um motivo muito importante para o matrimônio, por dar continuidade à família, projetando-a ao futuro; mas também interessava a construção das redes de *parentado*, por confirmarem, no presente, o lugar social e as possibilidades familiares.

Assim sendo, a geração de filhos e a construção do *parentado* apareciam lado a lado no interesse que levava as famílias a promover o matrimônio de filhos e parentes. Se a literatura humanista exaltava a descendência legítima como o motivo principal para o casamento, as fontes de caráter pessoal nos mostram que, na prática, o empenho das famílias centrava-se na aquisição de vínculos de poder e hierarquia através de novas relações de parentesco. A intenção das grandes famílias florentinas era a de vincular-se com "bons cidadãos", como escrevia Morelli (1718), ricos, honoráveis e com desempenho político na cidade. Esse era um ponto fundamental, já que, para perpetuar-se a honra familiar através dos filhos, esses filhos deviam ser produto de uma união de riqueza e prestígio.

Dessa maneira, fundamentados na perpetuação da tradição familiar, na ampliação dos vínculos sociais e na reafirmação da própria hierarquia, os matrimônios da alta sociedade florentina se estabeleciam na forma de uma aliança entre famílias. Dentro dessa cultura, o casamento não se relacionava com as emoções e sentimentos dos contraentes, mas com os benefícios coletivos que ele poderia trazer às duas casas envolvidas. Com relação a esse tema, é conveniente ressaltar que somente entre o século XVIII, segundo Macfarlane (1990), e o século XIX, segundo Beigel (1951), o amor se tornou importante na definição dos matrimônios do Ocidente; nos séculos precedentes "a dimensão erótico-sentimental resulta estranha ou mesmo inconciliável com as normas de parentesco" (FABBRI, 1991, p. 36).[80]

---

80 "la dimensione erotico-sentimentale risulta estranea o perfino inconciliabile con le norme di imparentamento".

O amor que no século XVIII David Hume dizia brotar de impressões como "a sensação agradável que emana da beleza; o apetite físico pela procriação; e uma generosa ternura ou querer bem" (*apud* MACFARLANE, 1990, p. 186) não existia como via desejável de casamento entre os florentinos do Quattrocento. Mas, isso não significa que não houve casos singulares de matrimônios movidos pelo amor ou pelo que Fabbri (1991) denomina uma dimensão erótico-sentimental.

O tema do amor estava muito presente na sociedade daquele tempo, na arte e especialmente na literatura – sendo homenageado por Giovanni Boccaccio na quinta jornada do *Decamerão* (1979) e exaltado por Dante Alighieri em sua *Vida Nova* (2003), onde narra a história do seu amor platônico por Beatriz –, portanto, mesmo que "inconciliável com as normas de parentesco", os documentos apresentam casos de florentinos da alta sociedade que decidiram viver um relacionamento emocional e atenderam ao que pediam seus sentimentos. Alessandra Strozzi mencionava que seu sobrinho se apaixonou de tal modo por uma moça de "cérebro ligeiro", "que a nenhuma outra quis dizer sim" (1877, p. 471).[81] Também Giovanni Morelli (1718) teve um tio que se envolveu afetivamente com uma escrava que trabalhava na sua casa, casando-se com ela; uma jovem da qual o próprio Morelli evita mencionar o nome por não ser "honesto" para o prestígio da família.

Contudo, não obstante a existência de alguns casos, essa não era a norma. Para os florentinos do Quattrocento, os interesses familiares eram muito importantes para serem deixados a mercê de escolhas subjetivas baseadas no gosto ou no sentimento individual. Para dona Alessandra Strozzi, o casamento era um tema no qual "era necessário utilizar o cérebro" (1877, p. 459).[82] Desse modo, os sentimentos românticos nascidos da atração, do desejo ou do interesse comum eram canalizados em outras formas de relacionamento, como o amor moralmente enaltecido e vivido à distância, aquele que Dante sentia por Beatriz, ou o amor apaixonado, vivido de forma ilegítima ou clandestina.

---

81 "cervello leggiere"; che di niun'altra volle dire di si".

82 "che bisogna adoperare il cervello".

Nessa perspectiva, podemos dizer que a estratégia matrimonial foi o grande artífice dos matrimônios da Florença da época. O universo mercantil olhava para o casamento de filhos e parentes como um empreendimento comercial, um assunto que devia ser pensado e discutido entre todos os membros da família e, somente definido, após a avaliação criteriosa de uma ampla diversidade de fatores. "O status social e político, a riqueza, a honra, o valor do dote e a amplidão das relações eram elementos atentamente examinados pela família que pretendesse casar um de seus membros", afirmava Fabbri (1991, p. 36-37).[83] Em vista de celebrar o melhor acordo nupcial, os florentinos ponderavam as virtudes e características de cada uma das "opções" existentes no cenário matrimonial da cidade, refletindo, detidamente, nos benefícios que cada um desses possíveis casamentos poderia trazer ao grupo familiar. Obviamente, a escolha recaía na união que ocasionasse a maior honra, prestígio social e lucro econômico para todas as pessoas da casa.

Uma vez feita a escolha, as famílias selavam o acordo com um aperto de mãos, em um ato ao qual se referiam como *impalmare* – literalmente, dar-se as mãos. Conforme as práticas florentinas, esse gesto singular era o que dava início a todo o processo matrimonial. Após a manifestação desse primeiro acordo, o matrimônio florentino se estruturava em três fases diferentes, cada uma das quais é denominada pela historiografia em relação ao seu significado.

Primeiramente, estava o chamado *giuramento*, que era a promessa de futuro casamento dos filhos ou parentes. Aqui, as famílias envolvidas pronunciavam a chamada *verba de futuro*, isto é, o compromisso verbal com a futura união. Nesse momento, redigia-se o documento notarial denominado *giura* ou *instrumento delli futuri sponsalitii*, no qual se especificavam as condições do acordo, o valor do dote e a data escolhida para o matrimônio. Poucas semanas ou meses depois, era a vez do *sposalizio* ou dia do anel, a cerimônia na qual os noivos pronunciavam seu con-

---

83 "Lo status sociale e politico, la ricchezza, l'onore. L'ammontare della dote, l'ampiezza delle relazione erano elementi attentamente esaminati dalla famiglia che intendesse far sposare un suo rappresentante".

sentimento para a união, a *verba de praesenti*, que reafirmava o acordo estabelecido entre as famílias no *giuramento*.[84] Durante essa cerimônia o noivo entregava um anel à noiva em sinal de havê-la desposado e logo se elaborava o documento que tornava legítimo o matrimônio celebrado, o chamado *instrumentum matrimonii*.[85] Por último, geralmente alguns dias após o *sposalizio*, tinha lugar a *domumductio* (do latim: conduzir à casa), o cortejo que acompanhava a nova esposa até a casa do seu marido onde, geralmente, era celebrada uma grande festa de casamento, com toda a pompa e circunstância que correspondia ao prestígio e à hierarquia da união.

Essas etapas são muito bem explicitadas por Matteo di Niccolò Corsini que, ao registrar o casamento da sua filha em seus *Ricordi*, faz clara diferença a cada um dos momentos da sua celebração:

> Lembrança que no dia 2 de março de 1400[86], comprometo a Francescha minha filha em matrimônio com Lucha do mestre Nicolò de'Falcucci e devo lhe dar pelo seu dote 700 florins de ouro [...]. Documento por mão de Ser Antonio di Ser Chello.

---

84 As expressões "*verba de futuro*" e "*verba de praesenti*" são apontadas por: BRANDILEONE, Francesco. *Saggi sulla storia della celebrazione del Matrimonio in Italia*. Milano: Ulrico Hoepli, 1906.

85 Os termos *instrumento delli futuri sponsalitii* e *instrumentum matrimonii* são referidos por: KLAPISCH-ZUBER, Christiane. Zacharias, or the ousted father: nuptial rites in Tuscany between Giotto and the Council of Trent. In: *Women, family, and ritual in Renaissance Italy*. Chicago: University of Chicago Press, 1985, p. 178-212.

86 Com relação à data mencionada, deve-se considerar que, na Florença da época, o ano novo tinha início no dia 25 de março, dia da festa da Anunciação da Virgem Maria. Portanto, de acordo com nosso calendário, a data mencionada por Corsini seria 2 de março de 1401.

E, em seguida, dia 24 de abril de 1401, dito Lucha lhe deu o anel de matrimônio. Documento por mão de Ser Nicolaio d'Alinari.

Enviamo-la ao marido, ao dito Lucha, no dia 9 de maio de 1401, muito honoravelmente, e fizeram grande festa de casamento, conforme necessário, e foi no domingo, o dia de São Miguel Arcanjo (In: PETRUCCI, 1965, p. 81).[87]

Além de deixar bem definidas as três fases do matrimônio, as palavras de Corsini também nos mostram que os acordos de casamento eram honrados e concluídos em um breve período de tempo. Neste caso particular, são apenas dois meses os que separam o *giuramento* da *domumductio*, mas, ao considerarmos outros documentos familiares da época percebemos que, geralmente, esse período de tempo costumava ser, em média, de uns três ou quatro meses.

É interessante também a forma como ele se refere à promessa de casamento: "comprometo a Francescha minha filha", ele escreve, em primeira pessoa, reafirmando a ideia de que o matrimônio era um acordo definido pelos pais ou parentes dos noivos. Outra questão relevante é a menção detalhada que Corsini faz dos notários que oficiaram as diferentes cerimônias do casamento. Não todos os mercadores tiveram essa diligência de anotar em seus diários pessoais o nome de quem havia celebrado os matrimônios familiares, mas a reiteração desse dado nos registros de

---

87 "Ricordanza que a dì ij di marzo MCCCC, chopremeto la Francescha mia figliuola a matrimonio a Lucha del maestro Nicolò de' Falcucci e dobiale dare per sua dota fiorini secento d'oro [...]. Carta per mano di ser Antonio di ser Chello.
E da poi dì XXIIIj d'aprile Mccccj le diè il detto Lucha l'anello a matrimonio. Carta per mano di ser Nicolaio d'Alinari.
Mandamola a marito al detto Lucha a dì Viiij di magio 1401 e molto honorevolemente e fecene grande festa di noze, come bisognò, e fue i domenicha, il dì di santo michele archangiolo".

algumas famílias, como é o caso dos Rinuccini, Martelli e Castellani, traz à luz uma questão importante: os casamentos florentinos do Quattrocento costumavam ser atos laicos, celebrados por um notário.

No que concerne a esse tema, vale mencionar que, em 1320, Andrea Betti registrara em seus *Ricordi* o nome do notário que havia legitimado seu matrimônio com Francescha di Berto Talenti (In: BIAGI, 1899), o que nos mostra que essa prática não era restrita apenas ao século XV, sendo também exercida a inícios do *Trecento*. Podemos dizer que, o comparecimento de um padre na celebração dos casamentos florentinos do *Tre-Quattrocento* era algo pouco comum. Segundo Julius Kirshner (2004), a presença de um padre era mais comum nos matrimônios celebrados nas regiões além dos Alpes, especialmente na Inglaterra e na França, mas não na Itália central, onde os votos eram solenizados por um notário. Nesse sentido, Klapisch-Zuber (1985) ressalta que, até o Concílio de Trento, em 1563, os ritos matrimoniais eram extremamente livres no ocidente cristão.

Assim, em Florença, somente a população camponesa ou mais pobre casava-se na presença de um pároco, pelo simples motivo de não terem os meios econômicos para pagar o serviço de um oficial público (PAMPALONI, 1966). Já as famílias mais ricas da cidade costumavam oficializar seus matrimônios na frente de um notário. Até mesmo artesãos e pequenos comerciantes valiam-se do notário para legitimar o casamento dos filhos; o clero desempenhava um rol muito pequeno nas cerimônias matrimoniais florentinas (KLAPISCH-ZUBER, 1985).

Nesse particular, se pensarmos na importância cultural que a Igreja Católica tinha na época dentro da sociedade europeia, nos resulta significativo e, por que não, até surpreendente, que os matrimônios fossem celebrados por uma figura laica. Para melhor entender essa realidade, vale dizer que as práticas matrimoniais florentinas aqui estudadas eram permeadas de várias influências passadas. O matrimônio na Florença *tre-quattrocentista* "seja como instituição legal, seja como cerimônia de costumes, é o resultado de uma evolução de séculos" (PAMPALONI,

1966, p. 31).⁸⁸ Compreender esse percurso implica ir atrás da história das práticas matrimoniais italianas, uma tarefa bastante complexa, mas que buscarei traçar brevemente.

De acordo com Nino Tamassia (1910), a história do matrimônio italiano pode ser dividida em dois grandes períodos: um anterior ao Concílio de Trento e outro posterior a ele. Segundo menciona, em 11 de novembro de 1563, com o decreto Tametsi, este Concílio marcou uma nova era concernente ao tema do matrimônio, já que reforçou o seu caráter sacramental e decretou sua validez sempre que a cerimônia fosse celebrada publicamente, na presença de duas testemunhas e oficiada por um padre. Francesco Brandileone (1906) afirma que, só então, a Igreja impôs a observância de uma forma determinada na celebração do matrimônio, imprimindo-lhe um exclusivo caráter religioso.

Entretanto, já que o foco de interesse é a Florença *quattrocentista*, são os anos anteriores ao Concílio Tridentino os que mais interessam. Nessa procura, é preciso retroceder vários séculos no tempo, até os tempos da Roma antiga. Segundo a historiadora Isabella Gagliardi, após a queda do Império Romano do Ocidente "mantiveram-se válidas a *Lex de maritandis ordinibus* (mais conhecida com o título abreviado de *Lex Iulia*) e a *Lex Papia Poppea nuptialis* (*Lex Papia*), de idade augusta, um verdadeiro e próprio marco do matrimônio" (2010, p. 26).⁸⁹ De acordo com estas leis, o vínculo conjugal se constituía a partir de um acordo ou contrato estabelecido entre as famílias dos noivos e se tornava legítimo com o consentimento livre e recíproco dos contraentes. O sucessivo *Corpus giustinianeo*, do século VI, reafirmou a importância do consentimento ao matrimônio, considerando nulo o vínculo de casamento em ausência dele (GAGLIARDI, 2010).

---

88 "vuoi come istituto giuridico e vuoi come cerimonia di costume, sono Il risultato di uma evoluzione di secoli".

89 "erano rimaste comunque valide la *Lex de maritandis ordinibus* (più conosciuta col titolo abbreviato di *Lex Iulia*) e la *Lex Papia Poppea nuptialis* (*Lex Papia*), di età augustea, vere e proprie pietre miliare del matrimonio".

A importância do consentimento do homem e da mulher estava implícita também nos primeiros séculos do Cristianismo, nas palavras que Agostinho de Hipona (2001) dedicara ao matrimônio, na ideia de que o vínculo conjugal nascia do pacto conjugal para a procriação e educação dos filhos, a fidelidade e o companheirismo mútuo. Com relação a esses primeiros tempos da Igreja Católica, Gagliardi (2010) explica que, no século IV, já era praticada entre os cristãos uma protoforma de liturgia matrimonial: o sacerdote ou pároco abençoava o casal de frente à igreja e em presença da comunidade (*ante ecclesiam*), ou na frente do leito nupcial. No entanto, esse rito religioso era muito diverso dependendo dos lugares da Europa onde se celebrava. Em Roma e Milão, por exemplo, celebrava-se a *velatio nuptialis*, na qual o sacerdote impunha o uso do véu à esposa, enquanto em algumas regiões da Espanha e da Gália praticava-se a *benedictio in thalamo*, a benção dos esposos no quarto nupcial (GAGLIARDI, 2010). Contudo, como naquele tempo a benção religiosa não era condição obrigatória para o matrimônio e a legitimação do mesmo permanecia regulada pelo contrato notarial, o rito de casamento foi mais comumente celebrado pela comunidade laica do que pelos padres da Igreja.

 A prática do matrimônio como um contrato entre famílias, conforme se celebrava em Florença e nas outras cidades italianas do Quattrocento, era uma realidade muito difundida no passado. Além de ser parte dos povos romanos, como vimos acima, também era parte da cultura germânica. Os povos germânicos que se estenderam pela Europa durante o período medieval, mesmo após a cristianização, continuaram a atribuir ao matrimônio o caráter de pacto (*Vertrag*) entre as famílias envolvidas, sem levar em consideração o consentimento dos esposos (GAGLIARDI, 2010). A desconsideração que estes povos davam à troca de consentimentos na celebração dos esponsais devia-se à forma como eles concebiam o matrimônio. De acordo com Brandileone (1906), o casamento era estipulado sob a figura jurídica da compra-venda e era concluído pelo esposo e por aquele que tinha a potestade, *mundio*, sobre a mulher. Nesta cultura, o matrimônio consistia na transferência da potestade sobre a figura feminina, a qual passava do pai, ou *mundio*, para o esposo.

Nesse sentido, ao longo dos séculos da época feudal, a Igreja Católica teve um papel importante na reafirmação da valia do consentimento dos contraentes. Sabe-se que, em 866, o Papa Nicolau I solicitou a celebração dos esponsais de acordo com o costume jurídico romano, que conferia ao consentimento o poder legitimador do matrimônio (GAGLIARDI, 2010). Por volta de 1100, segundo afirma Dominique Barthélemy (2004), nos rituais litúrgicos de casamento do norte da França, os clérigos eram muito vigilantes em verificar os consentimentos dos dois esposos e em investigar as relações de consanguinidade em grau proibido — até o quarto grau de parentesco — que podiam impedir a união legítima. Mais tarde, entre 1140 e 1234, com o *Decretum* de Graciano e os *Decretali* do Papa Gregório IX, além do consentimento dos noivos, a consumação do casamento tornou-se necessária para que a união fosse válida perante a Igreja (GAGLIARDI, 2010). A partir desse momento, se estabelece no mundo cristão uma distinção entre o matrimônio iniciado com o consentimento e o matrimônio concluído com a consumação (LAWLER, 1993).

Por sua vez, não obstante o matrimônio florentino do Quattrocento apresentasse um caráter especialmente laico, a necessidade da consumação da união para legitimar o casamento tinha uma importância muito significativa. Em tal grau, que o esposo somente recebia o valor acordado do dote após declarar haver consumado o matrimônio (MOLHO, 1994). Mas, igualmente fundamental era o livre e espontâneo consentimento dos contraentes, um vestígio que, como vemos, estendia-se aos primeiros tempos da era cristã, estando presente nas normas do direito romano e no pensamento de Santo Agostinho. Não obstante o pedido de consentimento aos noivos fosse apenas uma formalidade entre os florentinos — já que a promessa de casamento havia sido estipulada antes, por contrato, pelas famílias dos noivos — ele era fundamental para validar a união estabelecida.

Em referência à sacramentalidade da união matrimonial, esta é observada pela primeira vez nos documentos da Igreja em 1184, no Concílio de Verona, quando se menciona o Matrimônio junto ao Batismo, à Eucaristia e à Confissão (LAWLER, 1993). Anos mais tarde, no IV Concílio de Latrão, em 1215, o matrimônio foi regulamentado pela Igreja Católica e foram estabelecidas as diversas condições para sua celebração: regularam-se as causas que podiam levar à sua nulidade (consanguinidade, matrimônios clandestinos, uniões não consumadas), o uso das publicações anteriores à celebração do rito (como forma de evitar os matrimônios clandestinos) e uma idade mínima para os esposos. De acordo com alguns historiadores, a partir desse momento a celebração religiosa do matrimônio foi concebida como obrigatória nas sociedades cristãs, sendo vista como a forma de se evadir o pecado em que se incorria com a união matrimonial por meio da intercessão do sacerdote (D´AVRAY, 1998). Porém, se essa realidade foi bastante assimilada em várias regiões da Europa, especialmente nos territórios da França e da Inglaterra, o mesmo não aconteceu nas cidades italianas.

Nesse sentido, Georges Duby (1991) ressalta que a história do matrimônio na Cristandade ocidental correspondeu a um processo gradual de aculturação, no qual o modelo eclesiástico foi ganhando lenta e paulatina relevância frente às práticas das outras culturas. Klapisch-Zuber (1985) comenta que na França, nos séculos XI e XII, as igrejas esforçaram-se em estabelecer normas e ter um maior control na celebração dos matrimônios. Segundo Dominique Barthélemy (2004), por volta de 1100, aparecem os primeiros rituais litúrgicos de casamento para o norte da França. Mesmo assim, ele considera que a ação da Igreja sobre as práticas matrimoniais das sociedades europeias foi "superficial e ambígua" até as proximidades do ano 1200 (2004, p. 142). Na época, a presença de um padre nas cerimônias não mudou muito o sentido do casamento e, embora a celebração dos esponsais fosse transferida do espaço doméstico para o espaço da igreja, isso não modificou o domínio que as parentelas tinham sobre o matrimônio (BARTHÉLEMY, 2004).

Nesse paulatino processo de aculturação ressaltado por Duby, o matrimônio continuou sendo um assunto significativo nas resoluções dos concílios ecumênicos posteriores ao de Latrão, mostrando que a Igreja ainda tinha muitas questões por definir e muitos fiéis por conquistar em relação ao tema. Um papel determinante nesse sentido foi desempenhado pelos monges dominicanos Tomás de Aquino e Alberto

Magno, que defenderam com firmeza o caráter sacramental do matrimônio, estabelecendo que ele concedia graça aos esposos ao ser contraído com fé em Cristo (LAWLER, 1993). Em 1274, no Concílio de Lyon, o matrimônio volta a ser elencado entre os sacramentos que constituíam a vida cristã, uma menção que se repete em 1439, no Concílio de Florença, com a grande diferença de que, nesta ocasião, especifica-se que este sacramento contém e confere graça àqueles que o recebem com dignidade, pois "é um símbolo da união entre Cristo e a sua Igreja" (LAWLER, 1993, p. 63).[90]

A insistência da Igreja no caráter sacramental do matrimônio foi mudando paulatinamente as práticas matrimoniais europeias. J. A. Brundage (1995 apud D´AVRAY, 1998) ressalta que nos séculos XIV e XV os sínodos ingleses insistiram em que o matrimônio devia ser celebrado na igreja, o que já era uma prática comum na França. Porém, o mesmo não aconteceu em Florença, os documentos do período mostram que os casamentos continuaram sendo cerimônias fundamentalmente laicas. Nesse sentido, é muito expressivo que, a despeito do importante significado que a religião tinha na vida cotidiana dos florentinos e após um concílio celebrado em Florença, no próprio século XV, reforçar a importância sacramental do rito matrimonial para a comunidade cristã, a sociedade florentina continuasse a desconsiderar a cerimônia religiosa e a presença de um padre nos casamentos de filhos e parentes.

Segundo afirma Francesco Brandileone (1906), isso não ocorria apenas na cidade de Florença, nas outras regiões da Toscana, em Roma, Sicília e outros lugares da península itálica, a presença religiosa não era usual das práticas matrimoniais. "Em lugar nenhum", diz Brandileone, se referindo ao território italiano, "a celebração eclesiástica do matrimônio era bem-sucedida em eliminar a celebração laica" (1906, p. 90),[91] e mesmo nos casos em que existia alguma forma de celebração religiosa, essa se limitava a uma repetição da cerimônia já celebrada pelo notário. De

---

90 "is a sign of the union between Christ and his Church".
91 "In nessun luogo"; "la celebrazione ecclesiastica del matrimonio era riescita ad eliminare la celebrazione laica".

acordo com ele, até o Concílio de Trento (1563) a Igreja não havia imposto a seus fiéis a observância de uma forma determinada na celebração dos casamentos, por essa razão, a história do matrimônio italiano foi tão influenciada pelas práticas laicas dos casamentos romanos e germânicos. Só com a regulamentação tridentina a intervenção da Igreja na celebração do matrimônio ganhou relevância no território italiano até se tornar uma tradição geral (PAMPALONI, 1966).

Nesta questão da história do matrimônio italiano há outra similitude das práticas passadas que se faz presente nas tradições de casamento florentinas: a distinção que romanos e germânicos faziam entre a promessa de matrimônio e a própria celebração da união. Os povos germânicos se referiam a estas duas etapas como *desponsatio* e *traditio*, respectivamente; já o direito romano falava em *sponsali* e *nozze*. No Quattrocento florentino, essa divisão entre o acordo formal entre as famílias, que comprometia os noivos ao futuro matrimônio, e o matrimônio em si, onde os noivos manifestavam seu consentimento para a união, também era observada nos chamados *giuramento* e *sposalizio*. Ainda, essa diferenciação não existia somente em Florença, sabemos, através da descrição dos casamentos da alta sociedade romana escrita por Marco Antonio Altieri (1873), por volta de 1500, que essas etapas também eram consideradas em Roma e se lhes denominava *fidanze* e *arraglia*. Assim também, ocorria em diversas outras regiões do território italiano, como Bolonha, Mântua, Prato e outras grandes e pequenas cidades. Desse modo, nota-se que, ao longo dos séculos e a despeito das diferenças culturais, há uma tendência que vemos permanecer nos matrimônios italianos do século XV: "os esponsais '*de futuro*' exprimiam a vontade de concluir o prometido casamento; aqueles '*de praesenti*' davam vida, definitivamente, ao matrimônio" (TAMASSIA, 1910, p. 157).[92]

Ainda, com relação ao tema do caráter laico dos casamentos florentinos é importante mencionar que isso não significava que a religião estivesse totalmente excluída da celebração dos matrimônios. Os florenti-

---

92 "Gli sponsali '*de futuro*' esprimevano la volontà di conchiudere in avvenire le nozze; quelli '*de praesenti*' davano vita, senz'altro, al matrimonio".

nos eram muito vinculados às práticas da Igreja Católica, nos documentos analisados mencionam-se o batizado dos filhos, missas, festividades religiosas, a observância da quaresma e, no que concerne ao casamento, há referência à celebração de uma missa de benção da futura união. Assim, alguns dias antes da cerimônia matrimonial, às vezes na mesma manhã, os futuros casais costumavam assistir à chamada missa da união ou *messa del congiunto* (PAMPALONI, 1966). As palavras de Cino di Filippo Rinuccini, em 1460, são muito expressivas a esse respeito, pois não só deixam testemunho dessa prática religiosa entre os florentinos, como reafirmam o caráter laico da celebração do casamento, fazendo uma clara distinção entre os dois eventos:

> Lembro como, nesta manhã, dia 29 de junho, a Ginevra, minha mulher, e eu, ouvimos juntos em San Lorenzo a missa da União (*Congiunto*); e, depois, à noite, em casa de Ugolino, seu pai, dei-lhe o anel e a esposei como minha legítima esposa; foi legitimado por Ser Piero di Iacopo Migliorelli, notário, chamado Ser Piero da Pontormo (1840, p. 254, grifo meu).[93]

Ugolino Martelli (1989) também assistira à *messa del congiunto* com sua futura esposa Betta, na igreja de San Friano, em 6 de setembro de 1434. Porém, já que não em todos os documentos se faz referência a essa missa, torna-se difícil estabelecer a difusão e frequência dessa prática na Florença do Quattrocento, pois é impossível definir se essa ausência de registro se deve ao não comparecimento à missa ou, simplesmente, a não se considerar necessária essa menção.

Uma razão importante que pode ter contribuído a manter o caráter laico das celebrações matrimoniais florentinas, deixando à margem a

---

93 "Ricordo come questa mattina a dì 29 di Giugno, la Ginevra mia donna ed io insieme udimmo in San Lorenzo la messa del Congiunto; e dipoi la sera in casa di Ugolino suo padre gli detti l' anello e sposaila per mia legittima sposa; funne rogato ser Piero di Iacopo Migliorelli notaio, detto ser Piero da Pontormo".

influência religiosa, pode ter sido a concepção do matrimônio como uma aliança entre famílias. Sendo que o casamento era enfocado como mais um negócio que devia ser honrado, com valores materiais em jogo e prazos a serem cumpridos, era natural que as famílias preferissem confiar a celebração matrimonial dos parentes a um notário e não a um sacerdote, já que aquele, além de oficiar a cerimônia e pedir o consentimento dos contraentes, também dava a devida legitimidade à união, elaborando o documento notarial (*instrumentum matrimonii*) e conferindo que aquilo que havia sido estipulado no *giuramento* fosse cumprido.

Por se tratar de um acordo entre duas partes, o casamento florentino era um evento que interessava a ambas as famílias envolvidas, tanto à do homem quanto à da mulher. Como afirma Lorenzo Fabbri, este evento era, de fato,

> fonte de relações bilaterais, isto é, de uma aliança significativa para ambos os polos familiares, os quais procuravam investir da melhor forma as possibilidades dos próprios noivos, fossem homens ou mulheres. Portanto, não somente as mulheres, mas também os homens constituíam o objeto da transação matrimonial (1991, p. 40).[94]

Desse modo, não apenas as moças como as mencionadas Francescha Corsini e Caterina Strozzi casavam-se de acordo com os interesses dos pais ou parentes; essa realidade também fazia parte da vida masculina. Em alguns documentos há exemplos muito claros que reafirmam a ideia de que os homens, assim como as mulheres, eram sujeitos passivos nas negociações matrimoniais florentinas. Assim como elas, eles dificilmente podiam se opor às escolhas familiares. Em seus *Ricordi*, Lorenzo de Medici escreveu: "Eu, Lorenzo, tomei por esposa a Clarice,

---

[94] "fonte di relazioni bilaterali, cioè di un'alleanza significativa per entrambi i poli familiari, i quali cercavano di investire al meglio le possibilità dei propri nubendi, maschi o femmine che fossero. Non solo le donne, dunque, ma anche gli uomini costituivano l'oggetto della transazione matrimoniale".

filha do senhor Jacopo Orsino, quer dizer, me foi dada, em dezembro de 1468, e se fez o casamento na nossa casa no dia 4 de junho de 1469" (In: SOLERTI, 1903, p. 185).[95] O sugestivo "me foi dada" de Lorenzo de Medici em relação à esposa denota a aceitação de uma escolha que não foi própria. Neste caso, sabemos que foi a sua mãe Lucrezia Tornabuoni que viajou a Roma para conhecer pessoalmente a jovem Clarice; após se reunir com a família da moça, ela escreveu ao esposo Piero dizendo: "[…] se ele (Lorenzo) gostar dela, que são tantas as virtudes, se ela lhe satisfaz, poderemos nos contentar" (1993, p. 64, grifo meu).[96] Ainda, em uma carta enviada no dia seguinte agregava: "acredito que não haja no momento uma jovem mais bela para casar" (1993, p. 65).[97] Assim, considerando as cartas enviadas por dona Lucrezia a Piero de Medici vemos que, mesmo consultado sobre a moça, a discussão sobre o casamento de Lorenzo foi um assunto familiar, avaliado e ponderado fundamentalmente pelos seus pais.

Com referência a esse tema, o humanista Matteo Palmieri (1982) recomendava obediência ao pai sempre que ele pedir tomar esposa conveniente. E também o mercador Paolo da Certaldo, em meados do *Trecento*, aconselhava que o homem antes de aceitar qualquer acordo de casamento oferecido devia responder: "vou pensá-lo com os meus parentes." (1945, p. 113).[98]

Todavia, isso não significa que os homens não tivessem mais chances do que as mulheres na hora da definição dos matrimônios. Sobretudo, porque eles costumavam casar a uma idade mais avançada do que as mulheres – as moças geralmente casavam antes dos 17 ou 18 anos, os homens por volta dos 30 (HERLIHY; KLAPISCH-ZUBER,

---

95 "Io Lorenzo tolsi per moglie la Clarice figliuola del signor Iacopo Orsino, ovvero mi fu data di dicembre MCDLXVIII e feci le nozze in casa nostra a dì 4 di giugno MCDLXIX".

96 "sélla li piace, che ci è tante l'altre parti e sélla sodisfaccesi a lui ci potremo contentare".

97 ""non credo che chostì sai al presente più bela fanciulla a maritare".

98 "Io ne vo' ragionare co' miei parenti".

1985) – e isso lhes dava maiores possibilidades de decisão. Já mencionamos o caso do sobrinho de dona Alessandra Strozzi, que casou contra a vontade da família com uma jovem de condição social inferior pela qual se apaixonara, e o do tio de Giovanni Morelli, que desposou a escrava que trabalhava na sua casa.

Não obstante esses casos de livre escolha fossem exceções, havia ocasiões em que os homens podiam escolher entre aquelas possíveis candidatas selecionadas pela família, o que, apesar de se tratar de um número reduzido de moças, permitia-lhes uma possibilidade de decisão. Desse modo, mesmo tendo de se ajustar à conveniência e interesses familiares, podiam optar pela opção que mais lhes agradasse. Contudo, embora em alguns casos existissem esses privilégios, a grande maioria dos homens respeitava ou pedia a opinião dos pais e parentes. Em 1452, Piero di Andrea de' Pazzi ofereceu sua filha em casamento a Bartolomeo di Filippo Valori; o jovem registrou o seguinte em seu diário pessoal: "pedi graça de dois dias para conferir com vários dos meus parentes, o que fiz extensivamente, e fui aconselhado por eles a proceder" (In: BRUCKER, 1998, p. 31).[99]

Assim, embora os homens tivessem alguma possibilidade na escolha da esposa, em linhas gerais casavam-se seguindo a via socialmente desejável do matrimônio: a que dizia respeito aos interesses familiares. No entanto, tomar esposa conveniente para os filhos, como escrevia Palmieri, ou "casar convenientemente as suas filhas", como dizia Francesco Guicciardini (1857, p. 123),[100] não era uma empreitada fácil. Para os mercadores do Quattrocento, acostumados ao raciocínio das atividades comerciais, à noção de lucro e de bons investimentos, o casamento dos filhos representava uma tarefa muito complexa. Muito mais complexa ainda do que as próprias decisões da prática mercantil, que muitas vezes implicava fazer negócios com pessoas de outras cidades ou outras culturas, tanto em terras italianas quanto estrangeiras. Essa difi-

---

99 "(I) asked for two days' grace to confer with several of my relatives, which I did extensively, and was advised by them to proceed".
100 "maritare convenientemente le sue figliuole".

culdade estava em que os acordos matrimoniais implicavam avaliar bens de natureza diversa, "cujo valor podia ser material ou simbólico", explica Fabbri (1991, p. 39).[101]

> Pensa-se no dote, no prestígio social e político, na honra, nas amizades, na tradição familiar: elementos que, junto com outros, tornavam-se objeto de cessão, aquisição e partilha entre os dois grupos contraentes. [...] Colocando-se o problema nestes termos, parece lícito afirmar que as alianças matrimoniais eram concebidas como transações, isto é, operações que comportavam uma troca de bens e que, em consequência, davam vida a um mercado (FABBRI, 1991, p. 39).[102]

A ideia do caráter mercantil do matrimônio florentino, apontada por Fabbri, está presente também em vários historiadores que abordaram esse contexto, como David Herlihy, Julius Kirshner e Anthony Molho, entre outros.[103] A mesma se baseia no comportamento da sociedade frente às práticas matrimoniais, considerando as implicações financeiras das alianças matrimoniais – a troca de bens, o dote e outros valores materiais – e o acordo ou contrato entre as famílias envolvidas. Com relação aos documentos, eles são muito eloquentes em mostrar que as pessoas viam

---

101 "il cui valore poteva essere materiale o simbolico".

102 "Si pensi alla dote, al prestigio sociale e politico, all'onore, alle amicizie, alla tradizione familiare: elementi che, insieme ad altri, venivamo fatti oggetto di cessione, acquisto e condivisione tra i due gruppi contraenti. [...] Posto il problemi in questi termini, pare lecito affermare che le alleanze matrimoniali erano concepite come transazioni, cioè operazioni che comportavano uno sacmbio di beni, e che, di conseguenza, davano vita a un mercato".

103 HERLIHY, David. The medieval marriage market. *Medieval and Renaissance studies*, 6, 1976, p. 3-27; KIRSHNER, Julius; MOLHO, Anthony. The dowry fund and the marriage market in early Quattrocento Florence. *Journal of Modern History*, 50, setembro 1978, p. 403-438.

o matrimônio como uma transação comercial. Alessandra Strozzi comentava ao filho Filippo estar pensando no casamento de Lorenzo, seu outro filho, e em como ele gostaria que fosse "a sua mercadoria" – referindo-se às qualidades que o filho buscaria em sua futura esposa (1877, p. 313).[104] Já sobre a troca de bens que caracterizavam essas alianças, ela dizia com toda a objetividade: "quem toma mulher, quer dinheiro" – fazendo alusão ao dote (1877, p. 4).[105] Não muito diferente era a forma em que seu genro, Marco Parenti, se referia às moças disponíveis para casamento na cidade; buscando boas opções de aliança para seu cunhado Filippo Strozzi, ele escrevia: "acredito que vou aguardar por outra fornada, para ver se fazem melhores pães" (1996, p. 194).[106]

A naturalidade com a qual dona Alessandra e Marco Parenti falam da mulher como mercadoria pode chocar ao modo como hoje concebemos o matrimônio, mas a mesma deve ser compreendida dentro da forma de se pensar o casamento na época. A escolha dos esposos, homem e mulher, era avaliada e planejada como um empreendimento comercial. A decisão de casar um filho com um ou outro pretendente era tomada de forma prática e racional, sopesando todos os interesses em jogo. Dava-se aos noivos, simbolicamente, um valor de troca, através de quem eles eram – família, riqueza e posição social – e como eles eram – aspecto físico, reputação moral, educação, idade –, e dentro do valor que era oferecido na pessoa do filho ou da filha, as famílias procuravam obter para si os maiores benefícios. Ainda, no caso específico da mulher, estava o valor do dote, que permitia definir, dependendo da quantia oferecida, matrimônios mais ou menos favoráveis. Essa noção de matrimônio como uma operação de mercado também se expressava no descontentamento de Francesco Guicciardini frente à dificuldade de casar as filhas com pares convenientes, adequados em seu valor simbó-

---

104 "la sua mercatanzia".

105 "chi to´donna vuol danari".

106 "i´ credo ch´io aspetterei un´ altra infornata per vedere se ci si facessi più bel pane".

lico e material, em uma Florença na qual muitos homens acreditavam "poder caber em lugares que não lhe correspondem" (1857, p. 123).[107] Com relação ao dote, ele era indispensável na hora de definir os matrimônios florentinos. Sem ele não havia possibilidade de casamento para as moças. Essa realidade era comum a todos os estratos da sociedade; tanto as famílias mais humildes quanto as mais abastadas deviam pagar esse valor em dinheiro para casar as filhas – cada uma atendendo as suas possibilidades e aspirações. O dote era estipulado antes da celebração do casamento e utilizado como instrumento de negociação no início das tratativas do acordo matrimonial. Ele representava uma quantia considerável para a realidade econômica das famílias e por isso exercia tanta influência nas perspectivas matrimoniais. O seu valor condicionava, em todos os aspectos, as possibilidades de escolha e de negociação das famílias. Se pensarmos na lógica que movia as atividades do mundo mercantil, é amplamente compreensível o poder que se concedia a uma transferência de capital tão significativa.

    O dote não era uma prática exclusiva dos matrimônios da Florença do Quattrocento. Ele tinha sua origem em tempos greco-romanos e a sua influência se estendeu na Europa, principalmente, dentro do mundo Mediterrâneo[108]. Com o avanço dos povos germânicos, a prática do dote foi eclipsada por alguns séculos pela observância do preço da noiva (ANDERSON, 2007). O chamado preço da noiva era uma transação inversa em relação ao dote, correspondia a uma compensação que o noivo ou a sua família davam à família da noiva, como uma forma de retribuí-la pela transferência do poder produtivo e reprodutivo da filha ou parenta que entregavam em matrimônio. Já no final do período medieval, a preeminência do dote no ocidente europeu foi reestabele-

---

107 "potere capere ne' luoghi che non gli riescono".
108 Por mais informações ver: HUGHES, D. O. From Brideprice to Dowry in Mediterranean Europe. *Journal of Family History*, 3, 1978, p. 262-296; ANDERSON, Siwan. The Economics of Dowry and Brideprice. *Journal of Economic Perspectives*, v.21, n. 4, fall 2007, p. 151-174.

cida, tornando-se "uma prática comum em muitos, se não em todos, os grupos sociais e econômicos" (ANDERSON, 2007, p. 153).[109]

Em linhas gerais, o valor do dote, somado a outros elementos favoráveis como a antiguidade da família, o prestígio político e as vinculações sociais de seus membros, contribuíam na procura por matrimônios prestigiosos para as filhas. Essa quantia em dinheiro era um elemento chave nas negociações, pois se tratava de um valor importante que muito bem podia trazer oportunidades de lucro ou de negócios para o futuro marido – não esqueçamos que, mesmo sendo uma propriedade feminina, o dote era administrado pelo homem durante o casamento. Assim, na hora de definir as alianças matrimoniais, as famílias dos noivos tinham um elemento a mais a ser avaliado, uma quantia capaz de determinar o rumo das decisões familiares em uma Florença cuja economia sempre se interessava por um bom capital para investir.

Com base nas considerações analisadas, compreendo que as práticas matrimoniais florentinas são resultado de um longo processo, ativo, complexo e permeado de diversas influências culturais do passado. Muitos dos "modos de atuar" que a Florença do Quattrocento apresentava em relação ao casamento – o contrato matrimonial entre famílias, o pagamento do dote, a existência de uma promessa de futuro casamento (*giuramento*) e um casamento legitimado (*sposalizio*), o pedido de consentimento aos esposos e a exigência da consumação da união – não são elementos novos nem específicos da sua cultura, mas elementos que foram sendo reapropriados e traduzidos através do tempo, acompanhando mudanças sociais, econômicas, políticas e religiosas.

Logicamente, não obstante se possa estabelecer uma relação entre algumas práticas matrimoniais do passado italiano e algumas atitudes que os florentinos do Quattrocento expressavam na hora de celebrar seus casamentos, devemos ter presente que os matrimônios celebrados em Florença eram investidos com os valores e significados próprios dessa sociedade. Uma sociedade para a qual casar significava, fundamental-

---

109 "dowries were common practice among most, if not all, social and economic groups".

mente, amalgamar os laços de parentesco entre as duas casas envolvidas, buscando, com isso, alargar o grupo de pessoas aliadas e estreitar as relações de poder. O vínculo matrimonial era um nexo entre famílias, estabelecido pelas próprias famílias e definido de acordo com a conveniência e o benefício de todo o grupo.

Desse modo, nos capítulos que se seguem buscarei aprofundar nessa realidade, tentando compreendê-la desde a perspectiva dos próprios sujeitos históricos, considerando suas opiniões, seus interesses, seus valores, seus costumes e suas práticas, buscando desmantelar a trama que se escondia por trás dos arranjos matrimoniais da alta sociedade e analisando em detalhe a arte florentina de construir alianças de casamento.

AS PRÁTICAS MATRIMONIAIS FLORENTINAS: VALORES E ESTRATÉGIAS

No cenário florentino do Quattrocento as alianças matrimoniais demandavam das famílias certa habilidade criativa para estabelecer os melhores e mais convenientes acordos de casamento. Uma vez que o matrimônio consolidava diversos interesses para as duas famílias envolvidas e representava uma oportunidade sobre a qual recaiam grandes expectativas e esperanças, ele era abordado com a mesma racionalidade com que eram abordados os empreendimentos do mundo mercantil. Isto é, era um evento cuidadosamente refletido e planejado com o fim de obter-se dele o maior proveito e a maior utilidade.

Nessa perspectiva, podemos afirmar que a estratégia matrimonial foi a grande realizadora dos matrimônios florentinos. Casar os filhos ou parentes era uma tarefa complexa, que pedia das famílias a avaliação cuidadosa de todas as opções compatíveis de casamento que havia disponíveis na cidade. A escolha dos noivos era discernida entre uma grande variedade de critérios, Patrizia Salvadori explica:

> Um dos principais objetivos que o patriciado urbano se colocava através do matrimônio, era aquele de estreitar alianças com famílias da mesma condição, dotadas de poder econômico e de acesso aos ofícios públicos citadinos. Nas tratativas que levavam como fim ligar o destino de dois indivíduos, o *parentado* e a consistência do dote, além das características pessoais dos jovens,

constituíam as cartas mais importantes com as quais se jogava a complexa partida (1993, p. 23).[1]

Assim, as escolhas matrimoniais eram momentos de reflexão e de longas conversas dentro do grupo familiar. E as decisões eram tomadas objetivamente, selecionando-se os candidatos que melhor correspondiam com o nível social da família, para não se criar um desequilíbrio com a hierarquia ou os recursos econômicos do grupo. Buscava-se ter, como escrevia Marco Parenti, "se não todas, pelo menos alguma parte digna, ou *parentado* ou tradição política ou dinheiro ou beleza" (1996, p. 196-197).[2]

Em termos estratégicos, o matrimônio devia combinar da maneira mais prestigiosa possível o próprio poder de aquisição com as possibilidades de casamento existentes no mercado matrimonial. Assim, o grau de tradição social, política e econômica de uma família determinava as possibilidades de casamento que ela poderia brindar a seus membros. Esses elementos constituíam o que podemos denominar como poder aquisitivo matrimonial, isto é, um valor que brindava a cada família as chances de se vincular por relações de *parentado* com famílias de similar influência, honorabilidade, riqueza e poder, famílias que viessem a enobrecer o lugar que se tinha dentro da comunidade e a abrir novos caminhos e oportunidades no mundo político e econômico da cidade.

---

1 "Uno dei principali obiettivi che attraverso il matrimonio il patriziato urbano si poneva era quello di stringere alleanze con famiglie dello stesso rango, dotate di potere economico e di accesso alle cariche pubbliche cittadine. Nelle trattative che portavano infine a legare il destino di due individui, il parentado e la consistenza della dote, oltre alle personali caratteristiche dei nubendi, costituivano le carte più importanti con cui giocare la complessa partita".

2 "se none tutte, almeno qualche parte degna, o parentado o stato o denari o beleza".

A relevância do dote no cenário matrimonial

No complexo mercado matrimonial da Florença do Quattrocento, o dote era um elemento indispensável das tratativas e acordos de casamento. Representava a quantia em dinheiro que os pais da noiva ofereciam ao futuro esposo por ocasião do matrimônio e o seu montante dava o teor das pretensões matrimoniais da família da moça, sendo utilizado como um fio condutor das negociações entre as famílias.

O dote conferido às noivas refletia a hierarquia das linhagens envolvidas nas tratativas matrimoniais. Como explica Anthony Molho (1994), os pais dotavam as filhas não de acordo com o seu desejo, mas de acordo com noções bem entendidas e profundamente internalizadas do tipo de dote que deviam lhe conceder conforme a sua posição social. Nesse sentido, Molho afirma que o dote exercia uma importante função simbólica dentro da sociedade, sendo, em um sentido figurado, uma espécie de "barômetro do status das famílias" (1994, p. 17).[3] Ele deixava em evidência o quanto se podia pagar para casar as filhas e o quanto chegava a se aceitar pelo casamento de um filho.

Nesse sentido, vale esclarecer que o valor do dote dos casamentos que aconteciam na cidade era um assunto de domínio público. Assim que os pais decidiam casar uma filha o dote oferecido devia circular entre a vizinhança, para assim atrair aos possíveis candidatos. Quando Marco Parenti avaliava em Florença opções de casamento para seu cunhado Filippo Strozzi, que vivia em Nápoles, ele lhe informava por carta o valor do dote oferecido por cada uma das famílias das moças consideradas. Além disso, o dote era um tema de conversação recorrente também nas conversas cotidianas, quando as pessoas falavam dos casamentos alheios. "Não sei se terás ouvido de algum novo *parentado*, a filha do senhor Piero de´ Pazzi com Braccio Martegli, e aquela de Antonio com Priore Pandolfini; cada uma com dois mil de dote", escrevia Alessandra Strozzi ao

---

3 "barometers of families´ status".

filho, comentando as novidades da cidade (1877, p. 551).[4] Também Marco Parenti mencionava ao cunhado Filippo: "nestes dias casou-se aquela dos Capponi, com 1500, com Giraldo Martelli" (1996, p. 240).[5]

As estratégias de casamento florentinas eram forjadas a partir do dote, pois, como já mencionamos, ele condicionava em todos os aspectos as escolhas e negociações matrimoniais. De uma moça de família prestigiosa esperava-se um dote substancial, que lhe garantisse um par à altura de sua hierarquia familiar. Quando não era possível reunir um dote considerável, o que às vezes ocorria em famílias com muitas filhas ou que tivessem atravessado reveses econômicos, valores como a tradição política e a antiguidade do nome familiar podiam ser compensatórios. Porém, nesses casos, os casamentos eram arranjados, geralmente, com famílias de menor prestígio social. Assim, podemos dizer que o dote ditava as regras da natureza da futura união, sendo um fator determinante das possibilidades de bons casamentos para as moças e para as famílias.

Segundo consta nos registros florentinos da época, o valor total do dote era constituído de duas partes: uma grande quantia que era entregue em dinheiro e outra que era entregue na forma de um enxoval para a noiva, o denominado *donora*. Matteo Strozzi escreveu que sua prima Margherita, quando se casou com Pippo Manetti, em 1431, teve por dote "em total, entre dinheiro e *donora*, 650 florins" (*apud* FABBRI, 1991, p. 165).[6]

O donora consistia em objetos de uso pessoal e doméstico: vestimenta, roupas de cama, pentes, espelhos, joias, objetos religiosos e os representativos *cassoni* – arcas ou baús finamente decorados, utilizados para transportar o enxoval da noiva no dia em que a jovem era conduzida desde a casa familiar até a casa do seu marido.

---

4   "se no che ara´ sentito d´alcuno parentado fato di nuovo, della figliuola di messer Piero de´ Pazzi a Braccio Martegli, e quella d´ Antonio a Priore Pandolfini; e ciascuna n´há dumila di dota".

5   "pure a questi dì si maritò quella de´ Capponi com 1500 a Giraldo Martelli".

6   "in tutto, fra danari e donora, f. 650".

Visto que os objetos de uso pessoal e doméstico tinham um valor considerável na época, o montante do *donora* podia representar entre 10% e 15% do total do dote. Como referência podemos tomar o caso de Lapo Niccolini (1969), que entregou a Ugo di ser Teghiaio degli Altoviti como dote pela sua filha Lena, em 1405, a quantia de 700 florins, dos quais foram 600 florins em dinheiro e 100 florins em *donora*, valor, esse último, que representava mais de 14% do dote. De modo similar, Cino di Filippo Rinuccini (1840) ao desposar Ginevra di Niccolò Martelli, em 1460, recebeu um dote de 1400 florins, dos quais 180 florins foram entregues em *donora*, mais de 12% do total.

Outra questão relevante em relação ao *donora* é que o valor que se atribuía a cada um dos objetos que o compunham não era resultado de um ato arbitrário e sim de uma avaliação criteriosa a cargo dos membros da *Arte de´ Rigattieri* – a guilda dos vendedores de artigos de segunda mão. De acordo com o registro de Bernardo Machiavelli (1954) – pai do escritor e pensador político Nicolau Maquiavel –, em 2 de julho de 1483, ele e seu genro Francesco Vernacci fizeram estimar por esses comerciantes as diversas peças que integravam o rico *donora* de sua filha Primavera: saias, blusas, vestidos, lenços, meias, calçados, chapeus, toucas, aventais, cintos, lençois, uma colcha, um colchão de lã, travesseiros, um pente, uma escova, um espelho, um livro, algumas joias e material de costura, avaliadas em 103 florins.

O detalhado registro que Machiavelli fez do enxoval da filha era um costume recorrente entre os florentinos, os diários pessoais de pais e esposos são ricos em informações dos artigos que constituiam o *donora* das moças. Por se tratar de objetos de valor e por representar uma considerável parte do dote, costumava-se elencá-los de forma minuciosa. Gino Rinuccini (1840) registrou em seu diário pessoal o enxoval trazido pela sua esposa Ginevra em 1461: além de várias roupas para seu uso pessoal, a jovem trouxe também toalhas, um pente de marfim, um espelho de osso, joias, um pequeno livro, um dedal, tesouras, fitas e linhas de várias cores, avaliados em 170 florins. Os objetos elencados por Rinuccini são quase os mesmos apontados por Machiavelli e por tantos outros mercadores, e representam uma contribuição relevante para compreender aspectos do universo feminino daquela época, pois além da vestimenta e dos artigos para o cuidado pessoal, as mulheres levavam consigo objetos singulares que chamam a atenção por constarem em todos os casos analisados: os livros, geralmente livros de orações, que sugerem não só a religiosidade, mas também o acesso à educação das jovens da alta sociedade, e o material de costura, que as vincula a atividades como o bordado e a manutenção das roupas da família.

A riqueza e diversidade de objetos que compunham o enxoval das noivas era um importante indicativo da posição que as jovens ocupavam na sociedade; a finalidade deles era prover às moças com vestimenta, joias e outros artigos de uso pessoal para iniciarem sua vida como esposas. No entanto, da totalidade do dote, era o valor em dinheiro o que mais interessava aos esposos. Em um sentido simbólico, o dote representava a contribuição material da esposa para o futuro lar. O valor composto pelo seu enxoval, ela levava consigo no dia em que se mudava para a casa do seu marido. Já a quantia em dinheiro era entregue ao esposo, geralmente, após a consumação da união.

Conforme mencionei anteriormente, em termos de patrimônio, o dote pertencia à mulher. Era uma transferência de propriedade que ela recebia de sua família, mas que era administrada pelo seu marido durante o curso do matrimônio. Porém, embora o esposo tivesse o direito de investi-lo e administrá-lo para seu próprio benefício, o valor inicial do dote não deixava de ser um bem de sua esposa. Assim, por se tratarde uma propriedade particular da mulher, ela podia legá-la aos filhos no momento de sua morte ou reaver o seu valor se, em caso de viuvez, ela decidisse voltar para o lar paterno ou empreender um novo casamento.

Para os esposos, o dote representava, muitas vezes, uma oportunidade de enriquecer o próprio patrimônio. Para uma sociedade vinculada às atividades do mundo mercantil, o capital recebido como dote era, sem dúvida, uma possibilidade para lucro ou investimento. No entanto, como explica Julius Kirshner, esses investimentos deviam ser feitos de maneira responsável, pois as leis obrigavam aos esposos a "tratar o dote com cuidado e diligência, e esperava-se deles que colocassem o capital do dote em investimentos seguros e aplicassem seus benefícios para sustentar o lar conjugal" (2004, p. 94).[7] Desse modo, essa considerável quantia em dinheiro servia aos esposos para iniciar empreendimentos comerciais ou mesmo para expandir negócios familiares já existentes, como fez o mercador Goro Dati. Em seu denominado livro secreto, pode-se ler o uso que Dati fez do dote que recebera ao casar com Isabetta Villanuzi, em 1393: "Recebi no dia 26 de junho [...] através do banco de Giacomino di Ghoggio e associados e o investi na oficina da nossa companhia de Bonacorso Berardi e associados, por parte do dote, oitocentos florins de ouro à vista" (2006, p. 106).[8]

O matrimônio continuou sendo um elemento propulsor nos empreendimentos deste florentino. Após o falecimento de Isabetta, em 1402, Dati fundou uma nova companhia junto com Piero e Jacopo di Tommaso Lana, os quais contribuíram com 3000 florins para a iniciativa. A contribuição de Dati na parceria seria de 2000 florins, quantia que ele pensava reunir da seguinte maneira: 1370 florins, que ainda lhe deviam de sua antiga parceria com Michele di Ser Parente, e, o restante, ele escreveu: "espero ter neste ano ao tomar novamente esposa e ter por dote aquilo que Deus me concederá" (2006, p. 114).[9] Mais adiante em suas anotações descobrimos que seus desejos foram atendidos: "no dia 4 de julho de 1403", ele registrou, "coloquei na oficina o dinheiro do dote que recebi da Ginevra, [...] 671 florins" (2006, p. 114).[10]

---

7   "to treat the dowry with care and diligence, and were expected to place dowry capital in secure investments and apply profits in support of the conjugal household".

8   "Ebi a dì 26 de giugno [...] per lo bancho di Giacomino di Ghoggio e compagni, e misili in bottegha nella mostra compagnia di Bonacorso Berardi e compagni, per parte dela dota, contanti fiorini ottocento d´oro".

9   "spero d´avere questo anno a ritorre donna e averne di dota quello che Domenedio m´apparecchierà".

10 "a dì 4 di luglo 1403"; "misi in bottegha i danari della dota ch´ebi della Ginevra, [...] fiorini 671".

Em decorrência do caso de Dati, é interessante mencionar que o dote era considerado um patrimônio familiar e, como tal, era taxado pela administração de Florença. Os esposos deviam pagar impostos sobre esse valor em duas ocasiões: no momento em que o recebiam e quando realizavam a sua declaração patrimonial. Conforme explica Anthony Molho (1994), quando a família da moça entregava ao marido o dote acordado, ele devia abonar ao governo florentino o equivalente a três por cento do valor total da quantia recebida, o que correspondia ao imposto denominado *gabella dei contratti*. Em dezembro de 1401, três meses após seu casamento com Katerina di Biagio Milanesi, Lapo Niccolini registrou: "paguei a *gabella* do dito dote a Iacopo d' Alamanno Salviati, tesoureiro de contratos pela comuna de Florença, trinta e três florins de ouro, 24 s., seis d." (1969, p. 93).[11] Além do pagamento dessa taxa, o importe do dote devia ser incluído na declaração dos bens patrimoniais do *Catasto* florentino.

O dote era um elemento fundamental para o casamento das moças, sem ele não havia possibilidades de se arranjar um matrimônio. Assim, a partir do momento em que as filhas nasciam os pais começavam a se preocupar com poder brindar-lhes um dote considerável que lhes garantisse um matrimônio de prestígio no futuro. No caso em que o pai se encontrasse ausente e não pudesse cumprir com essa função, os irmãos, tios, mãe e outros parentes deviam se responsabilizar por dar esse benefício às jovens da família. Quando Caterina Strozzi casou-se com Marco Parenti, em 1447, foram a sua mãe dona Alessandra, viúva de Matteo Strozzi, e os seus irmãos, os que se encarregaram de reunir os mil florins equivalentes ao seu dote. Na carta que escrevera a seu filho Filippo informando-lhe do futuro casamento de Caterina, dona

---

11 "pagai la gabella della detta dota a Iacopo d'Alamanno Salviati, camarlingho de' contratti per lo comune di Firenze, f. trentatre d'oro, s. 24, d. 6". Na citação de Niccolini, o s. significa soldi e o d. denari; de acordo com Tim Parks (2005), naquela época, 348 denari correspondiam a 29 soldi, os quais, por sua parte, equivaliam a 1 florim.

Alessandra dizia-lhe em relação ao dote: "e este dinheiro é parte de vocês e parte minha" (1877, p. 4).[12]

Igualmente, a responsabilidade de dotar as filhas fez com que muitos pais se preocupassem em determinar em seus testamentos o valor que deixariam por dote caso viessem a falecer antes das jovens casarem. Em 1370, Michele di Vanni Castellani deixou documentado, além do dote de 1000 florins para sua filha Antonia, 500 florins para que seus herdeiros arranjassem o casamento da sua sobrinha Andreuola, filha do seu falecido irmão Guido (In: BRUCKER, 1998). A preocupação desse florentino buscou não somente deixar previstas as necessidades da filha, caso ele faltasse, mas também as de sua jovem sobrinha, órfã de pai. Também Fetto Ubertini havia declarado, em 1348: "para cada uma das minhas filhas – Filippa, Antonia, Francesca, Andrea, e Tomassa – eu lego a soma de 400 florins para seus dotes se elas pretenderem casar" (In: BRUCKER, 1998, p. 50).[13] Era algo comum que o legado do dote constasse nas últimas vontades dos florentinos, e não só beneficiando as filhas, sobrinhas e outras parentas, deixava-se dinheiro também para hospitais e instituições de caridade encarregadas de cuidar e dotar moças pobres ou ilegítimas.

Nesse sentido, cabe mencionar que o dote foi uma tradição tão profundamente arraigada na sociedade florentina que chegou a se tornar, entre as famílias ricas da cidade, uma forma possível de caridade (KLAPISCH-ZUBER, 1985). Por se tratar de um fator condicionante para o casamento feminino, a doação de dotes para jovens órfãs e carentes acabou sendo uma forma de beneficência bastante difundida entre a alta sociedade de Florença. Ao longo do século XV chegou a estar entre os modos mais comuns de ajuda aos pobres. Um desses casos foi o de Giovanni Borromei, que legou dois mil florins para serem distribuídos entre as moças carentes da comunidade. Segundo nos informa Molho

---

12 "E questi danari sono parte de'vostri e parte de'mia".

13 "To each of my daughters – Filippa, Antonia, Francesca, Andrea, and Tomassa – I bequeath the sum of 400 florins for their dowries if they intended to marry".

(1994), a beneficência desse homem ajudou a mais de uma centena de jovens, as quais foram cuidadosamente selecionadas por um comitê formado por funcionários públicos, mulheres da sociedade e parentes do próprio Borromei, que determinou dotes de até 25 florins para cada uma das moças. Essa forma de solidariedade também é mencionada por Alessandra Strozzi em uma das cartas ao filho (1877); segundo ela, um amigo da família, Matteo Brandolini, deixara em seu testamento uma soma em dinheiro para a caridade, quantia da qual ela pretendia usar 15 florins para ajudar no casamento da irmã de um de seus empregados.[14]

Outras formas de solidariedade também foram muito comuns entre as famílias abastadas, como era o caso de empregar moças de condição humilde para ajudar nas tarefas da casa, acordando com os pais de entregar-lhes uma quantia como dote quando as jovens chegassem à idade do casamento. Uma boa referência dessa prática podemos encontrar nos *Ricordi* de Bernardo Machiavelli; em 1482, ele registrou:

> Eu lembro que no dia primeiro do presente mês de março eu escolhi ficar com Jacopa para o serviço, filha de Antonio di Bartolo di Francesco Forasasso, do povo de Santo Lorenzo alla Crocie, [...] de 8 anos de idade; e deve-me servir por dez anos começando neste dia [...] e eu devo-lhe dar os gastos e vestir e calçar, e finalizado esse tempo, tendo me servido de contínuo, devo-lhe dar, ao marido que ela escolher, cem *lire piccoli* por dote (1954, p. 167).[15]

---

14 Carta enviada ao filho Filippo com data 6 de setembro de 1459.

15 "Ricordo che a dì primo del presente mese di marzo io tolsi a stare meco a servire la Jacopa figliuola d'Antonio di Bartolo di Francesco Forasasso del popolo di Santo Lorenzo alla Crocie, [...] d'età d'anni 8; e dèbbami servire anni dieci da incominciare detto dì [...] e io le debbo dare le spese e vestire e calzare, e finiti detto tempo, avendomi servito continuamente, le debbo dare, al marito ch'ella torrà, per dote lire cento piccoli". De acordo com Tim Parks (2005), 1 lira de florim correspondia a vinte vinte e nove avos de um

Segundo sugerem as palavras de Machiavelli, esses acordos entre a família que tomava a moça para o serviço da casa e a família que a entregava eram feitos na forma de um pacto, com prazos, condições e valores estipulados. Embora na atualidade o comportamento de Machiavelli não se considere solidário, na época, essas formas de auxiliar ao próximo eram vistas como benévolas e caridosas. Para os pais de famílias mais pobres, esse tipo de possibilidade era uma ajuda muito importante. Eles renunciavam a suas filhas sendo meninas, mas garantiam-lhes uma oportunidade de casamento no futuro que por si só eles não podiam lhes dar.

Reunir o valor do dote era uma tarefa importantíssima na vida de todo pai com filhas e um peso muito grande para o patrimônio familiar. Essa responsabilidade condicionava, muitas vezes, os recursos das famílias mais abastadas, e repercutia até mesmo na possibilidade de poder casar toda a descendência feminina. Nesse sentido, uma particularidade distinguiu Florença das outras cidades italianas da época: a criação, em fevereiro de 1425, do fundo de dotes conhecido como *Monte delle doti*. O Monte, como era popularmente chamado, significou a entrada do governo nos planos matrimoniais dos cidadãos. De acordo com Julius Kirshner e Anthony Molho (1978), a sua criação teve como razão principal ajudar ao governo florentino na arrecadação de fundos para diminuir as dívidas originadas pela guerra entre Florença e Milão. Mas foi também, segundo eles, uma tentativa de estimular o mercado matrimonial após a peste que afetou Florença em 1423-24, buscando incentivar o crescimento populacional.

---

florim, isto é, 20/29 de florim. Ele comenta: "como o florim tinha grande valor e não podia ser subdividido em moedas menores (porque nesse caso os pobres começariam a usá-lo), os banqueiros tiveram de inventar uma moeda contábil, para que os preços no atacado e as dádivas discricionárias pudessem ser calculados em frações de florins. [...] a *lira a fiorino* podia ser dividida em 20 *soldi a fiorino*, cada um dos quais por sua vez se subdividia em 12 *denari a fiorino*. Portanto, havia 348 *denari* ou 29 *soldi* em um florim de ouro" (p. 47).

O *Monte delle doti* era um fundo de inversões com diferentes possibilidades de investimento e prazos que permitia aos pais prever e garantir o futuro casamento das filhas. Mas, de que forma operava esse fundo? Por que os pais decidiam investir nele? Segundo Kirshner e Molho (1978), por cada 100 florins que um pai de família deixava em depósito no Monte obtinha, em um prazo de quinze anos, um dote equivalente a 500 florins; e, em um prazo de sete anos e meio, um dote de 250 florins. Portanto, tratava-se de uma opção conveniente. Benedetto Dei, um cronista florentino contemporâneo à fundação do Monte, escrevia:

> Florença bela tem o Monte [...] que apreende e toma dos cidadãos quinze florins e dá e paga cem florins em prazo de quinze anos [...] para casarem suas filhas. E chama-se Monte delle Dote, que para alguns é e foi belíssimo achado e de grande utilidade e propósito para dita nação florentina, e não o tem nem venezianos, nem genoveses, nem romanos, nem sienenses, nem luqueses (1984, p. 78).[16]

Assim, o Monte foi uma opção interessante e conveniente para as famílias da época, um achado de "grande utilidade e propósito" pelas possibilidades que brindava aos pais florentinos. E, ainda, como Dei ressaltava, foi uma opção que não existiu em outras cidades italianas e por tal razão era motivo de grande orgulho para Florença.

Os depósitos no Monte eram feitos em nome das filhas, desse modo, uma vez cumprido o prazo do investimento e sempre que o matrimônio houvesse sido consumado, os oficiais do fundo eram instruídos pelas famílias das jovens a pagar o dote ao marido. Muitos florentinos, das mais diversas camadas sociais, utilizaram as vantagens do Monte.

---

16 "Florentie bela à il Monte [...] e piglia e ttoglie daí suoi cittadini fiorini quindici e ddà e ppagha fiorini ciento in chapo di quindici anni [...] per maritare le lor figlie. E chiamasi el Monte delle Dote, che per cierttto è e ffu bellíssimo trovato e di gran 'utile e achoncio di detta nazione fiorentina, che no ll´ànno né Viniziani, né Milanesi, né Romani, né Sanesi, né Luchesi".

Contudo, eram mais comuns os investimentos de famílias pertencentes à alta sociedade. Anthony Molho (1994) explica que, de acordo com as informações fornecidas pelo *Catasto* de 1480, apenas uma entre sete jovens de família pobre tinha o seu investimento no Monte, enquanto para as moças de família abastada essa relação era de uma em cada duas. No entanto, mesmo sendo mais utilizado pela alta sociedade, o Monte contribuiu nas possibilidades de casamento de muitas moças florentinas.

Ainda, vale dizer que o dinheiro resultante do investimento no Monte era comumente acrescentado com dinheiro do próprio patrimônio, para assim oferecer às filhas um dote mais adequado às pretensões matrimoniais da família. Por exemplo, o dote de mil florins acordado para o casamento de Caterina Strozzi e Marco Parenti, seria entregue ao jovem da seguinte forma: "quinhentos florins que ele obterá em maio de 1448 do Monte", comentava dona Alessandra, "e os outros quinhentos que lhe darei entre dinheiro e *donora*" (1877, p. 4).[17] Um acordo similar foi realizado por Tommaso di Iacopo Guidetti ao se casar com Lisa Richasoli, em 1482. Do dote de mil quinhentos florins, mil seriam entregues em um depósito do Monte e os outros quinhentos em dinheiro e *donora* (MOLHO, 1994).

Por outra parte, devido a pouca idade com que as moças casavam, os depósitos no *Monte delle doti* precisavam ser feitos quando as filhas ainda eram crianças. Kirshner e Molho (1978) sugerem que, em média, as famílias florentinas inscreviam suas filhas no fundo quando elas tinham entre dois e cinco anos de idade, uma vez que consideravam superado o risco da mortalidade infantil. O que atraía os pais a realizar depósitos prematuros no Monte era que, quanto maior era o prazo do depósito maior era o lucro que se obtinha e, dessa forma, maior era o dote com o qual se podia contar para planejar o casamento das filhas.

Outra questão de grande importância sobre o tema do dote é a tendência inflacionária do seu valor ao longo de todo o século XV, fato que se tornou um importante problema social na época por ameaçar os

---

17 "fiorini cinquecento ch'ell' ha avere di maggio nel 1448 dal Monte; e gli altri cinquecento gli ho a dare, tra danari e donora".

recursos familiares e as possibilidades de casamento das moças. Porém, essa tendência parece não ter sido um privilégio exclusivo apenas do período mencionado; no início do século XIV, o poeta florentino Dante Alighieri já ressaltava a angústia dos pais com esse problema. No Canto XV do Paraíso, da sua *Divina Comédia*, ele escreveu: "filha ao nascer não era então temida/ pelo seu pai porque o tempo e o dote/ ainda não passavam da medida" (1998, p. 110).

As variações do valor do dote ao longo dos anos podem ser percebidas nos documentos analisados. Dos casos acima mencionados, vimos que em 1348 Fetto Ubertini deixou em seu testamento um dote de 400 florins para cada uma de suas cinco filhas; poucos anos depois, em 1370, Michele di Vanni Castellani legou mil florins para sua filha casar (In: BRUCKER, 1998). Embora se considerando que os valores referidos podiam variar de acordo com as possibilidades econômicas de cada família, as pretensões matrimoniais e a quantidade de filhas que se tinha para casar, a diferença entre os 400 florins de Ubertini e os mil de Castellani é bastante considerável. No século XV, esses valores aumentaram ainda mais. Niccolò Martelli pagou um dote de 1400 florins para casar sua filha Ginevra com Cino di Filippo Rinuccini (1840), em 1460. E, em 1482, Rinieri di Andrea Ricasoli estipulou um dote de 1500 florins para o casamento de sua filha Lisa com Tommaso di Iacopo Guidetti (*apud* MOLHO, 1994). Essa tendência explica que Alessandra Strozzi, tendo casado a filha Caterina com 1000 florins de dote, em 1447, reprovara, quase vinte anos depois, um dote de igual valor oferecido pela família Tanagli para casar a filha com seu filho Filippo: "é o dote de um artesão", ela sentenciara nessa ocasião (1877, p. 395).[18]

Logicamente, o comentário de dona Alessandra carregava uma grande dose de ironia, pois naquela época os dotes oferecidos por famílias de artesãos oscilavam entre os 200 e os 400 florins. Uma quantia de 250 florins foi o dote oferecido por Benedetto di Girolamo, um alfaiate florentino, a sua filha Lussana no momento do casamento, em 1433 (BRUCKER, 2005). Em 1466, Luca Landucci (1883), um boticá-

18 "che è dota d´artefici".

rio de profissão, aceitou um dote de 400 florins ao casar-se com Salvestra Pagni. No entanto, o comentário de dona Alessandra torna-se compreensível ao confrontá-lo com informações da pesquisa de Molho (1994), segundo a qual um dote de 1000 florins, como o oferecido pela família Tanagli não se encaixava nos padrões dos dotes proporcionados pela alta sociedade florentina na segunda metade do Quattrocento. Com base nos registros realizados pelos mercadores em seus diários pessoais, Molho estabeleceu que o valor médio do dote pago pelas altas camadas sociais na primeira metade do século XV era de 1000 florins; porém, esse valor se elevara a 1400 florins no final desse século e a mais de 1800 florins durante o século XVI.

Para Molho, na base desse fenômeno havia questões de ordem social que visavam, principalmente, a preservação da hierarquia da alta sociedade. Ao que tudo indica, a criação do *Monte delle doti* teria contribuído para o surto inflacionário do valor dotal, pois as facilidades oferecidas pelo fundo ajudavam na obtenção de dotes significativos a partir de um baixo custo de inversão. Desse modo, tornava-se mais acessível para os outros setores da sociedade obter quantias consideráveis de dinheiro para o casamento das filhas, fato que tornou o aumento do valor do dote uma condição necessária para a defesa e resguardo da posição das altas camadas sociais. Nesse sentido, o comentário de Antonio Strozzi a Filippo Strozzi, em 1450, reforça o apontado por Molho: "dotes grandes começaram a aparecer por motivo dessa comodidade do monte", afirmava (*apud* MOLHO, 1994, p. 299, n. 5).[19]

Por outro lado, pesava também um elemento de ordem demográfica ressaltado por Herlihy e Klapisch-Zuber (1985): a tendência, durante o século XV, do incremento da idade do homem para o primeiro casamento. Essa mudança resultou não só no alargamento da diferença de idades entre os esposos, mas no aumento da pluralidade feminina sobre a masculina no cenário matrimonial. De acordo com esses autores, a menor disponibilidade de homens no mercado matrimonial teria levado

---

19 "dote grandi si sono cominciate a uscire che n´è chagione questa commodità del monte".

a uma competitividade entre as famílias com filhas em idade de casar, fato que contribuiu significativamente na elevação do valor dotal.

Ainda, com relação ao dote, vale ressaltar que ele não era privilegio único das noivas da vida secular; aquelas que escolhiam a vida religiosa também recebiam esse benefício paterno, já que, simbolicamente, elas se casavam com Deus. No caso das religiosas, essa quantia em dinheiro era denominada esmola dotal (*elemosina dotale*) e era entregue ao convento que, na ocasião, atuava como substituto do esposo (LOWE, 1998). Assim como as esposas quando eram transferidas para a casa do marido, as futuras freiras levavam também seu enxoval ou *donora* para a nova vida que então iniciavam, com a diferença que os objetos que o compunham eram menos ricos e ostentosos (LOWE, 1998). Igualmente, o valor do dote que os pais davam às filhas quando ingressavam na vida religiosa era consideravelmente menor àquele que pagavam às filhas quando casavam na vida secular. Essa diferença pode ser observada no testamento deixado por Fetto Ubertini em 1348: "para cada uma de minhas filhas", ele escrevera, "eu lego a soma de 400 florins para seus dotes se elas pretenderem casar, ou a soma de 225 florins se elas se tornarem freiras" (In: BRUCKER, 1998, p. 50).[20]

A diferença dos dotes da vida secular para a vida religiosa não era a única do mercado matrimonial florentino. Questões como a condição física ou social das moças também influíam na quantia ofertada. Por filhas que haviam superado a idade ideal de casamento ou que possuíam algum defeito físico pagavam-se dotes maiores. De igual modo, ofereciam-se dotes menores por filhas ilegítimas, pois as possibilidades de casamento dessas moças em termos sociais não eram iguais àquelas das filhas nascidas dentro do matrimônio legítimo. Em referência ao uso de um dote elevado como forma de amenizar a falta de alguma qualidade feminina, Alberti mencionava aos seus contemporâneos um velho ditado: "se você quiser dote, escolha velha ou feia" (1972, p. 137).[21]

---

20 "To each of my daughters"; "I bequeath the sum of 400 florins for their dowries if they intended to marry, or the sum of 225 florins if they become nuns".

21 "se tu vuoi dota, togli vecchia ou sozza".

Ao considerarmos a importância da tradição dotal, podemos pensar que a descendência feminina significava para os pais muito mais uma carga econômica do que um benefício. E, muitas vezes, assim o era. Em termos gerais, o casamento dos filhos homens rendia às famílias uma entrada considerável de dinheiro através do dote, o das filhas, contrariamente, representava uma saída de dinheiro. Entretanto, embora o nascimento das moças não fosse tão esperado nem tão celebrado quanto o nascimento dos rapazes, as mulheres apresentavam um benefício muito interessante para as famílias florentinas: por idade, elas casavam antes do que os filhos homens. Marco Parenti, em uma carta enviada a seu cunhado Filippo Strozzi por ocasião do nascimento da primeira filha, em 1469, deixa muito clara a importância dessa vantagem:

> Parece-me que tendo já um menino [...] não menos deves de te alegrar dessa sendo menina [...], porque antes que o menino ela começará a te trazer frutos, isto é, ela fará antes um belo *parentado* do que ela o faria se houvesse sido menino, como vejo o desejavas (1996, p. 177).[22]

As palavras de Parenti são muito explícitas, sugerem que as filhas, por se unirem em matrimônio em uma idade mais precoce do que os rapazes, podiam ser também convenientes às famílias. Embora os pais desejassem o nascimento de filhos homens, as mulheres traziam muito antes frutos ao lar paterno, pois muito mais cedo do que os rapazes elas construíam os vantajosos laços de *parentado* que tanto importavam à alta sociedade florentina. Ainda, no raciocínio desse florentino transparece a visão estratégica e planejada que operava entre as famílias quando pensavam o casamento da descendência, a qual, segundo parece, já atuava desde o próprio momento do nascimento das crianças.

---

22 "Parmi che avendone uno maschio [...] non meno ti debbi rallegrare di questa sendo femina [...], perché prima ne comincerai a trarre frutto chel del maschio, cioè ne farai prima um bello parentado che se fussi stato maschio, che veggo ne desideri".

Valores estimados pelas famílias: a hierarquia, tradição política e riqueza do parentado

Já mencionamos que o objetivo principal das alianças matrimoniais florentinas era a vinculação social. O matrimônio formalizava os laços de solidariedade entre as famílias dos noivos, era um acordo de mútuo benefício, que estabelecia uma relação simbiótica, conveniente e vantajosa para ambas as partes. Desse modo, estabelecer relações de *parentado* com nomes de prestígio e poder dentro da cidade era o desejo das grandes famílias florentinas. Quanto maior o prestígio da família de *parentado*, maior o prestígio que a própria família adquiria na comunidade e maiores as possibilidades de benefícios a serem obtidos futuramente. Nessa procura, o ideal era a união com famílias de tradição, isto é, famílias com um nome antigo na história da cidade, com participação na vida política, com uma riqueza adquirida a partir de atividades honoráveis e com parentes afins de qualidade (MARTINES, 2011). O nome familiar associado ao passado florentino conferia respeito e hierarquia aos membros da família e a todo aquele que se lhe vinculasse por parentesco; razão pela qual Francesco Barbaro aconselhava: "tomar a mulher de linhagem e casa honorável" (1548, p. 11).[23]

Mas, nem todas as famílias da alta sociedade podiam se dizer possuidoras de uma grande tradição, já que o movimentado cenário econômico da Florença do *Tre-Quattrocento* havia colocado novas riquezas em cena. A tradição significava antiguidade e estabilidade, ter o nome familiar associado à economia e à política da cidade por um longo período de tempo, e as novas riquezas apenas começavam a trilhar esse caminho. Nesse sentido, o núcleo mais privilegiado da sociedade florentina não era um grupo homogêneo formado unicamente por famílias ricas, antigas e com poder político. Como nos explica Lauro Martines (2006), na alta sociedade havia também famílias ricas com pouca tradição e famílias de grande tradição com pouco patrimônio, muitas das quais haviam sido prejudicadas pela grande crise que afetou a banca florentina em

---

23 "pigliare la moglie di stirpe et di casa honorata".

meados do *Trecento* e as deixou economicamente desfavorecidas frente ao resto da sociedade. Assim, é possível dizer que a alta sociedade florentina da época era, em si, estratificada, constituída por famílias com diferentes níveis de riqueza, antiguidade e prestígio político.

Em um cenário assim composto, a antiguidade do nome familiar desempenhava um papel determinante na construção das alianças matrimoniais. Até poderíamos afirmar que era um dos elementos mais considerados, pois a antiguidade implicava não só o prestígio acumulado com os anos, mas a existência de várias gerações de contatos sociais e conexões políticas. Desse modo, a possibilidade de unir os filhos com pessoas de ascendência antiga na história de Florença era uma alternativa muito apreciada no mundo mercantil. E, especialmente, uma oportunidade muito interessante para as novas riquezas surgidas na cidade, pois as famílias tradicionais com dificuldade de garantir bons dotes às filhas muitas vezes davam em troca a distinção de sua antiguidade àqueles que não faziam questão de um bom pagamento em dinheiro.

Particularmente, essa foi uma das estratégias mais ponderadas, pois os novos nomes que passaram a integrar a alta hierarquia florentina buscaram se unir com a tradição das famílias em decadência econômica. Nesse sentido, Martines (2006) afirma que as novas riquezas de Florença contraíam massivamente matrimônio com as velhas linhagens que haviam perdido o seu espaço dentro da sociedade. A união de Cosimo de Medici e Contessina de´ Bardi, em 1414, se encaixa nesses parâmetros. A jovem descendia da distinta casa de banqueiros dos Bardi, uma família comprometida economicamente, mas com uma tradição histórica que se remontava ao século XII e ao antigo condado de Vernio.[24] Para uma genealogia jovem como era a dos Medici no início do

---

24   Contessina era filha de Alessandro di Sozzo Bardi, conde de Vernio. Por parte materna, a jovem também possuía ascendência nobre, era neta de Raniero di Guido Pannochieschi, conde de Elci. Ao longo do século XIV, os Bardi foram uma das famílias de banqueiros mais bem sucedidas do território italiano. Eram banqueiros do rei de Inglaterra, do Papa e da própria cidade de Florença, mas os muitos empréstimos outorgados que nunca

Quattrocento, o casamento representou uma forma de trazer o prestígio histórico dos Bardi ao seu já estabelecido poder político e econômico.

Com iguais intenções acordou-se mais tarde o casamento de Piero de Medici e Lucrezia Tornabuoni, em 1444. Lucrezia descendia de uma antiga e nobre família de proprietários de terra e mercadores, originalmente chamados Tornaquinci, cuja ascendência se estendia até o século XI. A união não só trouxe tradição e antiguidade aos membros da casa Medici como serviu para consolidar os laços de lealdade existentes entre as duas famílias, já que o pai de Lucrezia, Francesco Tornabuoni, foi um dos mais fieis aliados de Cosimo antes da sua ascensão ao poder. E, ainda, membros da sua família trabalhavam no banco Medici desde o começo do século XV (PERNIS; ADAMS, 2006).

Em condições similares foi celebrado também o casamento de Caterina Strozzi com Marco Parenti. Os Parenti eram ricos mercadores vinculados à manufatura da seda, mas relativamente novos entre a alta sociedade florentina; em contrapartida, os Strozzi tinham um importante passado político e econômico na história da cidade, porém, truncado pelo exílio da família em 1434, que comprometeu, em parte, a sua riqueza e patrimônio.

O casamento entre os jovens foi acordado em 1447 e, na carta enviada ao filho Filippo, vimos que Alessandra Strozzi encontrava-se feliz pela aliança celebrada, ressaltando as virtudes do futuro genro: "è jovem de bem e virtuoso, filho único e rico" (1877, p. 3).[25] Porém, em seu relato torna-se evidente que a união havia sido resultado das limitações econômicas da família, que condicionaram as possibilidades de uma escolha mais prestigiosa. Suas palavras sugerem que, conforme as

---

foram pagos levaram o banco dos Bardi à falência em 1345. Mais informações em: TOMAS, Natalie R. *The Medici women: gender and power in Renaissance Florence*. Burlington: Ashgate, 2003; PERNIS, Maria Grazia; ADAMS, Laurie Schneider. *Lucrezia Tornabuoni de' Medici and the Medici family in the Fifteenth Century*. New York: Peter Lang, 2006.

25 "è giovane da bene e vertudioso, ed è solo, e ricco".

circunstâncias, o jovem Marco foi, simplesmente, a melhor possibilidade de casamento que puderam arranjar para Caterina:

> [...] esse partido escolhemos como o melhor [...] procuramos colocá-la em maior posição política e nobreza, mas com mil quatrocentos ou (mil) quinhentos florins; o que era a minha ruína e a de vocês. [...] E eu, considerando todo, resolvi colocar bem a menina e não olhar para tantas coisas (1877, p. 4-5, grifo meu).[26]

Uma opção mais conveniente para os Strozzi demandava um dinheiro que eles não tinham. Em vista da impossibilidade econômica de uma união com maior hierarquia, dona Alessandra optou por "colocar bem" a sua filha, com um homem de bem e filho de uma rica família, cedendo assim a condição social do seu nome.

Já desde a perspectiva dos Parenti, a união com Caterina Strozzi significou uma oportunidade de vinculação com uma família de prestígio e com o seu círculo de relações, o qual, apesar da mácula do exílio, era formado por grandes nomes da vida pública florentina. A felicidade que a união trouxe à família Parenti se expressa nas palavras do jovem Marco ao seu futuro cunhado Filippo Strozzi: "caber-me-ia escrever muito se quisesse dizer o quanto, imensamente, me agrada, de cada uma das partes, todo o vosso *parentado*" (1996, p. 3).[27]

A importância de formar parentesco com famílias antigas foi apontada por Morelli em seus conselhos matrimoniais: "faz com que o teu parente [...] seja antigo em Florença", ele pedia (1718, p. 272),[28] pois

---

26 "questo partito abbiàn preso pello meglio"; "èssi trovato da metterla in maggiore istato e più gentilezza, ma con mille quattrocento o cinquecento fiorini; ch´era il disfacimento mio e vostro. [...] Ed io, considerato tutto, diliberai acconciare bene la fanciulla, e non guardare a tante cose".

27 "Acchadrebbemi asai che scrivere, se volessi dire quanto sommamente mi piace da ogni parte tutto vostro parentado".

28 "fa che'l parente tuo [...] sia antico a Firenze".

pertencer a uma família de longa tradição tinha um grande significado dentro da sociedade. A antiguidade conferia qualidade às famílias, elevava a posição social e concedia uma notoriedade particular dentro da sociedade. Por esse motivo os florentinos gostavam de traçar as suas origens e preocupavam-se com saber do seu passado, conhecer a forma como a família havia estabelecido suas bases na cidade, adquirido a sua riqueza e participado dos assuntos do governo.

Ainda, aquelas famílias que tinham origens feudais – como o mencionado caso dos Bardi e dos Tornabuoni – eram muito bem consideradas, pois apesar das grandes transformações econômicas que tiveram lugar no cenário florentino, continuavam sendo a grande ambição daqueles indivíduos que queriam associar seu nome à honra de um antigo e honorável passado. Marco Parenti, ao recomendar ao seu cunhado Filippo Strozzi um casamento com a moça dos Tanagli, argumentava: "são antigos e de bem, e descendem de cavaleiros" (1996, p. 94).[29]

Contudo, embora estratégias matrimoniais como a dos Medici e dos Parenti ajudassem a melhorar a hierarquia de algumas famílias, entre a alta sociedade respeitava-se a endogamia de grupo. Logicamente, tratando-se de um grupo estratificado, com diversos níveis de poder econômico, político e social, existia a possibilidade de que as famílias tradicionais em decadência se casassem com famílias dos novos ricos, mas fora essas pequenas formas de mobilidade social a alta sociedade casava-se entre si, resguardando a condição social à qual se pertencia, isto é, aquela que vinculava às famílias com as *Arti Maggiori* da cidade. O ideal para os florentinos era o matrimônio entre iguais. Anthony Molho afirmava que os florentinos, especialmente aqueles que possuíam propriedades, tinham "um forte sentido da homogamia. Os padrões culturais da época determinavam que eles casassem dentro do seu próprio estrato, procurando preservar o equilíbrio social da cidade" (1994, p. 237).[30]

---

29 "sono antichi e da bene e pure questo lato disceso di cavalieri".
30 "had a strong sense of homogamy. The cultural standards of the time dictated that they marry into their very own social stratum, seeking to preser-

Nesse sentido, as palavras de Alberti eram muito explícitas; ele indicava buscar parentes da mesma posição social: "sejam, portanto, não desiguais a ti", advertia (1972, p. 135).[31] E ainda esclarecia:

> Procura ter esses novos parentes de sangue não vulgar, de riqueza não pequena, de comportamento não vil, e nas outras coisas modestos e comportados [...] nem muito superiores a ti [...] nem mesmo quero que esses parentes sejam inferiores a ti, pois, se isso te traz despesas, aquilo outro te impõe servidão (1972, p. 134-135).[32]

Precauções similares eram advertidas também por Morelli; na escolha de uma esposa, ele aconselhava: "toma cuidado, primeiramente, em não te rebaixar, preferivelmente te esforça por te elevar" (1718, p. 255).[33]

Fundamentalmente, na hora de casar os filhos, as famílias buscavam se corresponder mutuamente, social, política e/ou economicamente. Mesmo havendo-se mencionado casos que fugiram a essa regra – cito novamente o sobrinho de Alessandra Strozzi e o tio de Giovanni Morelli, que casaram abaixo de sua condição social –, havia entre os florentinos uma forte tendência à homogeneidade social. Embora a alta sociedade fosse estratificada em seu conjunto, com diversos desníveis de riqueza e de hierarquia sócio-política entre as diferentes famílias, as pessoas que a ela pertenciam sentiam-se unidas por um senso comum de prestígio e distinção que as diferenciava do resto dos florentinos, tan-

---

ve the city´s social equilibria".

31 "siano adunque non inequali a te".

32 "Procurisi avere queste cosí nuovi parenti di sangue non vulgari, di fortuna non infimi, di essercizio non vili, e nelle altre cose modesti e regolati [...] non tropo superiori a te [...] né anche voglio questi medesimi parenti essere inferiori a te, imperoché se questo t´arecò spesa, quello t´impone servitú".

33 "abbi riguardo primamente di non ti avvilire, ma piuttosto t'ingegna d'innalzarti".

to pela honorabilidade com que concebiam suas atividades e profissões quanto pelas possibilidades de serviço público que elas lhes brindavam. A forma como a alta sociedade se concebia em relação ao resto dos florentinos fazia com que seus membros buscassem honrar a própria condição em todos os aspectos da vida social. E, nessa procura por honrar o próprio prestígio, os matrimônios desempenhavam um papel muito importante. No parecer de Lorenzo Fabbri, para os florentinos:

> A honra se expressava, sobretudo, em um modo de viver e de se colocar perante a sociedade, adequado ao próprio status, e o matrimônio era, nesse sentido, um dos momentos mais significativos. Casar "honrosamente" constituía um dever social do qual era impossível fugir sem uma grave perda na consideração pública (1991, p. 43).[34]

Casar "honrosamente" significava casar dentro do próprio grupo de pertença, sem trazer um desequilíbrio social ou material à família. De acordo com o pensamento da época, casar com pessoas de condição inferior afetava a honra de toda a casa. A recusa de Morelli a mencionar em seus *Ricordi*, junto à relação de todos os seus parentes, o nome da escrava com a qual seu tio havia-se casado expressa muito bem a vergonha que provocava fugir dos parâmetros matrimoniais da alta sociedade: "teve muitos (filhos) ilegítimos, parte de uma mulher de bem e parte de uma escrava sua, que era muito bela, e com a qual ele depois se casou em Mugello, não gostaria de nomeá-la porque não é honesto à assim feita linhagem (a dos Morelli), como se ela fosse de muito bom estado, con-

---

34 "L´onore si esprimeva anzitutto in um modo di vivere e di porsi di fronte ala società adeguato al proprio status, e il matrimonio era, in questo senso, uno dei momenti più significativi. Sposarsi 'onorevolmente' costituiva um dovere sociale a cui non era possibile sottrarsi, se non a prezo di uma grave perdita nella considerazione pubblica".

forme eles eram", escrevera (1718, p. 241, grifo meu).³⁵ O sentimento de Morelli com relação à esposa do tio é similar ao que experimentava dona Alessandra com a jovem que se casou com seu sobrinho, uma moça que trouxe "vergonha a si própria e a ele" (1877, p. 471).³⁶ Ambos falam em vergonha e em desonestidade, pois cruzar a linha das convenções sociais era muito mal visto pela sociedade, trazia desonra para as famílias e representava uma mácula no prestígio do nome e da história familiar.

Assim, conforme se esperava, as famílias da alta sociedade deviam arranjar casamentos que evidenciassem a posição que ocupavam dentro da comunidade. Nesse sentido, ligar-se a pessoas vinculadas politicamente às repartições do governo era uma exigência quase fundamental, pois o prestígio social dos florentinos estava estreitamente relacionado ao desempenho político dos homens da família. Quando Morelli escreveu a seus filhos como formar um bom *parentado*, ele determinou: "faz com que o teu parente [...] esteja no estado"; "sejam honrados pela Comuna" (1718, p. 272 e 255).³⁷

"*Avere stato*" ou ter estado, como se referiam os florentinos à participação na administração política da cidade, constituía uma virtude muito significativa entre aquelas consideradas na definição das alianças matrimoniais. Já mencionamos que os indivíduos que participavam da vida política contribuíam para aumentar a reputação e a hierarquia da sua família. Portanto, famílias com um longo percurso nas repartições da *Signoria* ou dos *Collegi* de Florença eram as preferidas frente a outras com menor tradição política.

Parentes bem vinculados politicamente, atuantes e presentes na vida pública, enalteciam a hierarquia e a posição social das famílias, pois, como explica Melissa Merian Bullard (1979), na Florença da época, a

---

35 "ebbene molti non ligittimi, parte d'una donna assai da bene, e parte d'una ischiava era sua, assai bella, e di poi la maritò in Mugello: non gli vo' nominare, perché non è onesto sì fatta ischiatta, come che' sieno di buona condizione assai, secondo loro essere".

36 "vergogna a sè e a lui".

37 "fa che 'l parente tuo [...] sia nello istato", "sieno onorati dal Comune".

hierarquia social e o poder político estavam inextricavelmente unidos. Giovanni Rucellai, um dos homens mais ricos e prestigiosos do cenário florentino, deixou um eloquente testemunho do valor social que os bons aliados políticos traziam à vida dos florentinos:

> Estou bem relacionado (*imparentato*), a par de qualquer outro da nossa cidade, e depois que me tornei parente de Piero de Cosimo de Medici, e de Lorenzo e Giuliano, seus filhos, fiquei honrado, estimado e considerado, e tenho usufruído da felicidade e prosperidade deles, e desfruto junto com eles, do que tenho recebido grandíssimo contentamento (1960, p. 121, grifo meu).[38]

Mas não eram somente os laços com parentes como os Medici os que eram exaltados. Todas as formas de serviço público, embora menos proeminentes, conferiam honra e hierarquia às famílias. Portanto, eram muito valorizadas na construção das alianças matrimoniais. Dona Alessandra Strozzi escrevia sobre a família de seu futuro genro Marco Parenti: "eles têm um pouco de estado e faz pouco tempo seu pai foi do *Collegio*" (1877, p. 3-4).[39] Anos mais tarde, em 1465, ela exaltaria as mesmas qualidades no pai da moça Tanagli, uma das opções de casamento do filho Filippo: "Francesco é um jovem muito estimado e está no estado, não possui cargos maiores, mas está nos ofícios" (1877, p.

---

38 "Sono bene imparentato al pari di qualunch´altro della nostra città, e ppoi ch´io fui parente di Piero di Chosimo de´Medici e di Lorenzo e Giuliano, suoi figliuoli, sono stato onorato, stimato e righuardato, e lla loro felicità e prosperità me l´ò ghoduta e ghodo insieme cho loro, di che ò preso grandissimo chontentamento".

39 "hanno un poco di stato, ch´è poco tempo che 'l padre fu di Collegio". Com relação ao pai de Marco Parenti, ele teria desempenhado um cargo nas repartições de uma das duas magistraturas que constituíam o Collegio da Signoria de Florença: os "doze bons homens" (dodici buon'uomini) e os "dezesseis gonfalonieri" (sedici gonfalonieri).

395).⁴⁰ Assim como a sua sogra, Marco Parenti também lembrava ao seu cunhado os atributos de Francesco Tanagli: "tem um pouco de estado; ele tem muitos parentes, todos de prestígio" (1996, p. 94).⁴¹

Vincular-se por parentesco a pessoas que tinham cargos no governo, além de dignificar a posição social de uma família, representava uma forma de segurança e grandes possibilidades de benefícios. Era uma garantia de contatos capazes de brindar apoio e proteção política, recomendações para cargos em repartições públicas, diminuição de penas ou impostos e tantos outros tipos de favores e serviços. Como afirma Lauro Martines, "o prestígio político contava sempre, e contava enormemente, porque ter um alto cargo em Florença era uma honra capaz de abrir todas as portas. Intimidava, incitava ao matrimônio, conferia a quem o ostentava um autêntico poder" (2006, p. 60).⁴²

Outro aspecto que não devemos ignorar em relação à implicação política dos matrimônios diz respeito a que os casamentos podiam ser atos políticos, utilizados intencionalmente para reforçar o poder e o lugar que se ocupava no governo da cidade (FABBRI, 1991). Isso ocorria, fundamentalmente, entre os estratos mais elevados da alta sociedade. O casamento de Lorenzo de Medici e Clarice Orsini é um desses casos. A intenção dos Medici ao casar Lorenzo com a jovem Clarice foi a de buscar aliados fora de Florença, fortalecendo as relações com Roma e com o Papado, já que os Orsini gozavam de uma grande reputação naquela cidade e tinham fortes laços com a Cúria. Segundo Lauro Martines (2006), a posição dos Medici em Florença exigia um apoio externo em caso de alguma ameaça política ao governo, e nada melhor do que uma aliança vinculada ao mundo dos grandes magnatas militares e eclesiásticos.

---

40 "Francesco è pure estimato giovane, ed è nello Stato; ma non è della sorta maggiore. Pure è negli uffici".

41 "à un pocho di stato; à assai parenti tutti buoni".

42 "el prestigio político contaba siempre, y contaba enormemente, porque tener un alto cargo en Florencia era un honor capaz de abrir todas las puertas. Intimidaba, incitaba al matrimonio, confería a quien lo ostentaba un auténtico poder".

Igualmente, Bullard aponta que, algumas vezes, as figuras no poder "intervinham para impedir duas famílias de se unirem através do matrimônio se a suposta união parecia ameaçar a estabilidade do governo" (1979, p. 669).[43] De acordo com essa autora, após o fracasso da conspiração dos Pazzi, em 1478, Lorenzo de Medici impediu que as filhas dessa família se casassem de acordo com a sua posição social. Havendo afastado de Florença o perigo dos homens Pazzi, punindo-os, de acordo com o seu grau de participação na conjuração, com a morte, o cárcere ou o exílio, as mulheres que permaneceram na cidade foram privadas de seu patrimônio e de contrair matrimônio com famílias de poder e hierarquia. Desse modo, buscava-se prevenir possíveis futuros atentados ao poder dos Medici no governo florentino. A mesma punição teria recaído nas jovens da família Albizzi algumas décadas antes, após a conspiração dessa família contra Cosimo de Medici, em 1434 (KIRSCHNER; MOLHO, 1978).

De igual modo, os interesses políticos do governo florentino também intervieram para forjar alianças convenientes à manutenção e fortalecimento do poder, utilizando alguns matrimônios com finalidades especificamente públicas. Nesse sentido, Francesco Guicciardini em sua *Historia de Florencia* (1990), escrita no século XVI, deixou-nos um testemunho muito representativo. De acordo com ele, a desconfiança após a conspiração dos Pazzi havia levado a Lorenzo de Medici a cuidar que muitos homens poderosos da cidade não formassem parentesco entre eles:

> E procurava formar pares de modo que não lhe fizessem sombra, algumas vezes, obrigando os jovens da alta sociedade, para evitar combinações indesejadas, a casar com mulheres com as quais eles não houvessem querido fazê-lo, em poucas palavras, as coisas haviam chegado ao ponto que não se formava parentesco de

---

43 "intervened to prevent two families from uniting through marriage if the proposed union seemed to threaten the stability of the government".

nível superior ao mediano sem a sua intervenção ou aprovação (1990, p. 123).[44]

Não obstante esses casos representassem uma minoria, não devemos ignorar a intencionalidade puramente política que havia por trás de alguns dos matrimônios celebrados na Florença do Quattrocento. Além disso, também é importante considerar que, por se tratar de uma sociedade em que os assuntos de família e os assuntos políticos estavam tão estreitamente relacionados, ocasionalmente as alianças matrimoniais podiam se reverter em uma grande decepção. Especialmente, no caso dos florentinos que haviam criado parentescos prestigiosos com famílias que, mais tarde, por reveses políticos, acabavam sendo exiladas da cidade e prejudicavam o nome de todos aqueles que compunham seu grupo de parentes e aliados. Assim aconteceu com casos conhecidos como o de Giovanni Rucellai, casado com a filha de Palla Strozzi, e Giovanni Morelli, vinculado por casamento aos Alberti. Máculas desse tipo não significavam o fim das possibilidades familiares, mas expunham as pessoas publicamente, afetavam as oportunidades de acesso aos cargos políticos e enfraqueciam as redes sociais por longos períodos de tempo.

Em linhas gerais, podemos dizer que todos os matrimônios da alta sociedade florentina, em maior ou menor grau, tinham um interesse ou consequência política, já que as famílias desse grupo eram ativas participantes das repartições do governo ou, pelo menos, estavam vinculadas a pessoas ou parentes que desempenhavam algum tipo de função pública.

Outro elemento relevante em uma sociedade regida pelos valores do mundo mercantil era a riqueza e condição econômica dos futuros parentes. A importância de aliar a própria família com pessoas de uma boa posição econômica está explícita em vários documentos pessoais da época. Assim como Morelli, que sugeria claramente que os parentes fos-

---

44 "y procuraba formar las parejas de tal modo que no le crearan sombra; a veces obligando a jóvenes de la alta sociedad, para evitar combinaciones indeseables para él, a casarse con mujeres con quienes no hubieran querido hacerlo; en uma palavra, las cosas habían llegado a un punto que no se formaba un parentesco de nivel superior al mediano sin su intervención y anuencia".

sem mercadores e ricos, também Alessandra Strozzi (1877) ressaltava a riqueza e as atividades econômicas do jovem Parenti, um homem rico e vinculado à manufatura da seda.[45] Do mesmo modo que eles, Lucrezia Tornabuoni, ao comentar com seu marido Piero de Medici sobre a família da futura esposa de seu filho Lorenzo, os Orsini, escrevia: "possuem metade de Monte Ritondo, a outra metade é do tio deles" (1993, p. 63).[46]

Na realidade, o que se olhava não era tanto o patrimônio em si, mas a potencialidade econômica e a forma como a riqueza havia sido adquirida. Marco Parenti, avaliando possibilidades de casamento para sua filha Marietta, em 1473, pedia ao cunhado Filippo Strozzi que lhe fizesse algumas averiguações a respeito de uma das famílias consideradas: "gostaria que te informasses [...] qual é a condição deles, que cérebro, que virtude e como fizeram a riqueza e coisas similares, como se exige" (1996, p. 240).[47]

A expressão "como se exige", no dizer de Parenti, aparece no sentido de algo que tem de ser feito dentro dos conformes, conforme esperado, e mostra quão habitual era entre os florentinos o recolhimento de informações a respeito dos futuros parentes. Nesse sentido, querer saber sobre a condição econômica do *parentado* ia além de saber se eles eram ricos ou se tinham um patrimônio considerável. Buscava-se, fundamentalmente, comprovar a efetiva solidez da riqueza e a forma como ela era gerida, ou seja, com que "cérebro", como queria saber Parenti.

Conhecer a potencialidade da riqueza dos futuros parentes e a capacidade que eles tinham de administrá-la e fazê-la produzir era importante em vista do vínculo que se iria gerar entre as duas famílias. Como explica Fabbri, esse vínculo era pensado também no campo econômico:

> [...] uma relação que fosse capaz de ativar colaborações rentáveis para ambas as partes, de natureza comercial

---

45 Carta enviada ao filho Filippo em 24 de agosto de 1447.

46 "anno la ½ di Monte Ritondo, l'altra metade è di loro zio".

47 "vorrei che tti informassi [...] che condizione sia la loro, che cervello, che virtù e chome ànno fatto della roba e símile cose, come si richiede".

ou financeira, ou mesmo de garantir apoio em caso de necessidade temporária. Procurava-se também se proteger de vínculos que pudessem se tornar prejudiciais, fugindo de quem não tivesse bases financeiras seguras e de quem parecesse incapaz ou muito informal na administração dos próprios bens (1991, p. 84).[48]

Vale dizer que essa última estratégia nem sempre era bem-sucedida, já que com o passar do tempo podia ocorrer que aqueles parentes que no início se apresentavam como opções convenientes acabassem se tornando um peso na economia de toda a família. Um desses casos foi o de Giovanni Bonsi, genro de Alessandra Strozzi (1877), um jovem considerado um bom candidato no momento do acordo matrimonial, por ter a sua própria companhia de negócios. Porém, quinze anos após o casamento com a sua filha Alessandra, Giovanni encontrava-se em grandes dificuldades financeiras, precisando de empréstimos de vários membros da família, o que preocupava bastante a dona Alessandra, por considerá-lo, nessa ocasião, pouco hábil para lidar com o dinheiro.[49] Casos assim não eram algo habitual, mas buscava-se evitá-los na medida do possível. Por essa razão os florentinos esforçavam-se por recolher as mais diversas informações a respeito da riqueza dos futuros parentes, comprovar a sua solidez, a sua potencialidade e, principalmente, a forma como ela era administrada.

Nesse ponto, a forma como o *parentado* "havia feito" a sua riqueza também era de grande importância. Saber se o patrimônio da família era produto de atividades nobres e bem conceituadas socialmente

---

48 "un rapporto che fosse in grado di attivare collaborazioni proficue per ambedue le parti, di natura commerciale o finanziaria, oppure di garantire un sostegno in caso di temporanee necessità. Si cercava altresì di cautelarsi da vincoli che potessero rivelarsi dannosi, rifuggendo da chi non avesse basi finanziarie sicure e da chi apparisse incapace o tropo disinvolto nell'amministrazione dei propri beni".

49 Carta enviada ao filho Filippo em 25 de janeiro de 1466.

era muito considerado pelos florentinos, conforme se pode perceber na forma como Giovanni Rucellai, casado com a filha de Palla Strozzi, dá valor ao patrimônio do seu sogro: "era riquíssimo [...] e de riqueza bem adquirida" (1960, p. 54).[50] Essa noção de uma riqueza bem conquistada, produto de atividades honoráveis, estava muito presente no pensamento da alta sociedade, pois como explica Martines (2011), a simples riqueza, por si só, não era um indicativo de posição social. De acordo com a percepção da alta sociedade, o patrimônio familiar devia ser fruto do trabalho digno, adquirido a partir de ocupações respeitáveis e bem consideradas hierarquicamente pela sua vinculação com as grandes corporações de ofício da cidade. Assim, privilegiavam-se os parentes com uma riqueza construída ao longo dos anos através de atividades prestigiosas, que lhes tenham dado hierarquia dentro da sociedade e brindado possibilidades políticas aos homens da família.

Conjuntamente à noção de uma riqueza bem adquirida, estava a honra que socialmente se concedia à atividade mercantil em grande escala. Diferentemente dos séculos anteriores, o comércio e as atividades bancárias gozavam de uma grande consideração e prestígio dentro da sociedade (FABBRI, 1991). Na opinião de Alberti, o prestígio do mundo mercantil estava em "fazer grandes negócios, levar coisas úteis para a pátria, manter a honra e fama da família" (1972, p. 178).[51] As atividades vinculadas ao grande comércio compreendiam cinco das sete corporações de ofício mais importantes da cidade, razão pela qual a conformação da alta sociedade era constituída em grande parte por famílias de mercadores e banqueiros. A noção de hierarquia desse grupo fazia com que se exaltasse a procura por parentes pertencentes a essa categoria. "Faz com que o teu parente seja mercador", dizia Morelli (1718, p.

---

50 "era ricchissimo [...] e di ricchezza bene acquistata".

51 "fare grande imprese, condurre cose utilissime alla patria, serbare l´onore e fama della famiglia".

272),⁵² enquanto dona Alessandra Strozzi (1877) ressaltava com satisfação a riqueza de Parenti vinculada à manufatura da seda. No entanto, a inclinação por famílias dedicadas à atividade mercantil não era determinante nas estratégias matrimoniais. Os homens de letras, geralmente vinculados pelo seu saber a altos cargos políticos e nem sempre donos de uma grande riqueza, também representavam uma opção matrimonial de prestígio. Assim é o caso do humanista Poggio Bracciolini, que se casou com uma das filhas da tradicional família de mercadores Buondelmonti; e de Carlo Marsuppini, que desposou Caterina de ́Corsini, filha de uma reconhecida família de banqueiros.⁵³ A importância hierárquica do ofício público na sociedade fez da corporação de ofício dos juízes e notários (*Arte dei giudici e notai*), à qual muitos humanistas pertenciam, a mais respeitável da cidade (MARTINES, 2011); por essa razão, unir as filhas com homens de tal posição política era também uma alternativa muito considerada pelas famílias.

Ainda, além de considerar elementos como a riqueza, a hierarquia política e a antiguidade familiar, a alta sociedade florentina preocupava-se em estabelecer parentesco com pessoas de boas qualidades morais e comportamento virtuoso. A forma como os futuros parentes viviam e se comportavam dizia muito a respeito deles e a respeito de como poderia ser a futura relação entre as duas famílias. Além disso, as ações e atitudes dos indivíduos também conferiam respeito e dignidade na vida social, sendo um elemento a mais de distinção familiar, pois segundo Alberti, os bons costumes traziam "ornamento e honra para a casa, para a pátria e para si próprio" (1972, p. 51).⁵⁴

Mas, o que eram os bons costumes e o comportamento virtuoso que se devia buscar no *parentado*? Podemos dizer que eram ações asso-

---

52 "fa che 'l parente tuo sia mercatante".

53 Lauro Martines em sua obra *The social world of the florentine humanists*: 1390-1460 (2011) traz uma detalhada relação dos casamentos celebrados entre os grandes humanistas florentinos e as filhas das famílias mais ricas e tradicionais de Florença.

54 "ornamento e pregio alla casa e alla patria sua e a sé stesso".

ciadas à noção humanista de *virtú*, uma ideia muito louvada na época e que dizia respeito a uma forma de viver honorável, de acordo com princípios que afastavam o indivíduo de condutas imorais e ações indignas. De acordo com Matteo Palmieri, a *virtú* significava agir segundo quatro valores muito apreciados entre os florentinos: "prudência, força, temperança e justiça" (1982, p. 52).[55] Para Alberti (1972), *virtú* era um valor individual, um exercício cotidiano de boas obras que pediam atuar sempre com excelência, prudência, bom juízo e honestidade.

Algumas décadas mais tarde que Alberti e Palmieri, a noção de *virtù* foi contemplada também por Nicolau Maquiavel. No entanto, enquanto em Maquiavel (2004) a ideia de *virtù* dizia respeito à astúcia política e à habilidade necessárias ao príncipe para a aquisição e manutenção do seu poder – pois foi elaborada em um momento histórico diferente da vida florentina –, em Alberti e Palmieri esta se relacionava à concepção de honra do indivíduo, exaltando comportamentos éticos que promoviam o bem e a ordem na sociedade; Alberti afirmava: "estimam-se melhores para a pátria, se eu não estiver enganado, os cidadãos virtuosos e honestos, do que os muito ricos e poderosos" (1972, p. 51).[56]

Assim, os bons costumes e o comportamento virtuoso eram qualidades que, aos olhos dos florentinos, tornavam os homens respeitáveis e dignos perante a sociedade. Portanto, se a nível social esses valores eram tão importantes, é natural que as famílias florentinas também os procurassem naqueles indivíduos que se tornariam seu círculo próximo de parentesco. Se considerarmos que as famílias viam o casamento como uma parceria de benefícios recíprocos, através da qual se reforçavam vínculos de amizade, solidariedade e proteção, é compreensível que colocassem grande cuidado na seleção das pessoas às quais ligariam o seu futuro. De tal modo, assim como a riqueza, a antiguidade e o serviço público, a conduta e a reputação moral dos futuros parentes pesavam igualmente nas decisões de casamento.

---

55 "prudentia, forteza, temperantia et giustitia".

56 "stimasi meglio essere alla patria, s´i´ non erro, e´ cittadini virtudiosi e onesti che i ricchi molto e possenti".

Nesse sentido, novamente Alberti dizia: "Acredito que no *parentado* primeiramente se deve examinar a vida e modos de todos os novos unidos. Muitos matrimônios foram [...] razão de grande ruína à família, pois fizeram parentesco com homens litigiosos, competitivos, soberbos e malévolos" (1972, p. 134).[57] Assim como ele, Morelli também ressaltava:

> Procura contrair parentesco com bons cidadãos, os quais não sejam necessitados, e sejam mercadores e não sejam arrogantes. Sejam antigos na tua cidade, sejam honrados pela Comuna, [...] e não possuam mácula alguma, como de traidores ou ladrões, ou homicidas, ou de descendência bastarda, ou de outra coisa que seja de reprovação ou vergonha. Sejam puros e sem mácula, e tenham nome de bons parentes e afetuosos, e não sejam cães do dinheiro, mas que usem temperadamente a cortesia, como a usam os homens sábios e bons cidadãos (1718, p. 255).[58]

De acordo com o que se aconselhava, devia-se olhar com cautela para os "modos de ser" dos futuros parentes. Tanto Alberti quanto Morelli salientavam de forma fria e objetiva a importância de fugir de parentes soberbos ou litigiosos, ou de parentes com alguma mácula em seu comportamento. Buscavam-se parentes honestos, afetuosos e bem

57 "Credo io nel parentado in prima si vuole bene essaminare la vita e modi di tutti é nuovi coniuncti. Molti matrimonii sono stati [...] cagione di grande ruine alla famiglia, poiché sono imparentatosi con uomini litigiosi, gareggiosi, superbi e malvoluti".

58 "guarda d'imparentarti con buoni cittadini, i quai non sieno bisognosi e sieno mercatanti e non usino maggiorie. Sieno antichi nella città tua, sieno onorati dal Comune, [...] e non abbino alcuna macula, come di traditore o di ladro o di micidio o di bastardo discesi, o d'altri cose che sono di rimprovero e di vergogna. Sieno netti e sanza macula, e abbino nomea di buoni parenti e amorevoli; e che non sieno cani del danaio ma usino cortesia temperatamente, come s'usa pe' savi uomini e buoni cittadini".

vistos dentro da comunidade, pessoas com cortesia, atitudes que eles associavam à noção de "bons cidadãos". Interessava muito que os futuros parentes fossem indivíduos íntegros e virtuosos, essas características eram tão ressaltadas quanto eram aquelas que falavam do prestígio social ou político das famílias, pois, assim como elas, denotavam honra e concediam respeitabilidade às pessoas.

Descrevendo a seus futuros genros, Alessandra Strozzi usava expressões como: "é jovem de bem e virtuoso" ou "tem tantas boas qualidades" (1877, p. 3 e 115),[59] palavras que demonstram o apreço que ela tinha pela conduta e comportamento dos jovens. Também, referindo-se ao possível futuro sogro de seu filho Filippo, Francesco Tanagli, ela destacava que era "bem estimado" dentro da comunidade (1877, p. 395).[60] Assim como dona Alessandra, Marco Parenti (1996) também notava os atributos de Tanagli, não só a sua ascendência e *parentado*, mas também as suas qualidades individuais. Em 27 de julho de 1465, ele escrevia a Filippo Strozzi:

> Os Adimari são mais nobres do que os Tanagli; mas não têm *parentado* nenhum: nem pai, nem irmãos; muitos tios e primos, mas são vulgares, e todo seu *parentado* homens do mesmo tipo [...]. A outra (a Tanagli) é o contrário: se não são de grande família, no entanto são antigos e de bem, e descendem de cavaleiros. O pai da moça é da minha idade, um homem de valor, cortês, eloquente, conversador; muito elegante, tem um pouco de estado, tem muitos parentes, todos de prestígio (1996, p. 94, grifo meu).[61]

---

59 "ch'è giovane da bene e vertudioso"; "ha tante buone parti in sè".

60 "pure stimato".

61 "Gl'Adimari sono più nobili ch'e Tanagli; ma non v'è parentado niuno, non padre, non frategli, assai zii e cugini, ma sono omacci, e tutto loro parentado uomini di sorta [...]. Quest'altra è il contrado: se non sono di gran famiglia, nondimeno sono antichi e da bene e pure questo lato disceso di

A noção de homens "de bem", que tanto é exaltada por Parenti como por dona Alessandra Strozzi, refere-se às boas qualidades valorizadas na época, ao comportamento íntegro, aos valores morais e ao bom trato com as pessoas. Exaltava-se que os indivíduos não só viessem somar o seu prestígio e riqueza à família com a qual se uniam, mas que fossem donos de um comportamento honorável e adequado, conforme pediam as normas da vida social. Deviam se evitar as famílias com passados duvidosos e os indivíduos com má fama, como sugeria Alberti, ou os que tinham alguma mácula moral, que em algum momento pudesse vir a sujar àqueles que faziam parte de seu círculo de parentesco, como ressaltara Morelli. Os parentes de casamento, além de ter uma determinada hierarquia social, política e/ou econômica, precisavam ser apreciados dentro da vizinhança e considerados pelo seu caráter e comportamento. Faz com que o teu parente "seja amado por todos, seja afetuoso e bom em cada ato", recomendava Morelli (1718, p. 272).[62]

Outro elemento que também é apontado na relação apresentada por Parenti dos Adimari e dos Tanagli é a importância que se concedia à composição familiar do futuro *parentado*. Os Tanagli não eram tão nobres quanto os Adimari, mas em compensação tornavam-se mais interessantes a um futuro casamento por causa dos muitos parentes de prestígio que eles tinham. Diferentemente dos Adimari, que contavam apenas com tios e primos, os Tanagli tinham um importante círculo de parentesco formado a partir dos casamentos dos irmãos, o que tornava muito mais acessível a sua utilidade na vida social. A importância dessas relações na definição dos matrimônios se percebe no cuidado de Parenti ao descrever ao seu cunhado Filippo o *parentado* de Francesco Tanagli:

> a irmã é casada com Antonio do senhor Allexandro Allexandri. A mulher é dos Guidetti, homens muitos cavalieri. Il padre della fanciulla è di mia età, uno dassai huomo, costumato, eloquente, conversativo; e à optima grazia, à un poco di stato, à assai parenti, tutti buoni."

62 "sia amato da tutti, sia amorevole e buono in ogni atto."

bons, a irmã da mulher é casada com o senhor Antonio Ridolfi, e ele tem muitos outros *parentadi* honoráveis e bons. O irmão tem por mulher a filha de Francesco di Pagolo Vettori, etc. (1996, p. 94).[63]

Nesse sentido, Lorenzo Fabbri explica que, "a atenção se concentrava, principalmente, sobre o núcleo familiar e sobre a qualidade de seus componentes. Em geral, era bem considerada uma família rica em elementos masculinos, porque permitia esperar um relacionamento frutífero de ajuda recíproca" (1991, p. 100).[64] Famílias formadas por muitos homens, seja por parentesco de sangue ou parentesco de casamento, significavam maiores conexões políticas e econômicas, por isso observava-se em detalhe o potencial masculino do futuro *parentado*. Uma descrição similar à de Parenti, ressaltando a qualidade dos componentes familiares, também foi realizada por Lucrezia Tornabuoni a Piero de Medici, quando conhecera a família de Clarice Orsini em Roma: "a menina é filha por pai do senhor Iacopo Horsini de Monte Ritondo e por mãe da irmã do cardeal; tem dois irmãos, um é militar e está com o senhor Orso em boa estima, o outro é padre, subdiácono do Papa" (1993, p. 63).[65]

---

63 "à assai parenti, tutti buoni"; "a sirocchia è maritata a Antonio di messer Allexandro Allexandri. La moglie è de' Guidetti, huomini molto da bene, la sirocchia della moglie maritata a messer Antonio Ridolfi, e molti altri parentadi à honorevoli e buoni. Il fratello à per moglie la figliuola di Francesco di Pagolo Vettori, etc.".

64 "L'attenzione si concentrava principalmente sul núcleo familiare, e sulla qualità dei suoi componenti. In genere era vista con favore una famiglia ricca di elementi maschili, perché lasciava sperare in um proficuo rapporto di aiuti reciproci".

65 "La fanciulla è figliuola per padre del signor Iacopo Horsini da Monte Ritondo e per madre dela sorella del cardinale; à duo fratelli, l'uno fa fatti d'arme ed è col signor Orso in buona istima, l'altro è prete sodiàcano del Papa".

Ainda, além de se olhar para o círculo de parentes próximos, procurava-se o matrimônio com pessoas de uma boa projeção dentro da comunidade. Valorizava-se não somente um *parentado* com uma ampla rede de parentes, mas também com uma ampla rede de amigos e vizinhos, pois, como menciona Charles de La Roncière (2004), na Florença do *Quattrocento*, essas solidariedades privadas completavam por vezes as da família ou lhes faziam concorrência, consolidando o círculo de sangue ou de aliança. Dado que as relações sociais dos futuros parentes representavam uma utilidade concreta para as famílias em termos de apoio, favores e benefícios, quanto maiores eram as conexões com parentes, amigos e vizinhos, maiores eram as possibilidades de poder usufruir desse vínculo. Desse modo, famílias com um bom número de conexões familiares e dentro da vizinhança eram preferidas àquelas cujos membros possuíam poucas relações na comunidade.

Outro ponto relevante nas estratégias de escolha dos futuros parentes é que, salvo algumas exceções, eles eram escolhidos entre as famílias da própria cidade, às vezes até dentro da própria vizinhança. Um dos poucos casos a fugir dessa prática foi o casamento de Lorenzo de Medici com Clarice Orsini que, como já vimos, provinha de uma tradicional família romana. Outro caso nos é mencionado por Alessandra Strozzi; em uma de suas cartas ao filho comentava ter ouvido que a filha de seu parente Giovanfrancesco Strozzi "será dada em Mântua ao filho do senhor Benedetto Strozzi" – membro de outro ramo da família (1877, p. 552).[66] Porém, não obstante algumas exceções, os florentinos buscavam reforçar o próprio poder e hierarquia com vínculos de parentesco na própria comunidade.

Era na vizinhança que Morelli aconselhava aos filhos a arranjarem seus casamentos: "primeiramente, procura na tua vizinhança (*gonfalone*), e se aqui puderes fazer o parentesco, faze-o antes do que em outro lugar; se não puderes ou não há aquilo que necessitas ou te satisfaz,

---

66 "si darà a Mantova al figliuolo di messer Benedetto Strozzi".

procura no distrito (*quartiere*)" (1718, p. 272).⁶⁷ A exigência por criar vínculos de *parentado* na vizinhança era ditada principalmente por preocupações políticas, já que era dentro de cada *gonfalone* que se escolhiam os cidadãos elegíveis aos cargos públicos (Eckstein, 2006). Assim, para as famílias, as alianças matrimoniais dentro da vizinhança representavam uma forma de garantir, através do apoio político dos novos parentes e seus aliados, maiores possibilidades de acesso às repartições mais importantes do governo florentino.

Contudo, a sugestão de Morelli não era uma regra seguida por todos. Alguns florentinos utilizaram a estratégia de tecer redes de *parentado* nos quatro cantos da cidade, buscando expandir seu poder a outros domínios e assim reforçar a hierarquia familiar fora do próprio distrito de residência. Klapisch-Zuber (1985), em seu estudo sobre os Niccolini, mostra como essa família consolidou seu poder em Florença a partir de matrimônios celebrados nos quatro *quartieri* da cidade.⁶⁸ Muito similar foi o caso da família Rinuccini, que ao longo das gerações buscou arranjar casamentos com grandes famílias florentinas, sem se ater à questão geográfica da própria vizinhança ou distrito (Molho, 1994).

Essa estratégia de reforçar o poder dentro da própria cidade foi escolhida também por Cosimo de Medici e acabou sendo muito exaltada por Nicolau Maquiavel em sua *História de Florença* (1998), escrita alguns anos após a morte de Cosimo. Elogiando a visão política com que Cosimo soube se tornar senhor de Florença, Maquiavel ressaltou a tática de forjar os casamentos familiares com grandes nomes florentinos ao invés de fazê-lo com nobres de outras cidades: "Assim, tendo que dar mulher a seus filhos não buscou o parentesco de príncipes, e com Giovanni casou Cornelia degli Alessandria e com Piero Lucrezia de´

---

67 "primamente cerca nel tuo gonfalone, e se ivi puoi imparentarti, fallo più avaccio che altrove; se non puoi o non v'è quello ti bisogna o ti sodisfaccia, cerca nel quartiere".

68 KLAPISCH-ZUBER, Christiane. "Kin, friends, and neighbors": the urban territory of a Merchant Family in 1400. In: ____. *Women, family, and ritual in Renaissance Italy*. Chicago: University of Chicago Press, 1985, p. 68-93.

Tornabuoni; e das netas que lhe deu Piero, casou Bianca com Guglielmo de´ Pazzi e Nannina com Bernardo Rucellai" (1998, p. 335).

Seja entre vizinhos do *gonfalone*, seja estendendo os vínculos de parentesco aos outros *quartieri* de Florença, a grande maioria dos matrimônios florentinos costumavam acontecer dentro dos muros da cidade. A preferência por parentes próximos geograficamente devia-se à função que deles se esperava, pois era em meio ao ambiente social, econômico e político da comunidade, nas atividades do dia-a-dia e no contato com as pessoas da vizinhança, das corporações de ofício, das repartições do governo e das companhias de negócios, que os parentes podiam assumir toda a sua utilidade, desempenhando suas funções de apoio, prestígio e solidariedade e oferecendo os seus "conselhos, favores e ajuda", como bem observara Palmieri (1982, p. 161).[69]

O valor dos noivos: atributos valorizados na escolha dos futuros esposos

Além da escolha criteriosa dos futuros parentes, as estratégias matrimoniais florentinas ponderavam igualmente as características individuais de cada um dos futuros esposos e esposas. Assim, particularidades como a virtude, a educação, os atributos físicos e a idade dos possíveis candidatos eram avaliadas com especial atenção, já que elas também contribuíam para o prestígio social da futura união.

Nesse sentido, qualidades morais como a honestidade, a modéstia, a prudência, os bons costumes e o comportamento virtuoso, atributos associados à noção de *virtù* e que diziam respeito à dignidade dos jovens e à boa educação recebida no núcleo familiar, eram muito estimados. Na opinião de Alberti, esses valores transmitidos pela família constituíam o legado que todo pai anelava deixar à sua descendência: "eu sou daqueles, filhos meus, que gostaria de lhes deixar por herança *virtù* muito mais do

---

69 "consigli, favori et aiuti".

que todas as riquezas", dizia (1972, p. 29).⁷⁰ O valor que Alberti concedia à transmissão desses valores estava vinculado ao prestígio familiar e à ideia de uma família "bem governada", como exaltava Palmieri (1982). Bons pais esmeravam-se na educação dos filhos e forjavam neles boas qualidades morais, pois filhos bem educados perpetuavam o bom nome familiar e contribuíam também ao bem-estar da cidade. Desse modo, é compreensível que as mesmas qualidades que os pais anelavam herdar aos filhos fossem procuradas também nos futuros genros e noras da família. Porém, devemos considerar que os atributos individuais procurados nos futuros esposos variavam de noivo para noiva, pois diziam respeito à organização social das relações de gênero difundidas entre a alta sociedade da época (SCOTT, 1990).

No que diz respeito aos homens, as virtudes morais dos futuros esposos eram louvadas e enaltecidas assim que era celebrado o acordo de casamento. Já vimos o empenho com que dona Alessandra Strozzi (1877) ressaltava que seus futuros genros Marco Parenti e Giovanni Bonsi eram homens de bem, virtuosos e de muitas qualidades. Assim como ela, Marco Parenti, quando sua cunhada Alessandra foi prometida a Giovanni Bonsi, escreveu sobre o noivo: "é jovem de bem, de valor, e tem boa essência: pelo qual todos acreditam que ela foi muito bem colocada" (1996, p. 41).⁷¹

A noção de um jovem de bem, de valor ou com boa essência estava vinculada a traços e atitudes valorizados pela sociedade no sexo masculino. Eram formas de agir e de pensar que as famílias apreciavam em seus próprios filhos e que gostavam de reconhecer também naqueles que passariam a fazer parte do grupo familiar. Nesse sentido, a escrita de Alberti nos dá uma ideia de quais atitudes poderiam ser essas; falando aos jovens da sua família, ele dizia:

---

70 "Io sono di quelli che vorrei piú tosto, figliuo´ miei, lasciarvi per eredità virtú che tutte le ricchezze".

71 "è giovane da bene, valente, e à bonissime sustanze: per la qual chosa ognuno si chonforta ch´ella sai benissimo allogata".

não sejam difíceis, duros, obstinados, superficiais, vãos, mas dóceis, tratáveis, versáteis, e, quando for conveniente pela idade, prudentes e sérios [...]. Costuma a humanidade muito louvar nos jovens a tranquilidade, prudência e modéstia; e, entre os mais velhos, a reverência nos jovens sempre foi bem-vinda e muito demandada. [...] E, sempre que em ti existam bons costumes e bom juízo, muito serás apreciado e louvado, e, pelos bons, bem querido (1972, p. 27-29).[72]

Alberti ressaltava a prudência, a seriedade, as atitudes cordiais perante os outros e o uso do bom juízo. Ser um homem de bem dizia respeito à maturidade, ao comportamento responsável e ao trato respeitoso com as pessoas. Qualidades assim eram procuradas porque prenunciavam um bom esposo e um bom pai de família, por esse motivo Parenti afirmava que sua cunhada havia sido "muito bem colocada" com Giovanni Bonsi.

Esse apreço pelos bons costumes e pelas qualidades dos futuros genros não era um comportamento particular apenas dessa época; já no *Trecento*, o mercador Paolo da Certaldo fazia questão de advertir: "quando casares a tua filha dá-lhe homem e não dinheiro" – sobrepondo o valor do indivíduo ao da riqueza (1945, p. 130).[73]

Ainda, o comportamento virtuoso em um jovem dizia respeito também ao trabalho, já que se esperava dos homens que estivessem preparados para tomar conta da família e participar ativamente da vida política e econômica da cidade. O fato dos jovens estarem bem estabe-

72 "non siate difficili, non duri, non ostinati, non leggeri, non vani, ma facilissimi, trattabili, versatili, e quanto so´appartenga nella età pesati e gravi [...]. Suole la umanità, mansuetudine, continenza e modestia ne´giovani non poco essere lodata; ma verso e´maggiori la riverenza ne´ giovani sempre fu grata e molto richiesta. [...] E quanto in te saranno buoni costumi e intere ragioni, tanto sarai pregiato e lodato, e da´ buoni ben voluto".

73 "quando mariti la tua figliuola, dalle uomo e non danari".

lecidos nas atividades da família falava de atributos como o bom juízo e a responsabilidade, muito valorizados na sociedade mercantil que tanto exaltava a vida ativa e a participação do homem na construção do patrimônio familiar e no governo da cidade (D´ELIA, 2004). Com relação a esse tema, Paolo da Certaldo orientava que os esposos escolhidos para as filhas estivessem vinculados às corporações de ofício da cidade: "se tens que casar a tua filha, esforça-te por lhe dar um homem que tenha *arte e mestiero*", dizia (1945, p. 142).[74] Fazer referência à ocupação dos futuros esposos das moças parece ter sido uma prática habitual nas conversas sobre casamentos. Em 1447, Alessandra Strozzi destacava que seu futuro genro, Marco Parenti, além de rico e filho único, tinha "oficina de manufatura da seda" (1877, p. 5).[75] Anos mais tarde, em uma carta a seu filho Filippo, também comentava que o jovem que casou com a filha ilegítima de seu parente Jacopo Strozzi, Marco di Giovanni di Marco, era "tecelão de seda e comerciante e pequeno mercador de seda", e ainda agregava, "me foi dito que estão bem de riqueza, e são pessoas muito boas, [...] que é muito importante" (1877, p. 145).[76]

Aqui, as palavras de dona Alessandra são muito significativas, pois expõem o valor que se dava à qualidade humana dos futuros parentes. Na base disso estava o fato de que confiar as filhas, sobrinhas ou outras parentas a esposos considerados homens de bem e a famílias com boas qualidades, também trazia aos pais a tranquilidade de que as jovens seriam bem cuidadas e consideradas. "Estou certa que ela estará tão bem quanto eu estive", dizia dona Alessandra sobre o futuro casamento da filha Alessandra (1877, p. 115).[77] Alguns anos antes se havia manifestado igual a respeito da filha Caterina, ressaltando com orgulho: "parece-me

---

74 "t'ingegna, s'hai a maritare tua figliuola, di darla a uomo ch' abbia arte e mestiero"; a expressão *arte e mestiero* refere a ser membro de uma guilda ou corporação de ofício.

75 "fa bottega d´arte di seta".

76 "setaiuolo e merciaio e setaiuolo minuto"; "ècci detto che stanno bene di roba, e sono le migliore persone, [...] che è buona parte".

77 "che i´tengo certo ch´ella istarà bene quanto io".

estar certa que aí ela estará bem como outras moças de Florença, pois a sogra e o sogro estão muito felizes e só pensam em contentá-la. Ah! E nem te falo Marco, o marido, que sempre lhe diz: pede aquilo que você quiser" (1877, p. 5).[78]

A forma como dona Alessandra mostrava o seu sentir sobre as escolhas matrimoniais feitas para as filhas nos permite observar que a racionalidade que costumava conduzir os acordos de casamento não tirava a preocupação das mães com que as filhas fossem bem cuidadas e bem recebidas pelas novas famílias. A experiência delas no passado parecia servir para perceber se as moças estariam bem com os jovens escolhidos como maridos. Dona Alessandra falava da certeza de saber que a filha estaria tão bem quanto ela esteve em seu matrimônio e mostrava-se feliz por isso, assim como mostrava felicidade pela forma como o jovem Marco se esforçava por agradar a sua filha Caterina. Portanto, mesmo quando as decisões matrimoniais seguiam os interesses familiares, havia igualmente a preocupação de escolher um esposo de bem, um jovem com boa essência, capaz de dar uma vida tranquila e feliz às moças.

Com relação às moças, os hábitos que constituíam a sua virtude são mencionados e exaltados com muito maior frequência do que aqueles que definiam o ideal masculino. Poderíamos dizer que, os conselhos quanto à escolha da esposa abundavam em relação à menção dos atributos que deviam ser procurados no futuro esposo. Muito possivelmente, isso se deva a que a grande maioria da documentação do período foi produzida por homens. Mas, além disso, também porque na época, como menciona Margareth King (1993), havia uma grande preocupação com o papel social da mulher, seja na sua função de esposa, seja na sua função de mãe.

Nesse sentido, o pensamento humanista ressaltou amplamente a questão da virtude feminina. No parecer de Matteo Palmieri, "o ornamento de toda mulher valente é a modéstia e a honestidade de uma vida

---

78 "e parmi esser certa la starà bene come fanciulla di Firenze; che ha la suocera e 'l suocero che ne sono si contenti, che non pensan se non di contentalla. o! non ti dico di Marco, cioè il marito, che sempre gli dice: chiedi ciò che tu vuogli".

bem composta e ordenada" (1982, p. 157).⁷⁹ Segundo essa perspectiva, a virtude dizia respeito ao comportamento casto e recatado das moças, à ideia do cuidado e da observância da dignidade feminina. Essa ideia aparece também no pensamento de Francesco Barbaro: "tomaremos a mulher cheia de ótimos costumes: a modéstia, a diligência, e a integridade", dizia (1548, p. 15).⁸⁰ Assim como em Alberti: "os principais costumes louvados em uma mulher são a modéstia e a pureza" (1972, p. 132).⁸¹ A noção de virtude nas mulheres estava relacionada fundamentalmente à sua honestidade, exaltavam-se atitudes como o comportamento modesto, a inocência e o cuidado com a conduta pessoal. Uma vida "bem composta e ordenada", como ressaltava Palmieri, significava uma vida de integridade moral, honradez e decência, qualidades que deviam ornar a toda jovem de boa família.

Nessa perspectiva, a castidade ou pureza era o atributo mais valorizado nas mulheres, pois trazia honra para as famílias e assegurava a legitimidade dos herdeiros. Para os parentes dos noivos, uma jovem casta representava uma esposa virtuosa e uma mãe que saberia educar as filhas na castidade, por essa razão essa qualidade era especialmente considerada nas decisões matrimoniais. Para Paolo da Certaldo, a castidade era para as moças "uma flor belíssima", razão pela qual aconselhava: "cuida-te sempre mulher, de não cair, por teus maus hábitos e costumes, em má fama" (1945, p. 73).⁸² A forma simbólica com que se exaltava a virtude feminina, como uma flor belíssima ou como o ornamento de toda mulher, fala da importância que se atribuía à conduta feminina. A fama duvidosa das moças costumava ser motivo de rejeição nas tratativas matrimoniais, já que as famílias evitavam tomar riscos em relação às futuras noras. No que

---

79 "l' ornamento d'ogni valente donna è la modestia et l'onestà della bene composta et ordinata vita".

80 "pigliaremo la moglie piena di ottimi costumi: la modestia, la diligenza, et la integrità".

81 "e' primi costumi in una donna lodatissimi sono modestia e nettezza".

82 "come fiore bellissima"; "sempre ti guarda tu, femina, di non correre per tuoi mali atti e costumi in mala fama".

concerne a esse assunto Alberti sentenciava que, os mais velhos da casa não tinham por costume recusar as noras, "a não ser àquelas que portavam suspeita de escândalo ou má reputação" (1972, p. 131).[83]

A castidade feminina era tão importante para a sociedade que os pais, mães e demais parentes procuravam cultivá-la nas filhas desde muito cedo. De acordo com a concepção da época, a honra de toda a família e a dos homens responsáveis por ela, girava em torno da conservação da castidade das mulheres da casa (KING, 1993). Assim sendo, a partir do momento em que as meninas entravam na mocidade, costumavam permanecer no ambiente doméstico sob a atenção e vigilância da família. A realidade das moças da alta sociedade era muito diferente daquela vivida pelas jovens de camadas sociais inferiores, às quais as necessidades econômicas familiares as colocavam em contato com o cotidiano das ruas, praças e mercados da cidade (RONCIÈRE, 2004). As moças de famílias abastadas restringiam-se apenas a visitar outras mulheres, participar de algumas festividades civis ou religiosas ou caminhar até a igreja para assistir à missa, mas sempre acompanhadas pelas mães, tias ou outras parentas da casa.

Foi na Igreja de Santa Liperata, durante a missa matinal, que dona Alessandra Strozzi conheceu a jovem Caterina Tanagli, sua possível futura nora, em 1465. Ao filho Filippo, ela escreveu o seguinte:

> Comento a você que indo no domingo de manhã para o Ave Maria em Santa Liperata, na primeira missa, como tenho ido várias manhãs para ver àquela moça dos Adimari, que costuma vir a essa missa; eu me deparei com aquela dos Tanagli. E não sabendo quem ela era, me coloquei de seu lado e pus atenção nessa moça [...] e parece-me no andar e no olhar que ela não é tonta [...] e a segui fora da igreja, tanto que vi que ela era aquela dos Tanagli. Assim, conheço um pouco mais dela. Com aquela dos Adimari não tenho me encontrado, o que

---

83 "se non quelle le quali seco portion suspizione di scandolo o biasimo".

me parece estranho, pois tenho ido muito aos lugares, e não sai como ela costuma (1877, p. 458-459).[84]

O relato de dona Alessandra permite observar que as mães buscavam conhecer mais a respeito das possíveis futuras noras, procuravam examiná-las de perto, em seus modos e atitudes, buscavam frequentar os lugares que as moças frequentavam e até seguiam-nas pelas ruas da cidade. Lucrezia Tornabuoni também procurou esse contato próximo para avaliar a sua futura nora Clarice Orsini; desde a cidade de Roma, onde a moça morava, ela escreveu ao esposo Piero:

> na quinta-feira de manhã, indo a São Pedro, encontrei com a senhora Madalena Orsina, irmã do cardeal, a qual estava junto com a sua filha, de 15 ou 16 anos de idade. Estava vestida à moda romana, com lenço, a qual em aquelas roupas pareceu-me muito bela [...], mas como a moça estava bastante coberta não consegui observá-la ao meu modo (1993, p. 62).[85]

---

84 Avvisoti, che andando domenica mattina a l´ avemmaria in Santa Liperata alla prima messa, come vi son ita parecchi mattine eli festa per vedere quella fanciulla degli Adimari, che la suole venire alla detta messa; ed io vi trovai quella de' Tanagli. E non sappiendo chi ella si fussi, mi gli posi allato, e posi mente a questa fanciulla [...] e mi parve nell'andare suo e nella vista sua, ch' ella non è addormentata [...] I´ gli andai drieto fuori della chiesa, tanto ch' i´ vidi ch'ella era quella de' Tanagli. Sì che sono di lei pure un poco alluminata. Quella degli Adimari, mai l'ho trovata; che mi pare un gran fatto, che son ita tanto alle poste, e non esce fuori, com' ella suole".

85 "Giovedì mattina andando a San Piero mi riscontrai in madonna Madalena Orsina, sorella del cardinale, la qualle aveva secho sua figliuola d´età d´anni 15 in 16. Era vestita alla romana, col lenzuolo, la quale mi pareva in quello abito molto bela [...] ma perché la fanciulla purè era coperta, no lla pote´ veder a mio modo".

Mães e parentes procuravam o encontro com as moças para observá-las ao seu modo, como diz dona Lucrezia, davam atenção ao comportamento das jovens, observavam o seu modo de vestir, de caminhar e de se comportar, como forma de avaliar o seu recato e prudência na vida cotidiana. A jovem Clarice era de "maneira doce" e "de grande modéstia", de acordo com a aprovação da sua futura sogra (1993, p. 62).[86] As famílias buscavam moças de comportamento polido e recatado, já que as formas de se apresentar e de se comportar perante os outros diziam muito a respeito dos valores e da educação que se lhes havia inculcado em termos de virtude feminina. Nesse sentido, dona Alessandra Strozzi até dedicou seu tempo em vigiar como a jovem Tanagli se comportava dentro da casa: "eu acredito [...] que ela não é desajuizada", dizia ao filho Filippo, "pois passei muitas vezes (pela sua casa) e pedi para outros passarem, e não se a vê todos os dias pelas janelas" (1877, p. 471, grifo meu).[87]

Passar o dia na janela, se exibindo frente aos outros, não era um comportamento digno de uma jovem de boa família, podia dar lugar a namoricos ou a fofocas que sujassem a honra da moça. Dona Alessandra pôs grande cuidado em observar se a sua possível futura nora usava o seu tempo livre desse modo, mas a jovem mostrou-lhe "não ser desajuizada". Preservar a reputação das filhas era muito importante, por isso o humanista romano Vespaciano da Bisticci dava às mães o seguinte conselho: "Cuide de não lhe deixar conversar com moças vãs, que não sejam cheias de honestidade e, igualmente, cuide-a de não conversar com homens" (1999, p. 125).[88] E ainda acrescentava: "a mãe que tem meninas não as deixe ficar longe dela enquanto estiverem em casa e não tenham ido ainda para a casa do marido, e não as deixem ficar fora de casa nem de dia

---

86 "dolce maniera"; "di gran modestia".

87 "i´ credo, esamintato tutto, e per quanto ho ´nteso, che questa non è cervellina: chè vi sono passata tante volte, e mandatovi, e non si vede tutto dì su pelle finestre".

88 "Guàrdille di no lle lasciare conversare con fanciulle vane che non sieno piene d´onestà et il simili le guardino da non conversare con maschi".

nem de noite, nem com amigos nem com parentes" (1999, p. 125).[89] As moças deviam permanecer sempre ao abrigo do cuidado materno ou familiar e afastadas de influências prejudiciais que pudessem sujar o seu bom nome, mas, além disso, elas deviam evitar também toda atitude ousada, que as levasse a parecer jovens vãs e levianas. Nesse particular, Morelli advertia escolher uma esposa "honesta e não muito ousada, que ela não seja muito vã, nas roupas, em ir a todas as festas e casamentos, e outras coisas vãs" (1718, p. 256).[90]

Cuidar que a descendência feminina guardasse um comportamento casto e respeitável aos olhos da sociedade era uma das tarefas mais importantes para as famílias, já que essas qualidades contavam muito na hora de definir o matrimônio das moças e eram muito cuidadas e vigiadas pela sociedade. Alberti mencionava que na hora de se escolher uma esposa para os filhos, a seleção das candidatas devia ser muito cuidadosa e contar com a ajuda do "saber" das mulheres da família: "as mães e as outras velhas parentas e amigas, as quais […] conhecem os costumes com que foram nutridas quase todas as virgens da cidade, selecionarão todas as moças bem nascidas e bem criadas e esse número entregarão àquele que será marido" (1972, p. 131).[91] Desse modo, assim como dona Alessandra vigiara o comportamento que a jovem Tanagli tinha dentro da casa, as mulheres florentinas "cuidavam" do comportamento das moças da cidade. A virtude das jovens não era zelada apenas pelas famílias, ela era vigiada também desde fora, pelas outras mulheres da vizinhança, que olhavam, escutavam e comentavam.

---

89 "la madre che há fanciulle no lle lasci mai partire da sé, mentre sono in casa ch´elle non sono andate a marito, et no lle lasci andare a stare né di dì né di notte fuori della casa sua, né con amici né con parenti".

90 "onesta e non troppo baldanzosa, e ch'ella non sia troppo vana, come di vestimenti, d'ire a tutte le feste e a nozze e ad altre cose vane".

91 "le madri e l´altre antiche congiunte e amiche, le quali […] conoscono quasi tutte le vergine della terra di che costume sieno nutrite, queste scelgano tutte le ben nate e bene alleviate fanciulle, el quale numero porgano al nuovo che sarà marito".

Ainda, segundo os documentos, os cuidados na hora de se escolher as futuras esposas de filhos ou parentes não deviam se limitar apenas a um olhar para as possíveis candidatas, mas para toda a parentela feminina. Morelli recomendava ao filho ter grande cautela ao escolher sua futura mulher:

> Toma precaução que ela seja bem nascida, de mãe de gente de bem, e de *parentado* honorável, e que ela seja uma mulher honesta e de boa fama; e similarmente honesta e casta mulher tenha sido a mãe da mãe, isto é, a avó da moça; e de boas e dignas mulheres tenham fama todas (1718, p. 255).[92]

Olhar para a honestidade das mães e das avós das moças também foi aconselhado por Paolo da Certaldo: "a mulher que queiras dar por esposa a teu filho ou ao teu amigo, ou tomá-la para ti, toma cuidado que a avó e a mãe tenham sido mulheres honestas e castas, já que muitas vezes a moça tirará os costumes da mãe e da avó." (1945, p. 198).[93]

De acordo com o parecer desses mercadores, a reputação das jovens não se remetia apenas ao próprio comportamento, mas ao de todas as parentas da casa, já que se considerava que as más influências do passado podiam ser transmitidas à descendência. Assim, ao escolher uma esposa os florentinos deviam olhar com atenção para a história de todas as mulheres da família. A conduta errada de alguma parenta no passado podia comprometer seriamente as possibilidades de casamento das moças dessa família. Nessa perspectiva, a reputação das mulheres da

---

92 "Abbi riguardo ch'ella sia bene nata, di madre di gente da bene e di parentado onorevole, e ch'ella sia istata onesta donna e di buona fama; e simile sia istata onesta e netta donna la madre della madre, cioè l'avola della fanciulla, e di buone e care donne abbino fama per tutti".

93 "La femina che vuoli dare per moglie a tuo figliuolo o a tuo amico, o torla per te, guarda molto che l'avola e la madre sieno state donne oneste e vergognose, in però che spesse volte la fanciulla ritrarrà a' costumi de la madre e de l'avola".

casa era um aval que garantia a virtude e o bom comportamento das futuras esposas, e, consequentemente, a virtude e o bom comportamento da descendência feminina que elas viriam a gerar no futuro.

Nesse sentido, podemos dizer que a castidade feminina era pensada como um "bem familiar", um objeto precioso que se herdava de mãe para filha ao longo das gerações. De acordo com o parecer de Alberti, mães e avós virtuosas representavam uma espécie de patrimônio familiar, sendo uma contribuição ao valor do dote e às possibilidades de casamento das moças; ele dizia: "A dignidade na mulher sempre foi ornamento da família; a dignidade da mãe sempre foi parte do dote das filhas; a dignidade em qualquer mulher sempre foi mais valiosa que toda beleza" (1972, p. 272).[94]

Mas, além do comportamento casto e decoroso, as futuras esposas eram louvadas também pela sua capacidade de cuidar dos assuntos da casa. Em seus *Ricordi*, Morelli elogiava a sua parenta Bartolomea Morelli, por ser muito experiente no governo da casa e na economia doméstica (*masserizia*), "advertindo e dirigindo a sua família com todos os bons ensinamentos e bons costumes" (1718, p. 246).[95] Na mesma perspectiva, Alessandra Strozzi dizia ao filho Filippo que gostaria de lhe escolher uma esposa capaz "de saber governar a brigada", referindo-se à família (1877, p. 100).[96] Essa qualidade era muito ressaltada na moça dos Tanagli, já que a jovem, segundo dona Alessandra,

> tinha sob seu governo uma brigada numerosa, são doze filhos, seis homens e seis mulheres; e segundo tenho ouvido, ela governa tudo, pois a mãe sempre está grávida e não faz muita coisa. Ela conduz tudo como quem

---

94 "La onestà della donna sempre fu ornamento della famiglia; la onestà della madre sempre fu parte di dote alle figliuole; la onestà in ciascuna sempre piú valse che ogni bellezza".

95 "ammunendo e dirizzando la sua famiglia con tutti buoni assegnamenti e buoni costumi".

96 "da sapere governare la brigata".

tem experiência na casa, ela governa a casa, já que assim foi acostumada pelo pai (1877, p. 445).[97]

A procura dessa qualidade fala significativamente da ordem social que estruturava a alta sociedade florentina e que definia, no cotidiano, os padrões de comportamento de cada um dos sexos. Nas mulheres era exaltada a habilidade para gerir a vida doméstica, qualidade fundamental de toda boa esposa e mãe de família. As moças acostumavam-se desde cedo nessas tarefas, seja através de responsabilidades dadas pelo pai, como a jovem Tanagli, seja através dos ensinamentos da mãe ou de outras parentas da casa. Nesse sentido, às famílias cujos homens deviam se encarregar dos negócios e da vida política da cidade interessava muito colocar dentro da casa uma jovem responsável, cuidadosa da riqueza e capaz de comandar e educar os filhos nos costumes familiares.

Por outra parte, nas escolhas matrimoniais era muito observada também a questão da idade dos noivos. Especialmente, dava-se atenção à idade das futuras esposas. Nelas valorizava-se muito a juventude, já que essa questão estava vinculada à importância da descendência para a sociedade mercantil. Quanto mais nova fosse a esposa no momento do casamento maiores seriam as possibilidades de aproveitar o seu período fértil e garantir o nascimento de uma prole abundante. A importância disso estava no alto índice de mortalidade infantil que existia na época, que fazia com que as famílias priorizassem a geração contínua de descendentes para assegurar que um número considerável de filhos sobrevivesse e garantisse a perpetuação do nome familiar.

Tradicionalmente, o casamento florentino se caracterizava pela ampla diferença de idade entre os esposos. De acordo com Herlihy e Klapisch-Zuber (1985), a idade média de casamento para as mulheres florentinas era entre os dezessete e os dezoito anos e para os homens em torno dos trinta. Mesmo assim, os documentos nos permitem observar

---

97 "che ha a governo brigata assai, che sono dodici figliuoli, sei maschi e sei femmine; e, secondo sento, ella governa tutto, che la madre sta sempre grossa, e non è da molto. Ècci porto da chi usa in casa, che la governa la casa lei; che così l'ha avvezza el padre".

que, no caso das moças, as famílias preferiam celebrar o matrimônio antes que elas atingissem essa idade, buscando evitar o risco de não conseguir casá-las a tempo e que fossem consideradas "passadas da idade" para os padrões da época. Segundo Anthony Molho, quanto mais as jovens se aproximavam de seus vinte anos maior era a dificuldade que os pais enfrentavam para lhes achar um esposo, pois além da moça não corresponder com o ideal de juventude imposto pela sociedade, a situação não era vista com bons olhos pelas pessoas: "os outros poderiam suspeitar que alguma deficiência havia impedido o casamento mais cedo dessa jovem mulher" (1994, p. 226).[98]

Ainda outro fator importante que levava as famílias a querer resolver o casamento das filhas antes que elas se aproximassem dos dezesseis ou dezessete anos eram as recorrentes epidemias de peste que afetavam a cidade, as quais demoravam as tratativas de casamento porque nesses períodos as famílias da alta sociedade se afastavam da cidade para se protegerem da morte. Durante as semanas ou meses em que permaneciam nas vilas o mercado matrimonial florentino sofria um considerável recesso. A carta de Alessandra Strozzi ao filho Filippo é um claro testemunho disso: "essa praga traz grandes aborrecimentos às moças, pois poucos *parentadi* se fazem", dizia durante a epidemia de 1464 (1877, p. 295).[99]

A urgência de casar as filhas ainda cedo na mocidade foi uma das grandes preocupações na vida de Alessandra Strozzi. Em 1447, quando se acordou o casamento de Caterina com Marco Parenti ela se mostrava aliviada de haver celebrado a tempo o matrimônio da jovem: "pela graça de Deus, temos colocado a nossa Caterina ao filho de Parente di Pier Parenti [...]; pois ela estava com dezesseis anos de idade, e não havia que demorar mais para casá-la", escrevia ao filho Filippo (1877, p. 4).[100] Um

---

98 "others might suspect that some handicap had prevented this young woman´s earlier marriage".

99 "questa morìa dà loro gran noia, alle fanciulle, chè pochi parentadi ci si fa".

100 "per grazia di Dio, abbiàmo allogata la nostra Caterina al figliuolo di Parente di Pier Parenti [...]; che era d´età di anni sedici, e non era da ´ndu-

ano mais tarde, as suas preocupações de mãe retornaram; o motivo da sua apreensão passou a ser a sua filha mais nova, Alessandra: "toda hora espero casá-la; pois o máximo que pode estar comigo são dois anos", escrevia-lhe a Filippo quando a moça estava ainda com quatorze anos de idade (1997, p. 38).[101] Entretanto, toda a pressa de dona Alessandra por assegurar o casamento das filhas torna-se compreensível frente ao conselho que Giovanni Morelli dava aos filhos; ele dizia que, chegado o momento do matrimônio, devia-se buscar uma esposa "que tenha pouca idade, isto é, que não esteja deteriorada" (1718, p. 256).[102]

A importância da idade das jovens estava relacionada também com o interesse dos pais em salvaguardar a castidade das filhas, para assim proteger a honra familiar e lhes garantir bons casamentos. "Claramente", dizia Molho, "a idade na qual as mulheres eram dadas em casamento pelas famílias era uma expressão dessa profunda preocupação florentina com a pureza e inocência sexual de suas mulheres" (1988, p. 210).[103] A juventude da noiva era muito apreciada, pois representava um sinal de virtude e inocência almejado pelas famílias. Alberti recordava que na concepção dos doutores (*fisici filosafi*) as noivas deviam chegar ao casamento em "idade juvenil" (*età fanciullesca*), pois nesse momento da vida elas eram "por idade, puras, por costume, não maliciosas, por natureza, tímidas e sem malícia alguma" (1972, p. 133).[104]

Além disso, a *età fanciullesca* era um atributo útil aos propósitos das famílias dos esposos, que buscavam moças capazes de se habituar à

giar più a maritarla".
101 "che ogni hora aspetto maritalla; che il più possa istar meco non sono du´ anni".
102 "ch'ell'abbia poco tempo, cioè non sia punto trasandata". O termo *trasandata* usado por Morelli aparece aqui como deterioro de um objeto.
103 "Clearly"; "the age at which women were given by their families in marriage was an expression of this profound Florentine preoccupation with the purity and sexual innocence of their womenfolk".
104 "per età pure, per uso non maliziose, per natura vergognose e sanza intera alcuna malizia".

vida de casada e de incorporar os costumes dos novos parentes. Na vida feminina, o casamento representava um marco crucial, pois, a partir desse momento, a esposa unia sua vida não somente à de seu esposo, mas também à dos parentes deles Na maioria dos casos, ela passava a viver sob o mesmo teto que os sogros e cunhados, devendo se habituar a um meio que era totalmente estranho à realidade que até então havia conhecido; uma nova casa, novos parentes, novos costumes. Assim, de acordo com o parecer da época, a mocidade tornava a mulher mais facilmente adaptável a esse processo de aprendizado e inserção no grupo doméstico de sua nova família. Essa transição fazia parte da realidade cultural florentina e era uma forma de pensar tão internalizada que, quando Lucrezia Tornabuoni descrevia a futura nora Clarice, mencionava com total naturalidade: "é muito modesta, para fazê-la logo aos nossos costumes" (1993, p. 62).[105]

E não era só a adaptação aos costumes e modos de vida da nova família, as jovens deviam se moldar também à relação com o esposo. Uma relação que, pela forma como os matrimônios eram arranjados, costumava ser nova para ambos, mas muito mais para as esposas, que deviam trocar sua casa e sua família para se adaptar a viver sob um novo teto, de acordo com as normas de uma nova família. Segundo a opinião de Alberti, quanto mais jovem fosse a esposa, com maior naturalidade ela conseguiria seguir "os hábitos e vontade do marido" e se tornar uma "apta e prolífica mulher útil" (1972, p. 134).[106] Uma moça jovem, afirmava Barbaro, "aprenderá muito mais facilmente os nossos costumes", pois "quando a cera é tenra com grande facilidade se lhe imprimem as imagens [...]. Portanto, o ânimo de uma jovem tenra nós poderemos instruir com aqueles ensinamentos que mais nos agradem" (1548, p. 15-16).[107]

---

105 "è di gran modestia e da ridulla presto a´ nostri costumi".

106 "i costume e voglie del marito"; "atta e prolifica moglie utilissime".

107 "imparará molto piu facilmente le nostre usanze"; "quando la cera è tenera, con grande facilità se le imprime l´imagine [...]. Però l´animo d´uma tenera giovane potremo noi com quegli amaestramenti che piu ci piaceranno instruire".

Mas, o que isso significava? Quais eram esses ensinamentos aos que os humanistas se referiam? E qual era a utilidade que se esperava da esposa? Uma informação elucidativa é fornecida por um dos personagens do diálogo de Alberti, Giannozzo:

> Quando a minha mulher, após alguns dias, sentiu-se segura na minha casa, e já a saudade da mãe e dos seus começou a ser menos grave, eu a tomei pela mão e fui lhe mostrando toda a casa, e lhe ensinei que lá no alto era o lugar para os grãos, e que embaixo era o espaço para o vinho e a lenha. Mostrei-lhe onde se encontrava todo o necessário para a mesa, e, assim, por toda a casa, não restou objeto algum que a mulher não visse onde estava acomodado e conhecesse em que utilidade se empregava. Depois retornamos ao meu quarto e, havendo fechado a porta, lhe mostrei as coisas de valor, a prata, a tapeçaria, o vestuário, as pedras preciosas, e onde todas elas tinham o seu lugar de repouso (1972, p. 266).[108]

Essas palavras são muito significativas. Por um lado, porque manifestam o sentimento de nostalgia que tomava conta das esposas após se estabelecerem nas casas de suas novas famílias: saudade da família que haviam deixado atrás, dos costumes de sua casa e da intimidade do convívio com os seus. Uma saudade que, segundo parece pela naturalidade com que Gianozzo se refere a ela, era esperada e compreendida pe-

---

108 "Quando la donna mia fra pochi giorni fu rasicurata in casa mia, e già il desiderio della madre e de'suoi gli cominciava essere meno grave, io la presi per mano e andai mostrandoli tutta la casa, e insegna'li suso alto essere luogo pelle biave, giú a basso essere stanza per vino e legne. Monstra'li ove si serba ciò che bisognasse alla mensa, e cosí per tutta la casa rimase niuna masserizia quale la donna non vedesse ove stesse assettata, e conoscesse a che utilità s'adoperasse. Poi rivenimmo in camera mia, e ivi serrato l'uscio le monstrai le cose di pregio, gli arienti, gli arazzi, le veste, le gemme, e dove queste tutte s'avessono ne'luoghi loro a riposare".

los esposos. Não devia ser fácil para as moças verem-se inseridas em um ambiente novo, com pessoas até aquele momento desconhecidas. Esse processo de adaptação da esposa, segundo sugere Alberti, levava alguns dias; e, nessa tarefa de familiarização e aceitação do novo, o esposo tinha um papel determinante.

Por outra parte, o texto acima é importante porque deixa claro o papel que se esperava da esposa, a sua utilidade nos cuidados da casa e da riqueza familiar. A esse respeito, Giannozzo comentava que, após ter mostrado todas as coisas da casa para a mulher, ele lhe falou:

> você viu as nossas riquezas, as quais, graças a Deus, são tantas que nós devemos estar satisfeitos: se nós soubermos conservá-las, elas serão úteis a você, a mim e aos nossos filhos. Porém, mulher minha, a você cabe ser diligente e ter cuidado tanto quanto cabe a mim (ALBERTI, 1972, p. 269).[109]

Eis os motivos pelos quais o homem ensinava o seu patrimônio à esposa. Ao torná-la consciente dele, ele lhe outorgava a responsabilidade pelo cuidado e conservação de seus bens, uma responsabilidade que equiparava à sua própria e que lhe interessava sobremaneira. Esse era um dos pontos sobre os quais se organizava a alta sociedade mercantil, a ideia de um trabalho conjunto para o bem comum. "Eu procurarei fora que você tenha em casa aquilo que necessite; você cuide que nada disso se utilize mal", advertia Giannozzo à sua jovem mulher (ALBERTI, 1972, p. 270).[110]

Já no que diz respeito à idade dos homens para o matrimônio, ela se vinculava às questões materiais, tais como a condição econômica e o desempenho profissional. Assim, a idade costumava oscilar bas-

---

[109] "tu hai veduto le nostre fortune, le quali, grazia d´Iddio, sono tante che noi doviamo bene contentarcene: se noi sapremo conservalle, questo saranno utili a te, a me e a´ figliuoli nostri. Però, moglie mia, a te s´apartiene essere diligente e averne cura non meno che a me".

[110] "io procurerò di fuori che tu abbia in casa ciò che bisogni; tu provedi nulla s´adoperi male".

tante, tanto para cima quanto para baixo da média dos trinta anos sugeridos por Herlihy e Klapisch-Zuber (1985). Parafraseando Alberti (1972), era bom para os rapazes casar por volta dos vinte e cinco anos, mas não antes, para não afogar a força e a vontade da juventude. Assim também era o parecer de Giovanni Morelli, ele achava essa idade ideal para o homem procurar esposa, mas sempre que se pudesse gerar um matrimônio proveitoso. Em caso contrário, ele aconselhava ao filho a demorar o casamento:

> Decide tomá-la (a esposa) dos vinte até os vinte e cinco anos [...], mas toma cuidado de não ficar em desvantagem por te apressar: vou te dizer que, se pensares em demorar até perto dos trinta anos para melhorar o teu estado, no que quer que fosse, de modo que sejas muito melhor, demorá-lo (1718, p. 255, grifo meu).[111]

Entretanto, não obstante sugestões como as de Alberti e Morelli, os documentos permitem observar que a variação para a idade de casamento dos homens era muito mais ampla, pois se existiam casos de jovens como Lorenzo de Medici, Goro Dati e Marco Parenti que casaram entre os vinte e vinte e cinco anos, outros chegaram até perto dos quarenta como homens solteiros. Entre estes últimos estava Filippo Strozzi, que casou com trinta e nove anos; demora que levou à sua mãe dona Alessandra a lhe escrever: "rezo a Deus que te ajude com tanto medo que tens, porque se todos os outros homens tivessem tanto medo de tomar mulher como tu tens, o mundo estaria já extinto" (1877, p. 511).[112] Mas Filippo não foi o único a esperar até essa idade para definir

---

[111] "dilibera torla da' venti anni insino ne' venticinque [...] ma abbi riguardo di non ti disavvantaggiare però pell'affrettarti: vo' dire che se tu pensassi per indugiarti insino in trenta anni avere migliorato tuo istato in checchè atto si fusse, per modo da valerne molto di meglio, indugia".

[112] "I' priego Iddio che v´aiuti di tanta paura, quanto avete; chè se tutti gli altri uomini avessino auto la paura del tor donna come voi, sare´ di già ispento el mondo".

seu matrimônio, também o seu irmão Lorenzo Strozzi o fizera, assim como Buonaccorso Pitti, Giovanni Bonsi e Cino Rinuccini, que se casaram com mais de trinta e sete anos.

A diferença de idade do homem e da mulher para o matrimônio fundamentava-se em aspectos culturais que diziam respeito, fundamentalmente, às representações de gênero que estruturavam a sociedade florentina. Especialmente, na forma de se conceber a figura feminina em termos de sua castidade e maternidade. Já a maturidade do homem relacionava-se a seu papel de provedor da casa e participante da vida política da cidade, funções para as quais devia deixar passar a força e os anseios da juventude, como afirmara Alberti. Além disso, a juventude das moças também era importante porque as tornava maleáveis, facilitando a sua adaptação à nova família e aos costumes do esposo. Nesse sentido, correspondendo com os interesses da sociedade, a idade e experiência do homem transformavam "uma moça tímida, educada em cuidadosa reclusão, em uma segura senhora de criadagem, uma verdadeira dona de casa" (BURCKHARDT, 2003, p. 288).

Com relação à educação, a formação intelectual feminina era amplamente valorizada pela alta sociedade. Mas, logicamente, a esse respeito existiam opiniões divergentes. Paolo da Certaldo era dos que considerava inútil o ensino das mulheres, sentenciando que somente os homens deviam saber ler e escrever: "se ela é menina, faz que ela aprenda a coser, e não a ler, pois não fica bem uma mulher saber ler, se não pesares em fazê-la freira" (1945, p. 127).[113] No entanto, o seu parecer não era maioria.

Diferentemente, Alberti, recorrendo a figuras da antiguidade clássica, mostrava-se favorável à escolha de uma esposa educada:

> [...] os matrimônios não podem ser todos como eu os desejo, nem podem todas as mulheres tornar-se iguais àquela Cornelia, filha de Metello Scipione, casada com Publio Crasso, mulher formosa, letrada,

---

113 "s'ellè fanciulla femina, polla a cuscire, e none a leggere, ché non istà troppo bene a una femina sapere leggere, se già no la volessi fare monaca".

exímia em música, geometria e filosofia, e naquilo que em uma mulher de tanta inteligência e virtude mais merece louvor, ausência de toda soberba, de toda altivez e de toda imprudência. Mas, faça-se como aconselhava aquele servo Birria, próximo a Terenzio: "se não se pode aquilo que você quer; queira aquilo que você pode" (1972, p. 137).[114]

Apesar de ser apenas um ideal, as palavras de Alberti transmitem o apreço humanista pela mulher cultivada, com conhecimentos variados. Uma mulher "informada de muitas coisas [...] que conheça um pouco de letras, de música, de pintura e saiba dançar" também era o ideal exaltado no mundo das cortes italianas por Baldassare Castiglione (1997, p. 194 e 197). Com relação ao tema, Burckhardt afirmava, "não se teria com tanta frequência permitido às filhas da casa que tomassem parte nos estudos se estes não fossem tidos, de forma absoluta, como o mais nobre dos bens da vida terrena" (2003, p. 167).

Assim, na hora do casamento dos homens da casa, a alta sociedade florentina valorizava o fato de que a futura esposa fosse instruída na escrita, leitura e outras habilidades. Donato Velluti registrara em seus *Ricordi* o seu casamento com Madonna Bice em 1340, a quem descrevera como "uma querida, sábia e muito boa mulher" (1914, p. 160).[115] Morelli também ressaltou em seus escritos as virtudes intelectuais de algumas das mulheres da sua família: "tinha por nome dona Lena; foi uma sábia mulher, muito eloquente, sagaz e sabia fazer com suas mãos

---

114 "e´matrimonii non possono tutti essere com´io gli desidero, né possono tutte le mogli trovarsi simile a quella Cornelia figliuola di Metello Scipione maritata a Publio Crasso, donna formosa, litterata, perita in musica, geometria e filosofia, e quello che in donna di tanto ingegno e virtú piú meritava lode, fu d´ogni superbia, d´ogni alterezza e d´ogni importunità vacua. Ma facciasi come consigliava quell servo Birria apresso Terenzio: 'Non si può quell che tu vuoi; voglia quell che tu puoi'".

115 "cara, savia e boníssima donna".

todo aquilo que ela queria, lia e escrevia ordenadamente, e bem", dizia (1718, p. 242).[116] Com a mesma ponderação referiu-se a Bartolomea e a Sandra, filhas di Ser Pagolo Morelli: sobre a primeira, manifestara que "era delicada ao falar, agradável, com atitude honesta e moderada, [...] lia e escrevia tão bem quanto um homem: sabia perfeitamente cantar e dançar";[117] da segunda, ressaltara que "foi conhecedora de tudo que pertence a uma mulher de bem: sabia bordar, ler e escrever, foi muito eloquente, grande falante, e sabia muito bem dizer aquilo que queria, confiantemente" (1718, p. 246).[118]

Segundo Morelli, a educação era algo que correspondia a uma "mulher de bem". Ele ressaltava com orgulho a instrução de suas parentas, que não só sabiam ler e escrever, mas o faziam tão bem quanto um homem, eram eloquentes na sua expressão, falavam com firmeza e, além disso, tinham diversas outras habilidades. A estima por jovens educadas ocorria porque uma boa formação intelectual era sinal de pertença a famílias de hierarquia. O acesso ao saber para as meninas era, na maioria das vezes, privilégio das famílias abastadas. Portanto, saber ler, escrever, falar eloquentemente, cantar e dançar eram valores positivos enquanto signo de pertencimento aos estratos prestigiosos da sociedade. Por essa razão, uma mulher observadora das virtudes de suas futuras noras, como era dona Alessandra Strozzi, não podia deixar de ressaltar ao filho que a jovem Caterina Tanagli "lê muito bem [...] e sabe bailar e cantar" (1877, p. 464).[119]

---

116 "Avea nome monna Lena: fu una savia donna, molto eloquente, segace, e sapea fare colle sue mani ciò ch'ella volea, leggea e scrivea pulitamente, e bene".

117 "nel parlare dilicata, piacevole, con atto onesto e temperato [...] leggeva e scrivea tanto bene quante alcun uomo: sapea perfettamente cantare e danzare".

118 "Fu saputa di ciò s'appartiene a donna da bene: seppe ricamare, leggere e scrivere, fu molto eloquente, grande parlatore e sapea bene dire quello volea e baldanzosamente".

119 "leggie così bene [...] e sa ballare e chantare".

No referente à beleza da futura esposa, o pensamento humanista não a limitava especificamente a fatores estéticos, associava-a também às qualidades morais das moças. Assim, imersos na noção de beleza feminina estavam elementos como a modéstia, as boas maneiras, o comportamento recatado e outras qualidades do tipo. Para Alberti (1972), a beleza de uma mulher não era determinada pela delicadeza do rosto, mas pelos bons costumes que ornavam sua vida. De modo similar também pensava Francesco Barbaro: "sobre a beleza, gostaria, sobretudo, que ela se entendesse com estas condições: que se ela vem com a sinceridade dos bons costumes e unida a outras qualidades honestas, eu a terei em grandíssima estima, mas, separada disso, não me será louvável em modo algum" (1548, p. 23).[120]

Já no concernente aos atributos físicos propriamente ditos os humanistas relacionavam a beleza feminina com um dos interesses principais do matrimônio: a procriação da descendência. Dessa forma, Alberti julgava que o atrativo físico em uma moça devia ser apreciado "não somente no encanto e delicadeza do rosto, mas muito mais na compleição formosa e apta a portar e produzir em abundância belíssimos filhos" (1972, p. 132).[121] Na escolha de uma esposa, ele dizia: "procura-se ter em casa uma mulher bem constituída para fazer filhos, bem vigorosa para fazê-los robustos e grandes" (1972, p. 133).[122]

Assim, a ideia da beleza física feminina estava atrelada principalmente à constituição de um corpo robusto, que sugerisse aptidão para resistir várias gestações e gerar uma descendência abundante e de filhos fortes, capazes de sobreviver aos altos índices de mortalidade infantil

---

120 "intorno alla bellezza voglio nondimeno che elle s'intendano con queste condizione: che se ella sarà com la sincerità de'buon costumi, et con le altre honeste qualità congiunta, io ne farò grandíssima stima, ma separata da quelle, non mi parrà laudibile in alcun modo".

121 "non pure ne' vezzie gentileza del viso, ma piú nella persona formosa e atta a portare e produrti in copia bellissimi figliuoli".

122 "procurisi avere in casa bene complessa moglie a fare figliuoli, ben personata a fargli robusti e grandi".

que afetavam a sociedade. Sobre a procura por esposas aptas para a procriação, Matteo Palmieri levantava o seguinte questionamento:

> A mulher é como a terra fecunda, a qual a semente recebida nutre e multiplica em abundante e bom fruto. Se a experiência dos bons trabalhadores sempre escolhe a melhor terra da qual receber o melhor fruto, não deve o homem muito mais escolher a melhor mulher da qual possa receber melhores filhos? (1982, p. 157-158).[123]

Assim, tendo em mente a futura descendência, as famílias olhavam com muita atenção para a qualidade dos atributos físicos das jovens. Sobre Clarice Orsini, Lucrezia Tornabuoni escreveu: "o seu peito não pudemos ver, pois aqui as mulheres costumam ir cobertas, mas parece de boa qualidade" (1993, p. 62).[124] Com a mesma atenção observou Alessandra Strozzi a moça dos Tanagli: "parece-me que ela tem uma bela figura e bem constituída: é grande como a Caterina, ou maior", dizia ao filho Filippo (1877, p. 459).[125]

Sendo a perpetuação da descendência um dos motivos principais do matrimônio, compreende-se que as qualidades físicas femininas fossem avaliadas com a expectativa de uma união prolífica em filhos, para a qual um corpo grande e um peito de boa qualidade mostravam-se fundamentais. Nesse sentido, a recomendação de Morelli era muito explícita: "toma uma moça que te agrade, que ela seja sau-

---

123 "La moglie è in luogo della feconda terra, la quale il seme ricevuto nutrica et multiplica in abondante et buono fructo. Se adunque la sperienza provata de' buoni lavoratori sempre sceglie la terra migliore dalla quale riceva il migliore fructo, non de' l' huomo molto magiormente scegliere la migliore moglie della quale possa migliore figliuoli ricevere?".

124 "Il petto non potemo vedere, perché usano ire tutte turate, ma mostra di buona qualità".

125 "mi parve ch' ell' avesse una bella persona, e ben fatta: è grande come la Caterina, o maggiore".

dável e completa, e que ela seja grande, em consideração à família que esperes" (1718, p. 256).[126]

Ainda, é importante ressaltar que, embora outras qualidades fossem mais valorizadas do que a própria beleza física, os atributos estéticos femininos não eram totalmente ignorados pelos florentinos. A beleza, ou a sua ausência, não passavam inadvertidas. Donato Velluti descrevia a sua esposa como uma mulher boa, "mas não bela" (1914, p. 160).[127] De igual modo, Marco Parenti descrevendo a Filippo Strozzi a moça dos Tanagli dizia: "bom corpo e boa pele, o rosto não é como aquela dos Ardinghello, ou aquela de messer Palla, mas não tem nada desagradável. É digna e tem boa aparência" (1996, p. 95).[128]

Tanto no dizer de Velluti quanto no de Parenti notamos que a escolha da noiva não recaía na beleza da moça. No caso de Velluti, sem dúvida, houve interesses mais significativos que levaram ao casamento. Já Parenti, tentando convencer ao cunhado sobre Caterina Tanagli, lhe mencionava que a jovem não era desagradável, que o seu rosto não era tão belo quanto o de outras moças da cidade, mas que tinha boa aparência. Assim, a beleza feminina propriamente dita parece ter sido a qualidade menos considerada na definição dos matrimônios da alta sociedade, tanto que, se outros atributos individuais e familiares tornavam a jovem uma boa candidata, os homens pareciam se conformar com esposas menos atrativas. No entanto, isso não significa que as qualidades físicas da futura esposa fossem totalmente ignoradas.

Nesse sentido, as futuras sogras eram mais detalhistas. Sobre a jovem Tanagli, Alessandra Strozzi dizia a Filippo: "boa pele, mas não clara: mas ela tem boa aparência; tem o rosto alongado, e não tem feições

---

[126] "togli fanciulla che tu ti contenti, ch'ella sia sana e 'ntera e ch'ella sia grande, per rispetto della famiglia n'aspetti".

[127] "quanto non bella".

[128] "buone carne e buono pelo, il viso non è di quella dell' Ardinghello o di quella di messer Palla, ma non à niuna spiacevoleza. E orrevole e à buona aria".

muito delicadas, mas não as têm rústicas" (1877, p. 459).[129] Igualmente, um extenso parecer sobre os atributos físicos de Clarice Orsini nos é oferecido pela descrição que Lucrezia Tornabuoni fez a Piero de Medici:

> Ontem fui visitar o dito monsenhor Orsini, o qual estava na casa da sua irmã, que é vizinha à dele [...] uniram-se sua irmã com a dita moça (Clarice), a qual estava com uma saia estreita à romana e sem lenço. Estivemos um grande tempo falando e eu pude olhar de perto à moça, a qual, como falei, é de altura considerável e pele clara, [...]. O cabelo não é loiro, porque não há loiras por aqui; seus cabelos tendem ao ruivo e tem abundante. A face do rosto é um pouco arredondada, mas não me desgosta, seu pescoço é elegante e alongado, mas parece-me um pouco magro [...]. A mão é longa e elegante (1993, p. 62, grifo meu).[130]

Tanto na apresentação de Caterina Tanagli quanto na de Clarice Orsini chama-nos a atenção que nem dona Alessandra nem dona Lucrezia falavam em beleza. Limitavam-se apenas a descrever de forma objetiva características do rosto e do corpo das moças, com um olhar distante, de quem avalia. Contudo, essa atitude era condizente com o caráter mercantil das decisões matrimoniais. Noivos e noivas tinham

---

129 "buone carni, none di queste bianche: ma ell´ è di buon essere; há il viso lungo, e non há molto dilicate fattezze, ma no l´há rustiche".

130 "Ieri che andai a vicitare il prefatto monsignor Horsino, il quale era in chasa la prefata suo sorella che entra in nella sua [...] vi sopragiunse la prefata suo sorella cholla la detta fanciulla, la quale era in una ghonna istretta alla romana e sanza lenzuolo. E stemoci gran pezzo a ragionare e io posi ben mente detta fanciulla, la quale, chome dicho, è di recipiente grandeza e biancha, [...]. Il chapo non è biondo, perché non se n´à di qua; pendono i suo capegli in rosso e n´à assai. La faccia del viso pende un po´ tondetta ma non mi dispiace, la ghola è isvelta confacientemente, ma mi pare un po´ sotiletta [...]. La mano à lungha e isvelta".

um valor de troca nas negociações de casamento e tornavam-se mais ou menos interessantes de acordo com seu conjunto de atributos e qualidades individuais. Além disso, devemos considerar que essas descrições minuciosas eram enviadas por carta como forma de dar a conhecer aos futuros esposos as moças que não podiam conhecer pessoalmente – Lucrezia Tornabuoni escrevia desde Roma a Piero de Medici para que ele lhe informasse ao filho Lorenzo; Marco Parenti e Alessandra Strozzi escreviam desde Florença a Filippo Strozzi que morava em Nápoles.

Nessa perspectiva, um dos atributos físicos mais ressaltados era a cor da pele das moças. A pele clara de Clarice Orsini é ressaltada por dona Lucrezia como um atributo importante. Já a moça Tanagli tinha boa pele, mas segundo dona Alessandra não era clara. As peles mais claras eram mais estimadas pelas famílias, pois representavam um sinal de distinção social, referiam-se a uma vida de prestígio ao resguardo do lar, sem obrigações laborais que levassem a passar longos períodos de tempo ao ar livre. De acordo com Paola Tinagli, os tons claros de pele eram "um signo de beleza e hierarquia" (1997, p. 58);[131] já a pele mais escura era relacionada a feições consideradas rústicas, pois conferia às moças o que Alessandra Strozzi denominava "ar de camponesa" (1877, p. 395),[132] próprio de uma condição social inferior.

Além da cor da pele, olhava-se também para a cor do cabelo das jovens. O loiro parecia ser a cor mais ambicionada. Sobre o cabelo da jovem Clarice, Lucrezia Tornabuoni justificava: "não é loiro, porque não há loiras por aqui" (1993, p. 62);[133] porém, a tendência do cabelo da jovem para o ruivo não parecia lhe desgostar. No concernente a isso, ao olhar para os retratos femininos da Florença daquele período (Fig. 1 - 4) notamos que as mulheres da alta sociedade eram geralmente loiras ou eram representadas com essa cor de cabelo.

---

131 "a sign of beauty and rank".

132 "aria di villa".

133 "non è biondo, perché non se n´à di qua".

Figura 1 (esquerda) – GHIRLANDAIO, Domenico. *Retrato de Giovanna degli Albizzi Tornabuoni*, c. 1488-1490. Têmpera sobre madeira, 77 x 49 cm. Thyssen-Bornemisza, Madri.
Fonte: BROWN, 2001, p. 191.

Figura 2 (direita) – LIPPI, Fra Filippo. *Retrato de mulher jovem*, c.1450-1455. Têmpera sobre madeira, 50 x 33 cm. Museus estatais de Berlim.
Fonte: BROWN, 2001, p. 111.

Figura 3 (esquerda) – BOTTICELLI, Sandro. *Mulher na janela* (Smeralda Brandini?), c. 1470-1475. Têmpera sobre madeira, 66 x 41 cm. Victoria and Albert museum, Londres. Fonte: BROWN, 2001, p. 173.

Figura 4 (direita) – GHIRLANDAIO, Domenico. *Retrato de mulher*, c. 1480-1490. Têmpera sobre madeira, 56 x 38 cm. Sterling and Francine Clark Art Institute, Massachusetts. Fonte: BROWN, 2001, p. 187.

Igualmente, observava-se o rosto, o pescoço e a delicadeza das feições. A jovem Caterina Tanagli era considerada de boa aparência por Alessandra Strozzi, pois, mesmo que as suas feições não fossem muito delicadas, elas não eram rústicas. As descrições de dona Lucrezia e dona Alessandra mostram-nos um apreço por moças de rosto alongado e não muito arredondado, de feições suaves e agradáveis e pescoço longo, atributos que não só conferiam delicadeza como davam uma aparência elegante.

Mesmo considerando que pudessem ser representações idealizadas, as mulheres retratadas na época tinham muitas das características ressaltadas por essas mães. Além da pele e o cabelo claros, nelas geralmente percebemos o rosto alongado, o pescoço esbelto, o queixo pequeno, o nariz fino e os olhos grandes, características que, segundo podemos observar, conferiam-lhes certa graça e delicadeza.

Ainda, ponderava-se também a estatura e a postura do corpo, uma vez que essas qualidades conferiam elegância e altivez ao aspecto físico das moças.

Em termos de noção de beleza feminina, podemos concluir que ela recaía, fundamentalmente, em um corpo apto à procriação de filhos saudáveis e em qualidades como a cor do cabelo, delicadeza da pele e das feições e a elegância do aspecto físico, elementos que conferiam às moças a distinção própria das altas camadas sociais. No entanto, as qualidades físicas observadas nas futuras esposas eram muito mais ponderadas considerando-se as possibilidades estéticas da futura descendência do que buscando agradar aos futuros maridos. Leon Battista Alberti dizia: "Antigo provérbio: 'Como queiras os filhos, assim toma a mãe', e em belos filhos toda *virtú* será maior" (1972, p. 133).[134]

Com relação aos atributos físicos dos futuros esposos, os documentos analisados não nos oferecerem menção alguma. Acreditamos que essa ausência de comentários se deva a que eles não eram determinantes na ótica de quem arranjava marido a uma filha ou parenta, já

---

134 "Antico proverbio: 'Qual vuoi figliuoli, tal prendi la madre', e ne´ begli figliuoli ogni virtú sarà maggiore".

que nas descrições analisadas dos noivos as qualidades ressaltadas eram fundamentalmente de ordem econômica e moral.

Assim, considerados os valores e estratégias que dinamizavam as escolhas matrimoniais da alta sociedade florentina é tempo de centrar a escrita nas diferentes etapas que constituíam o matrimônio, para compreender o processo matrimonial na sua riqueza de rituais e cerimônias.

AS PRÁTICAS MATRIMONIAIS FLORENTINAS: CERIMÔNIAS E COSTUMES

Narrava Giovanni Boccaccio em uma das histórias do *Decamerão* como o marquês Gualtieri di Saluzzo, decidido a se casar,

> [...] ordenou que fossem preparadas núpcias riquíssimas e aparatosas; para elas, convidou muitos de seus amigos e parentes, além de renomados gentis-homens e figuras notáveis das redondezas; além disto, mandou que fossem cortados e costurados vestidos ricos e belos, conforme o corpo de uma jovem que lhe pareceu equivalente ao da jovem que ele resolvera desposar; depois, encomendou cintos, anéis e uma coroa, tudo de muita riqueza; e resolveu que se apresentasse tudo o mais que pudesse convir a uma noiva.
>
> Ao chegar o anunciado dia para a realização do casamento, Gualtieri, por volta da meia da terceira hora, montou a cavalo; montaram, também, a cavalo, todos os que tinham chegado à sua residência, para o homenagear; depois de constatar que tudo tinha sido oportunamente disposto, Gualtieri disse:
>
> - Senhores, é tempo já de se ir buscar a nova esposa (1979, p. 567).

A evocação de Boccaccio na história de Griselda não é apenas uma representação criada para dar fim às dez jornadas de narrações que compõem a sua obra – Griselda é a última das cem novelas do *Decamerão* –, a sua prosa é permeada por uma realidade que ele conhecia: a do *Trecento* florentino. A aparatosa festa de bodas, os prestigiosos convidados e as roupas e presentes elaborados para a noiva, eram elementos constitutivos das celebrações matrimoniais das ricas famílias da Florença da época. Práticas similares também estavam presentes nos casamentos do Quattrocento, junto a outros costumes também valorizados e reproduzidos pela sociedade.

As festas de casamento dos grandes nomes florentinos do Quattrocento eram eventos majestosos, que coroavam o sucesso das negociações familiares e comemoravam frente à comunidade a fusão entre as duas casas envolvidas. Uma vez que os matrimônios eram estrategicamente planejados para reforçar o prestígio das famílias, as celebrações costumavam ser suntuosas, com a intenção de evidenciar publicamente a hierarquia e a riqueza da união estabelecida. Porém, antes de abordar a importância e o significado dessas celebrações devemos considerar os passos que antecediam a esse evento e que faziam parte do processo matrimonial como um todo.

Conforme mencionamos em outros momentos da nossa escrita, o casamento florentino não se caracterizava pela sua simplicidade, era um evento amplamente cerimonial e constituído de diversas etapas. De uma forma metafórica, Klapisch-Zuber (1985) o apresenta como um tríptico, cuja base ou predela era adornada pelas tratativas que levavam ao acordo preliminar entre as famílias dos noivos. Na sequência, o primeiro painel do tríptico representava a oficialização da aliança de matrimônio, o chamado *giuramento*, quando se legitimava o contrato da futura união. O segundo painel, correspondia ao *sposalizio*, a cerimônia privada de troca de consentimentos entre os esposos. E, finalmente, o terceiro painel culminava com o cortejo da esposa e o banquete de casamento.

Casar os filhos era um assunto complexo para as famílias florentinas, demandava tempo e custava muito dinheiro. Os acordos matrimoniais eram fruto de um demorado processo de procura, avaliação e tomada de decisões. Visto que os matrimônios implicavam interesses políticos e econômicos que beneficiavam não só às famílias, mas, ocasionalmente, ao círculo próximo a elas, o casamento costumava ser arranjado com a participação de alguns membros da comunidade. Desde o início das tratativas existia a participação de um considerável número de pessoas, não somente daquelas que faziam parte das negociações, por terem interesses implícitos, mas também de homens e mulheres da vizinhança, que comentavam, davam opiniões e ofereciam informações sobre os futuros noivos e as suas famílias.

O processo matrimonial como um todo costumava levar alguns meses. Progressivamente, no decorrer desse tempo, passava-se pela exploração do mercado matrimonial, a seleção dos candidatos, a oficialização do acordo entre as famílias, a encomenda de móveis, roupas e joias, a celebração da cerimônia de matrimônio e a festa que comemorava o casamento. Nessa perspectiva, cada uma das fases do matrimônio florentino distinguia-se pelo seu simbolismo e importância ritual, o que analisarei no decorrer deste capítulo.

Da escolha dos noivos ao acordo entre as famílias

Nas páginas de seu diário familiar, Bartolomeo Valori registrou o seguinte evento:

> [...] em 15 de julho de 1452, Niccolò di Piero Capponi enviou por mim e, após muitos circunlóquios, perguntou-me se eu ainda estava com ânimo de casar. Eu disse a ele que eu não iria me afastar do seu julgamento nesse assunto, ou em qualquer outro que fosse, pois eu tinha muita confiança nele e estava certo de que seu conselho seria prudente e honesto. Então ele me disse que Piero di Messer Andrea de' Pazzi tinha duas filhas moças e ele estava disposto a dar-me a jovem que eu preferisse. Ele estava fazendo esta oferta em nome de Piero. Eu aceitei de bom grado a isca e pedi a graça de dois dias para conferir com vários dos meus parentes, o que fiz

extensivamente e fui aconselhado por eles a proceder (In: BRUCKER, 1998, p. 31).¹

O relato de Valori, membro de uma rica família florentina, traz a tona três assuntos fundamentais dos acordos matrimoniais da época: a importância dos parentes nas decisões de casamento, a forma simples e prática com que as tratativas entre as famílias eram iniciadas e a presença de um mediador que fazia os contatos iniciais entre as partes. Contudo, deve-se mencionar que, na maioria dos casos, os casamentos não eram acordados com a fugacidade com que Valori o fizera.

A fase inicial das negociações matrimoniais era marcada pela definição por parte das famílias de querer casar os filhos. Como sugere Lorenzo Fabbri (1991), uma vez que essa decisão havia sido tomada comunicava-se a novidade ao núcleo de amigos, vizinhos e parentes. A partir desse momento, a notícia se difundia na comunidade, era transmitida de boca em boca entre os cidadãos e atingia os alvos desejados. A propagação da notícia era de grande interesse para os pais, pois assim se recebia um retorno sobre as possibilidades existentes no mercado matrimonial, chamando-se a atenção dos possíveis candidatos e obtendo-se indicações, conselhos e contatos na vizinhança.

Nesse sentido, a conversa com pessoas conhecidas era o meio mais eficaz de iniciar as tratativas de casamento. Na Florença do Quattrocento, os matrimônios eram temas do cotidiano, falava-se deles nas ruas, nas praças, no encontro com vizinhos ou parentes e até nos diálogos a distância, através das cartas. Dona Alessandra Strozzi não

---

1 "on july 15, 1452, Niccolò di Piero Capponi sent for me and, after many circumlocutions, he asked me if I were still in a mood to marry. I told him that I would not diverge from his judgment in this matter or in any other, for I had great faith in him and was certain that his advice would be prudent and honest. Then he told me that Piero di Messer Andrea de´Pazzi had two nubile daughters and that he was willing to give me the girl which I preferred. He was making this offer to me on Piero´s behalf. I accepted the bait willingly and asked for two days´ grace to confer with several of my relatives, which I did extensively, and was advice by them to proceed".

perdia oportunidade de comentar com o filho, em Nápoles, dos acordos matrimoniais realizados na cidade: "terás ouvido de algum *parentado* novo, a filha de messer Piero de' Pazzi a Braccio Martegli, e aquela do Antonio a Priore Pandolfini; ambas com dois mil de dote" (1877, p. 551).[2] Na vida dos florentinos, as alianças matrimoniais que se arranjavam na cidade eram assuntos de conversação muito interessantes, pois eram eventos públicos que falavam do poder e do prestígio das famílias da comunidade. Além disso, como explica Lauro Martines (2011), falava-se dos matrimônios que ocorriam ou ocorreriam porque essas alianças eram, muitas vezes, parte integral de assuntos políticos e econômicos que envolviam toda a sociedade. Portanto, se o tema era comum nas correspondências entre parentes, é compreensível que o fosse ainda mais naqueles contatos pessoais do dia a dia, quando as pessoas paravam para conversar e discutir as novidades da vizinhança ou da cidade.

Essas conversas do cotidiano eram importantes porque se falava não só das alianças celebradas, mas também das novas opções de casamento que surgiam no cenário florentino. "A conversação com os conhecidos era, portanto, um meio eficaz para recolher dados preciosos sobre o mercado matrimonial e, ao mesmo tempo, servia para exteriorizar a intenção de realizar um matrimônio", escrevia Fabbri (1991, p. 141).[3] Dado que não todas as tratativas matrimoniais se iniciavam como aquela de Bartolomeo Valori, com uma abordagem direta de uma das partes interessadas, o primeiro passo das famílias que queriam casar os filhos era a propagação da notícia, para assim receber informações úteis de possíveis candidatos.

Desse modo, o início das tratativas não era um ato privado entre as duas famílias interessadas, esses primeiros momentos demandavam

---

2   "ara' sentito di alcuno parentado fatto di nuovo, della figliuola di messer Piero de' Pazzi a Braccio Martegli, e quella d'Antonio a Priore Pandolfmi; e ciascuna n' ha dumila di dota".

3   "La conversazione con i conoscenti era perciò un mezzo efficace per racogliere dati preziosi su mercato matrimoniale, e nel contempo serviva ad esternare l'intenzione di realizzare un matrimonio".

a participação de algumas pessoas da comunidade. Muitas vezes, eram as pessoas mais próximas as que difundiam as intenções de casamento, apontavam as possibilidades matrimoniais disponíveis na cidade e ajudavam a fazer as conexões iniciais entre as partes. No entanto, quando os vizinhos, amigos ou parentes não podiam mediar as negociações ou sugerir possíveis candidatos, entravam em cena os profissionais dedicados especialmente a oferecer esse serviço à população: os *sensali di matrimoni*. De acordo com Fabbri, o *sensale* era encarregado de desempenhar duas funções fundamentais: "aquela de ser um canal informativo – o mais atualizado e confiável na praça – e aquela específica da sua tarefa, a de intermediário entre as partes" (1991, p. 51).[4]

Assim, os matrimônios florentinos não eram negociados no trato direto entre as famílias envolvidas, as primeiras instâncias das tratativas contavam sempre com a figura de um mediador. A mediação dos matrimônios foi amplamente documentada pelos florentinos e seus registros permitem observar que essa tarefa foi exercida diferentemente por pessoas próximas das famílias, figuras públicas da cidade ou pelo *sensale di matrimoni*.

Nesse sentido, as recomendações matrimoniais por parte de amigos ou parentes eram muito valorizadas, pois traziam o aval da confiança recíproca. O casamento de Bartolomeo Valori com a filha de Piero de´ Pazzi foi concretizado pela mediação de um amigo comum a ambas as famílias. Ainda, para as pessoas próximas que cumpriam a função de mediador estava a vantagem de fortalecer os laços de confiança e afetividade, pois haverem contribuído para estabelecer um bom matrimônio para um amigo ou parente forjava sentimentos de reconhecimento e gratidão.

Muitas vezes, também acontecia que figuras reconhecidas politicamente desempenhavam publicamente a função de mediadores. Segundo Lauro Martines (2006), Lorenzo de Medici teria sido o principal agente matrimonial de Florença, o padrinho, como ele o denomina, das bodas da alta sociedade. Alguns dos relatos de seus contemporâne-

---

4 "quella di canale informativo – il più aggiornato e affidabile sulla piazza – e quella, specifica del suo compito, di mediatore fra le parti".

os confirmam essa informação. O casamento do filho de Bartolomeo Valori foi mediado por Lorenzo e foi concretizado com a mesma fugacidade que o matrimônio do pai; assim o registrara o próprio Valori:

> Neste dia, 5 de julho, 1476, Lorenzo de' Medici disse que queria falar comigo e eu o visitei imediatamente. Ele me disse que Averardo d'Alamanno Salviati o havia visitado e lhe havia falado que tinha uma filha em idade de se casar, a qual gostaria de entregar ao meu filho Filippo [...] Estando meu filho disposto a seguir meu julgamento e vontade, no dia seguinte eu pedi a Lorenzo para concluir o negócio. Ele enviou por Averardo e eles acordaram as condições. No dia 7 de julho, Lorenzo veio até minha casa e disse que a aliança havia sido selada, que Alessandra, a filha de Averardo Salviati, seria a esposa de meu filho Filippo com um dote de 2000 florins (In: BRUCKER, 1998, p. 32).[5]

Os *Ricordi* de Filippo di Matteo Strozzi também são testemunho da sua intervenção nos casamentos florentinos: "lembro que neste dia, 27 de setembro casei a Marietta, minha filha, com Simone di Jacopo di Pagnozo Ridolfi, por mediação de Lorenzo de Medici. E, nesse dia, foi

---

5 "On this day, july 5, 1476, Lorenzo de'Medici told me that he wanted to speak to me, and I visited him immediately. He said that Averardo d'Alamanno Salviati had come to see him and told him that he had a daughter of marriageable age that he would willingly give her to my son Filippo [...]. Finding my son disposed to follow my judgement and my will, on the next day I asked Lorenzo to conclude the business. He sent for Averardo and they agreed on the conditions. On july 7, Lorenzo came to my house and told me that the alliance was sealed, that Alessandra, the daughter of Averardo Salviati, would be the wife of my son Filippo with the dowry of 2,000 florins".

prometida na casa do dito Lorenzo com dote de 2 mil florins de *sugello*" (*apud* FABBRI, 1991, p. 167).[6]

A figura do mediador, comumente denominado *mezzano*, costumava acompanhar as negociações de casamento desde o início das tratativas até o registro público do acordo frente a um notário. Ele apadrinhava as famílias envolvidas, funcionando como porta-voz inicial entre as duas partes e, no transcurso da fase negocial, comunicando os detalhes da futura união e intercedendo para o futuro sucesso da operação. O envolvimento de pessoas próximas ou de figuras públicas na mediação das tratativas tinha geralmente o interesse implícito do benefício pessoal: consolidar relações, ampliar o leque de vínculos sociais na comunidade ou aumentar o próprio prestígio a partir das alianças promovidas. Propor casamentos, interceder nas negociações e ajudar na formação dos acordos matrimoniais eram meios de confirmar e reforçar laços de solidariedade. Se pensarmos no caso concreto de Lorenzo de Medici, o que poderia ter levado a um indivíduo da sua posição social a desempenhar esse tipo de função se não fosse o intuito de alargar o núcleo de aliados ao seu poder?

Ainda, o papel de mediar as tratativas matrimoniais podia ser desempenhado de forma profissional pelo *sensale di matrimoni*. O *sensale* ou agente de matrimônio encarregava-se de estudar a disponibilidade de pretendentes que havia na cidade, avaliar as diferentes possibilidades de escolha, recolher as informações necessárias e colocar as duas partes em contato. Pelo papel que exerciam na vida pública, eram as pessoas mais bem informadas, atualizadas e confiáveis em relação às ofertas do mercado matrimonial da cidade.

Devido à importância do matrimônio na sociedade mercantil, o serviço do *sensale* era considerado de grande benefício e a sua profissão era reconhecida pelo governo florentino. Anthony Molho (1994) ressalta

---

6 "Richordo chome questo dì 27 de settenbre maritai la Marietta mia figliuola a Simone di Jacopo Pagnozo Ridolfi per mezanità di Lorenzo de´ Medici. E questo dì la impalmamo in chasa di detto Lorenzo con dota di fiorini II m di sugello".

a importância social dessa função a partir do interesse que o governo florentino manifestara em regularizar a atividade desses agentes no final do século XV. De acordo com Molho, um decreto estabelecido em 1470 estipulou o registro desses profissionais na *Mercanzia* de Florença; anos mais tarde, em fevereiro de 1474, o governo regulamentou o número máximo de 12 *sensali di matrimoni* para trabalhar na cidade, os quais deviam ser nomeados anualmente, cada fevereiro, pelos oficiais da própria *Mercanzia*.[7]

Assim como o *mezzano*, o papel do *sensale* consistia em acompanhar as negociações de casamento até a definição do acordo matrimonial, quando se estipulavam os termos e condições da futura união: a data de celebração do matrimônio, o valor do dote e a sua modalidade de pagamento. Porém, a despeito da importância do papel do *sensale* dentro da sociedade, existe pouca informação a respeito do seu trabalho, especialmente, em relação ao custo que pudessem ter os seus serviços e à forma como estes eram cobrados. Um dos raros registros existentes foi deixado por Marco Parenti em suas *Ricordanze* e sugere que a remuneração era feita em proporção ao valor do dote: "Papi da Peretola *sensale* recebeu no dia sete de agosto, cinco florins. São pela corretagem do matrimônio realizado com a Caterina, minha mulher. Por dote de 1000 florins, a meio florin por cento" (*apud* FABBRI, 1991, p. 159).[8]

Assim como Parenti, também Giovanni Del Bene utilizou os serviços desse profissional para casar a sua filha. Em uma carta enviada ao seu primo Francesco, relatava-lhe o seguinte: "ontem concluí o acordo com Giovanni di Luca (*sensale*) para o casamento de Caterina com Andrea di Castello da Quarata, com o dote de 900 florins" (In:

---

7   PR 161, ff. 198v-199v, dezembro 1470; PR 164, ff. 254r-v, 1 de fevereiro de 1473/4. In: MOLHO, *Op. cit.*, p. 110, n. 74. A *Mercanzia* de Florença era o órgão encarregado de julgar os casos entre mercadores florentinos e as disputas comerciais entre os membros das diferentes guildas que formavam as *Arti* da cidade.

8   "Papi da Peretola sensale de' havere a dì VII d'agosto fiorine cinque. Sono per senseria fece del matrimonio della Chaterina mia donna. Per dota di fiorini 1.000, a fiorini ½ per cento".

BRUCKER, 1998, p. 32, grifo do autor).⁹ A função do *sensale di matrimoni* era bastante representativa dentro da alta sociedade florentina, sendo até caracterizada em obras literárias como *A Mandrágora*, de Nicolau Maquiavel: "conheces Ligúrio, que repetidamente vem fazer suas refeições comigo. Já foi mediador de casamentos", dizia o jovem e apaixonado Calímaco (1976, p. 22).

A recorrência ao *sensale* era marcada por vários motivos: a ausência de recomendações matrimoniais atraentes por parte de amigos ou parentes, a falta de contatos em comum com famílias consideradas interessantes ou, como nos sugere o livro de *Ricordi* de Buonaccorso Pitti (1905), o simples anseio de criar vínculos de *parentado* específicos com alguma pessoa em particular.

> Voltei a Florença e resolvi tomar esposa. E sendo Guido di messer Tomaso di Neri dal Palagio o maior e o mais confiável homem de Florença, decidi tomá-la pelas suas mãos e a qualquer uma que ele escolhesse desde que ela fosse sua parenta. Enviei a ele Bartolo della Contessa *sensale*, para que lhe comunicasse a minha intenção [...]. Voltou a mim o dito *sensale* e disse que ele queria me aceitar como seu parente [...]. E aí, alguns dias depois, enviou o dito Bartolo para me dizer que, se eu quisesse a filha de Luca di Piero degl'Albizi, que ele me a entregaria, a qual era filha de uma prima carnal dele. O enviei de volta a responder que sim, me interessava e ao fim do mês de julho do ano 1391 a prometi (*giurai*) e logo a conduzi a casa (*menai*) no dia 12 de novembro do dito ano (PITTI, 1905, p. 76-77, grifo meu).¹⁰

---

9   "Yesterday I conclude the agreement with Giovanni di Luca (marriage broker) for the marriage of Caterina with Andrea di Castello da Quarata, with a dowry of 900 florins".

10 "Giunsi a Firenze e diliberai di torre moglie. E sendo Guido di messer Tomaso di Neri dal Palagio il magiore e il più creduto huomo di Firenze,

Sobre a mediação dos matrimônios podemos dizer que, tanto o uso do *sensale* quanto o do *mezzano* era uma estratégia que visava a negociação matrimonial livre para as partes, isto é, sem que as duas famílias envolvidas se comprometessem diretamente nas tratativas. O mediador dava espaço para que as escolhas familiares pudessem ser objetivas e definidas em liberdade, sem que as famílias sentissem a pressão do envolvimento ou do compromisso com a outra parte interessada. Como comenta Fabbri,

> [...] evitava-se cuidadosamente atribuir essa tarefa não só aos interessados diretos, mas também aos familiares mais próximos, isto é, àqueles que tinham maior responsabilidade na operação: dominava ainda a prudência e o desejo de não se comprometer antes do tempo. A solução clássica era constituída pelo *sensale* que, com a sua vestimenta de mediador profissional garantia, melhor do que qualquer outro, a manutenção daquele distanciamento necessário para a liberdade de manobra (1991, p. 159).[11]

---

diliberai di torla per le sue mani e qualunche a lui piaciesse, pure ch' ella fosse sua parente. Mandai a lui Bartolo della Contessa sensale che gli diciesse della mia intenzione [...]. Tornò a me il detto sensale e dissemi ch' egli mi volea aciettare per suo parente [...]. E ivi a pochi giorni mandò a me il detto Bartolo a dirmi s' io volea la figliuola di Luca di Piero degl' Albizi, che me la darebbe, la quale era figliuola d' una sua cugina charnale. Mandalo indietro a rispondere che ciò mi piaciea e in fine del mese di luglio l'anno 1391 la giurai e poi la menai adi xii di novembre il detto anno".

11   "si evitava con cura di affidare tale compito non solo ai diretti interessati ma anche ai familiar più stretti, cioè coloro che avevano maggiori responsabilità nell'operazone: dominava ancora la prudenza e il desiderio di non compromettersi prima del tempo. La soluzione classica era costituita dal sensale che, con la sua veste professionale di mediatore, in un certo senso

Uma vez que as famílias se informavam das oportunidades de casamento disponíveis na cidade e escolhiam as que lhes pareciam mais interessantes, era o momento de avaliar e ponderar as vantagens e conveniências de cada possível candidato – a proeminência política e econômica das famílias, as vinculações sociais, o prestígio ou antiguidade do nome familiar e a aparência e virtudes dos possíveis noivos. As decisões eram tomadas dentro da própria família, de acordo com o parecer das pessoas da casa. Como já mencionamos, considerar a opinião dos parentes nessas decisões era a prática habitual. Até mesmo naquelas ocasiões em que a oportunidade aparecia de improviso e parecia ser a mais conveniente, como sugere o registro de Bartolomeo Valori sobre a proposta de casamento oferecida pela família Pazzi: "eu aceitei de bom grado a isca e pedi graça de dois dias para conferir com vários dos meus parentes, o que eu fiz extensivamente, e fui aconselhado por eles a proceder" (In: BRUCKER, 1998, p. 31).[12]

Os matrimônios eram momentos de grande importância estratégica para as famílias, por esse motivo pedia-se e considerava-se a opinião objetiva dos parentes. Nesse sentido, as correspondências da época são um testemunho relevante para observar a forma prática e racional com que o assunto do matrimônio era tratado dentro do núcleo familiar. Lucrezia Tornabuoni, após conhecer a futura esposa de seu filho Lorenzo, em Roma, escreveu a seu esposo Piero de Medici: "você diz que eu falo friamente, é para sermos mais bem-sucedidos, e acredito que não haja no momento uma jovem mais bela para casar. Eu direi ao meu retorno o meu parecer e, como digo acima, nós concordaremos" (1993, p. 65).[13] Nessas palavras entendemos que, além

---

garantiva meglio di ogni altro il mantenimento di quel distacco necessario alla libertà di manovra".

12 "I accepted the bait willingly and asked for two days´ grace to confer with several of my relatives, which I did extensively, and was advice by them to proceed".

13 "tu mi di´ch´io ne parlo fredo, fo pe riuscire meglio e non credo que chostì sia al presente più bella fanciulla a maritare. Io vi dirò al mio ritorno il pare

das informações trocadas por carta, a discussão familiar sobre o possível matrimônio de Lorenzo continuaria após o regresso de Lucrezia a Florença e a decisão seria tomada em conjunto com as pessoas da casa, pois ela diz claramente "nós concordaremos".

É importante notar que nessas discussões em torno dos matrimônios familiares as opiniões e pareceres não eram unicamente masculinos, as mulheres da família também participavam ativamente das decisões, como mostra a firmeza e determinação com que Lucrezia Tornabuoni se expressava. Assim também o sugerem as cartas de Alessandra Strozzi. Ao filho Filippo ela comentava:

> O fato da esposa me parece e, segundo o parecer nosso e de Tommaso Davizzi, que se Francesco di messer Guglielmino Tanagli quiser dar a filha, que seria um bom *parentado* a qualquer momento; e de todas as que estão disponíveis, essa tem mais qualidades. Aquela dos Vernia me agradava; mas é desajeitada e tem ar de camponesa, segundo me disseram. Agora conversarei com Marco (Parenti) se existem outras que sejam melhores; e, não havendo, se insinuará (a Francesco) se ele a daria (à filha); pois só temos discutido o tema entre nós (1877, p. 394-395, grifo meu).[14]

---

mio e, come dicho di sopra, noi ce n´acordereno".

14 "El fatto della donna, mi pare è secondo el parere nostro e di Tommaso Davizzi, che se Francesco di messer Guglielmino Tanagli volesse dare la figliuola, che sarebbe bel parentado ad ogni tempo; e di quante ce nè venute alle mani, questa ha più parte. Quella da Vernia mi piaceva; ma ell' hanno del goffo e aria di villa, secondo m' è detto. Ora intenderò con Marco se ci fussi altro, che ci paresse meglio; e non sendo, si farà d'intendere se volesse darla; che non se n' è ragionato se non tra noi".

Três meses depois ela escrevia:

> Estamos a dia 27 (Julho); e Marco Parenti veio até mim e me disse que faz tempo que discutimos o (tema) de te dar esposa, e pensamos que das coisas que temos e onde nós acreditamos poder ir, e aquilo que parece melhor de *parentado*, se ela tivesse outras coisas, se ela fosse de bons sentimentos e bela, e não fosse rústica, é a filha de Francesco di messer Guglielmo Tanagli; e que até hoje não tem vindo nenhuma outra que te faça par melhor do que ela (1877, p. 443-444, grifo meu).[15]

Além dos parentes de sangue, também o *parentado* podia tomar parte das conversas e decisões. O jovem Marco Parenti foi o principal encarregado das negociações de matrimônio de seu cunhado Filippo Strozzi e, junto com dona Alessandra, foi um dos mais participativos na hora de dar pareceres ou emitir opiniões. Ele escrevia ao cunhado: "e já começamos por enquanto a falar daquela dos Adimali [...] e já temos melhores informações da menor, de duas irmãs que são, pelo menos uma é muito boa" (1996, p. 122).[16] Sobre as possíveis opções de casamento lhe dizia: "uma aquela de Francesco (Tanagli) e a outra a menor dos Adimali; e, em

---

15 "Siano a dì 27; e Marco Parenti è venuto a me, ed hammi detto come più tempo fa ragionano del darti donna, e faciemo pensiero che delle cose che ci erano, e dove noi credavamo potere andare, e quello ci pareva meglio di parentado, se l'altre cose avesse, ch'ella fussi di buono sentimento e bella, e non avesse del zotico, si era la figliuola di Francesco di messer Guglielmino Tanagli; e che perensino a oggi non ci è venuto innanzi cosa che ci paia dal fatto tuo più che questa".

16 "e digià abbiamo pensato di mezo atto a parlare di quella degli Adimali [...] e digià abbiamo migliore informazione della minore, di 2 sirocchie che sono, benché d'amendune sai boníssima".

conclusão, esperaremos a volta [...] daquela de messer Antonio Ridolfi, e entre elas estaremos" (1996, p. 123, grifo meu).[17]

Expressões como "discutir", "falar", "pensar" e "dar o parecer" aparecem repetidamente nas cartas referidas, expondo a dinâmica que tomava conta dos lares florentinos durante o processo de escolha dos casamentos familiares. Ainda, o fato das pessoas escreverem a respeito das tratativas matrimoniais usando o nós como sujeito das frases permite observar que essas decisões contavam com a opinião, o pensamento e a participação de todas as pessoas adultas da casa.

No entanto, a despeito do caráter de privacidade que essas decisões familiares tinham, nelas influía também a contribuição de pessoas próximas ou da vizinhança, que ajudavam fornecendo informações e pareceres sobre os candidatos ponderados. Isso não significava que essas pessoas tomavam parte nas deliberações, mas ajudavam a esclarecer dúvidas e forjar opiniões quando as famílias não conheciam aqueles candidatos em avaliação. A elas se perguntava sobre os membros da família, sobre os vínculos que tinham na comunidade, a forma como haviam adquirido a sua riqueza, o desempenho político de seus homens, o comportamento das moças da casa, o aspecto físico dos pretendentes e tantos outros assuntos importantes na definição dos matrimônios.

Muitas vezes, esse parecer emitido pelos outros inclinava a balança para um ou outro lado, como o sugerem alguns dos casos analisados. Vimos que Alessandra Strozzi comentava com o filho Filippo que num primeiro momento havia considerado interessante a opção da filha dos Vernia como futura nora, porém ela escreveu: "mas é desajeitada e tem ar de camponesa, segundo me disseram" (1877, p. 395).[18] Desse modo, a opinião de pessoas que conheciam pessoalmente a moça dos Vernia inclinou a escolha dos Strozzi, em princípio, para a filha de Francesco Tanagli. De igual modo aconteceu com as referências obtidas por Marco

---

17 "l´uma quella di Francesco e l´altra la minore degli Adimali; e in conclusione aspetteremo la tornata di [...] quella di messer Antonio Ridolfi, e in questo mezo ci staremo".

18 "ma ell' hanno del goffo e aria di villa, secondo m'è detto".

Parenti sobre a filha menor dos Adimali, as quais, por serem boas e falarem bem a respeito da moça, permitiram ampliar a lista das candidatas consideradas para seu cunhado Filippo Strozzi (1996, p. 122).

Igualmente, as pessoas próximas também eram úteis na hora de ajudar a definir matrimônios através de conselhos e recomendações pessoais. De acordo com dona Alessandra Strozzi, a sua recomendação contribuiu para arranjar as núpcias da filha de Francesco di Sandro, um amigo da família: "fui utilizada para casar uma de suas filhas, isto é, para aconselhar os parentes daquele que a tomaria (por esposa), de modo que se fez o *parentado*" (1877, p. 291, grifo meu).[19]

Questionar a pessoas da vizinhança, parentes ou amigos a respeito de atributos e qualidades dos futuros noivos e noivas e suas respectivas famílias era uma prática bastante comum. Mencionamos anteriormente que na hora de casar a filha, Marco Parenti havia pedido ao cunhado Filippo investigar com seus contatos em Nápoles sobre a riqueza da família do noivo: "gostaria que te informasses [...] qual é a condição deles, que cérebro, que virtude e como fizeram a riqueza e coisas similares, como se exige" (1996, p. 240).[20] Essa busca por informações na hora de acordar casamentos era algo tão corriqueiro que Paolo da Certaldo escrevia: "está sempre bem com teus vizinhos, pois de teus assuntos eles são sempre perguntados antes que tu, e nas honras e nas desonras eles podem trazer muito dano ou benefício; e igualmente quando tenhas que casar as tuas filhas ou escolher mulher para ti ou para o teu filho" (1945, p. 156).[21]

Assim, nota-se que, embora os matrimônios florentinos fossem estabelecidos pelas famílias, de acordo com suas escolhas e interesses,

---

19 "sommi adoperata al maritare d'una sua figliuola, cioè di confortare e parenti di chi l'aveva a tórre, in modo che s' è fatto el parentado".

20 "vorrei che tti informassi [...] che condizione sia la loro, che cervello, che virtù e chome ànno fatto della roba e símile cose, come si richiede".

21 "Sta bene sempre co' tuoi vicini, però che de' tuoi fatti e' sono sempre domandati prima di te, e negli onori e ne' disinori e' possonti molto nuocere e giovare; e simile quando avessi a maritare tue fanciulle o torre donna per te o per tuo figliuolo".

envolvia-se também a um considerável grupo de pessoas no processo. Primeiramente estavam os intermediários, o *sensale* ou o *mezzano*, que oficiavam as negociações e informavam sobre as condições das possíveis alianças. Além deles, também os vizinhos e amigos, que forneciam informações importantes não somente sobre as possibilidades de casamento disponíveis na cidade, mas também sobre a condição, qualidades ou prestígio dos prováveis candidatos.

Uma vez que as escolhas haviam sido feitas era o momento das famílias se reunirem para oficializar a aliança matrimonial. Esse primeiro encontro entre as partes era celebrado com uma reunião privada à qual compareciam os pais, alguns dos parentes masculinos dos futuros esposos e o intermediário. Em algumas ocasiões, o encontro contava também com a presença do noivo, mas nunca com a da noiva. Nesse momento, os documentos mencionam também a presença dos denominados *arbitri*, um por cada família.

De acordo com Fabbri (1991), as famílias nomeavam a um *arbitro* para estar presente no momento da reunião e representá-las na hora de selar a aliança de casamento. Pouco se conhece sobre a função que os *arbitri* desempenhavam, porém, entende-se que atuavam como avais ou testemunhas do evento. Nesse sentido, o seu nome e prestígio eram apresentados como garantia do cumprimento dos termos acordados entre as partes. Ocasionalmente, dependendo do vínculo que o ligava com alguma das famílias envolvidas, a função de *arbitro* era exercida pelo mesmo indivíduo que atuara como *mezzano* durante as negociações. Essa evidência consta nos *Ricordi* de Matteo Strozzi:

> Lembro que no dia 10 de abril de 1431 se prometeu (*maritò*) a Margherita di Piero a Pippo di Bernardo Manetti, com o dote que teve a Maria, que fora em total, entre dinheiro e *donora*, 650 florins, por mediação de Francesco di M. Tommaso Soderini, que foi *arbitro* pela nossa parte (*apud* FABBRI, 1991, p. 165, grifo meu).[22]

---

22 "Ricordanza che a dì 10 d'aprile 1431 si maritò la Margherita di Piero a Pippo di Bernardo Manetti, con la dote che hebbe la Maria che furo-

A reunião era uma oficialização simbólica da aliança, nela, as partes manifestavam verbalmente o seu consentimento às condições do acordo e as intenções de mútuo comprometimento ao futuro matrimônio. Falava-se do valor do dote, da possível data para a celebração do casamento e acordava-se a futura reunião para documentar o acordo frente a um notário. Como já mencionei, um simples aperto de mãos (*impalmamento*) era o símbolo que ritualmente selava a reunião entre as famílias e confirmava o compromisso. Tradicionalmente, a importância ritual do aperto de mãos era tal que se dizia que o pai havia *impalmato* a filha. E, pelo que se percebe nas *Ricordanze* de Ugolino di Niccolò Martelli, de 1433, o termo também era utilizado pelos futuros esposos:

> Lembro como, neste dia 19 de junho, em nome de Deus e da boa fortuna, tomei por minha mulher a Betta, filha de Francesco di Vanozzo Serragli, e em dito dia, na igreja de Santa Maria sopra Porta, aceitei-a em compromisso (*la impalmai*); e fizemos a promessa pela nossa parte em Lorenzo di Giovanni de Medici, e eles pela sua em Francesco, di Messer Tomaso Soderini (1989, p. 98, grifo meu).[23]

Ainda, as palavras de Martelli não só reiteram a presença de testemunhas ou *arbitri* no acordo de matrimônio como sugerem o local de celebração da reunião, a igreja de Santa Maria sopra Porta. Comumente, esses acordos eram celebrados em lugares públicos e neutros para ambas as famílias. Nas memórias desse florentino se propõe o ambiente da igreja, o mesmo espaço que aceitara Giovanni Del Bene para acordar o

---

no in tutto, fra danari e donora, f. 650, per mezzanità di Francesco di M. Tommaso Soderini che fu albitro per la parte nostra".

23 "Richordanza chome questo dì xviiij di gungno, chol nome di Dio e di buona ventura, tolsi per mia donna la Betta figliuola di Francesco di Vanozzo Serragli, e in detto dì, nella chies adi Santa Maria sopra Porta la impalmai; e faciemone chonpromesso per la mostra parte in Lorenzo di Giovanni de ́Medici e loro per la loro in Francesco di messer Tomaso Soderini".

matrimônio de sua filha Caterina: "eles (os parentes do noivo) querem realizar a cerimônia de compromisso no primeiro domingo da quaresma, [...] e eu concordei nesse ponto, e também em que ela tivesse lugar em (na igreja de) S. Apollinare" (In: BRUCKER, 1998, p. 35).[24]

O espaço religioso costumava ser um dos mais utilizados, contudo, a escolha dependia muito das pessoas envolvidas nas tratativas. Algumas vezes as famílias reuniam-se na casa do *mezzano* ou do *sensale*, ou mesmo na de algum amigo ou parente comum a ambas. Em ocasiões mais excepcionais, como eram os casos em que a mediação estava a cargo de figuras com altas funções políticas, o acordo se comemorava na própria sede do governo de Florença, como o registrara Bartolomeo Valori ao detalhar o compromisso de seu filho Filippo com a filha de Averardo Salviati: "nós formalmente selamos o acordo no palácio da *Signoria*, com o próprio Lorenzo (de Medici) pronunciando os detalhes do contrato" (In: BRUCKER, 1998, p. 32).[25]

Alguns dias depois do acordo verbal entre as partes, selado com o *impalmamento*, a aliança matrimonial era publicamente oficializada ante um notário. Na data escolhida, os representantes masculinos das famílias, o intermediário e as testemunhas (*arbitri*) previamente nomeadas reuniam-se na presença de um oficial público para redigir o documento oficial da aliança, o denominado *instrumenta sponsalitii*. Nessa ocasião, como esclarece Fabbri, "o esposo e o pai da esposa (ou aquele que na sua ausência havia assumido a guarda da moça) pronunciavam a *verba de futuro*, ou a declaração formal que comprometia os dois jovens a dar o próprio consentimento ao matrimônio" (1991, p. 177).[26] Nesse ato, as

---

24 "they wanted to hold the betrothal ceremony on the first Sunday of Lent, [...] and I agreed on that point, and also that it will take place in (the church of) S. Apollinare".

25 "we formally sealed the agreement in the palace of the Signoria, with Lorenzo himself pronouncing the details of the settlement".

26 "lo sposo e il padre della sposa (o colui che ne aveva assunto le veci) pronunicavano i verba de future, ovvero la dichiarazione formale che impegnava I due nubendi a dere il proprio assenso alle nozze".

partes assumiam a promessa de honrar fielmente os termos acordados e deixavam o registro escrito do valor do dote, da forma de pagamento (em dinheiro ou através do *Monte delle doti*) e da data estabelecida para as núpcias. Em Florença, esse evento era conhecido com o nome de *giuramento grande* ou *giure* e marcava solenemente o início da aliança entre as famílias (FABBRI, 1991).

Entre o acordo verbal entre as partes e o *giuramento* costumavam transcorrer apenas uns poucos dias. Vimos acima que Ugolino Martelli havia *impalmato* a filha de Francesco di Vanozzo Serragli em 19 de junho de 1433, na igreja de Santa Maria sopra Porta; oito dias depois se fez o *giuramento*, ele registrou: "dia 27 de junho de dito ano, prometi (*giurai*) a mencionada Betta, na dita igreja, e do contrato foi encarregado ser Berto di *****, notário da Arte di Porta Santa Maria" (1989, p. 98-99, grifo meu).[27] Já para o casamento de sua filha Ginevra com Cino di Filippo Rinuccini, em 1461, o intervalo entre a celebração do *impalmamento* e o registro escrito do compromisso matrimonial foi de quatro dias. O jovem esposo registrou detalhadamente os dois encontros entre as famílias:

> Lembro como sendo ontem, que no dia 24 de março de 1460[28], Filippo nosso pai e Alamanno meu irmão maior e Lorenzo di Neri Vettori, e todos os outros da nossa casa ficamos de acordo com Ugolino di Niccolò Martelli, por meio de Andrea di Niccolò Carducci e Lorenzo di Neri d´Agnolo Vettori, de fazer juntos *parentado*, isto é, que o dito Ugolino me daria por mulher a Ginevra, sua filha maior [...].

27 "dì xxvij di gungno anno detto giurai la Betta sopradetta in detta Chiesa, e del chontratto fu roghato ser Berto di *****, notaio dell´arte di Porta Santa Maria". A Arte di Porta Santa Maria era a guilda correspondente aos comerciantes da seda.

28 O ano é 1461, pois conforme mencionamos anteriormente, em Florença o ano novo se iniciava no dia 25 de março, dia da festa da Anunciação da Virgem Maria.

Lembro como neste dia 28 de março de 1461, que foi sábado, meu pai Filippo em companhia de vários de nossos parentes próximos, um número em torno de vinte, e eu junto com eles prometi (*giurai*), [...] a acima mencionada Ginevra como minha mulher, na igreja de Santa Maria in Campo [...]. E foi lavrado dito juramento por Ser Baldovino di Domenico Baldovini, notário (RINUCCINI, 1840, p. 252-253, grifo meu).[29]

Também houve casos como o de Marco Parenti em que a aceitação do acordo matrimonial e o *giuramento* celebraram-se no mesmo dia: "lembro este dia 4 de agosto como eu tomei por mulher a Caterina, que foi filha de Matteo di Simone di Filippo di messer Lionardo degli Strozzi e di dona Allessandra, que foi filha de Filippo Macinghi, sua esposa. E neste dia a prometi (*giurai*) em Santa Maria sopra Porta" (In: STROZZI, 1877, p. 14).[30]

Os registros pessoais desses três florentinos nos permitem fazer também outra observação: o compromisso assumido tanto no *im-*

29 "Ricordo come fino ieri, che fummo a dì 24 di Marzo 1460, Filippo nostro padre e Alamanno mio maggior fratello e Lorenzo di Neri Vettori, e tutt' altri nostri di casa rimanemmo daccordo con Ugolino di Niccolò Martelli, per mezzo d'Andrea di Niccolò Carducci e Lorenzo di Neri d'Agnolo Vettori, di fare insieme parentado, cioè che il detto Ugolino mi dessi per donna la Ginevra sua maggiore figliuola [...]. Ricordo come questo dì 28 di Marzo 1461, che fu in sabato, Filippo mio padre con compagnia d'alquanti più stretti nostri parenti in numero di circa venti, ed io insieme con loro giurai [...] la sopraddetta Ginevra per mia donna nella chiesa di Santa Maria in Campo[...]. E fu rogato il detto giuramento Ser Baldovino di Domenico Baldovini notare".

30 "Ricordo questo dì iiii d'agosto 1447 come io tolsi per moglie la Caterina figliuola che fu di Matteo di Simone di Filippo di messer Lionardo degli Strozzi e di mona Allessandra figliuola che fu di Filippo Macinghi sua donna, e detto di la giurai in Santa Maria sopra Porta".

palmamento quanto no *giuramento* é apresentado com uma relevância equivalente à do próprio matrimônio. Nas palavras de Martelli percebemos que a partir do primeiro acordo já existia nele a ideia do casamento realizado: "tomei por minha mulher a Betta", escrevera (1989, p. 98).[31] Quase as mesmas palavras foram utilizadas por Marco Parenti e Cino Rinuccini: "tomei por mulher a Caterina", registrara Parenti (In: STROZZI, 1877, p. 14);[32] "prometi [...] a acima mencionada Ginevra como minha mulher", anotara Rinuccini (1840, p. 253).[33]

Se os futuros esposos utilizavam a expressão "tomar por mulher" no momento do compromisso, os pais costumavam usar o termo "casar" (*maritare*). Goro Dati escrevera sobre sua filha: "no ano 1414, casei a Bandeccha" (2006, p. 138).[34] De igual modo, Filippo Strozzi registrara: "lembro como neste dia 27 de setembro casei a Marietta, minha filha" (*apud* FABBRI, 1996, p. 176).[35] Outros como Matteo Corsini e Alessandra Strozzi utilizavam termos como comprometer ou colocar: "Comprometo a Francescha minha filha em matrimônio", escrevera Corsini (In: PETRUCCI, 1965, p. 81);[36] enquanto dona Alessandra dizia ao filho Filippo: "temos colocado a nossa Caterina ao filho de Parente di Pier Parenti" (1877, p. 3).[37]

Assim, podemos pensar que a promessa que se manifestava durante o *impalmamento* e se reforçava no *giuramento* frente ao notário tinha o caráter de uma decisão irrevogável. Tanto pais quanto esposos referiam-se aos eventos como matrimônios concluídos. Nesse sentido, a ruptura de um acordo matrimonial era um acontecimento pouco comum, sobretudo pelas implicações sociais e econômicas que tal deter-

---

31 "tolsi per mia donna la Betta".
32 "tolsi per moglie la Caterina".
33 "giurai [...] la sopraddetta Ginevra per mia donna".
34 "nel´anno 1414 maritai la Bandeccha".
35 "richordo chome questo dì 27 di settenbre maritai la Marietta mia figliuola".
36 "choprometo la Francescha mia figliuola a matrimonio".
37 "abbiàmo allogata la nostra Caterina al figliuolo di Parente di Pier Parenti".

minação ocasionaria à família que não o respeitasse. Primeiramente, não cumprir um contrato nupcial significava uma desonra perante a sociedade, uma mácula que pesaria nos futuros casamentos da família. Já vimos como as alianças matrimoniais eram comentadas e sabidas entre os florentinos; o fim de um acordo devia ser comentado de igual ou maior modo, deixando-se em evidência àquela família que não honrou o acordado. Além disso, sendo o acordo de casamento um contrato entre duas partes, ele estava sujeito a penalidades econômicas em caso do não cumprimento dos termos estipulados.

Para o acordo de casamento de Amerigo Del Bene e a filha de Lemmo Balducci, Giovanni Del Bene, pai de Amerigo, propôs uma penalidade de dois mil florins, a qual não foi aceita por Balducci. O mediador das negociações, Naddo di Ser Nepo escreve a Francesco di Jacopo Del Bene, primo de Giovanni:

> […] discutimos (com Giovanni) certos assuntos, entre os quais estava o fato de que no acordo havia uma cláusula estipulando uma penalidade de 2000 florins. Após a nossa discussão, eu falei com Lemmo e ele concordou em tudo, exceto na penalidade de 2000 florins.[…] Eu me reuni com Giovanni e lhe falei o que Lemmo gostaria, e que ele queria uma penalidade de somente 1000 florins […] Giovanni me falou que você havia organizado o assunto e que ele não poderia responder sem o consultar. Falando com a devida reverência e confiança, parece-me que esse assunto não deveria atrapalhar ou impedir este casamento […] (In: BRUCKER, 1998, p. 36-37).[38]

---

38 "[…] we discussed certain problems, among which was the fact that in the agreement was a clause providing for a penalty of 2,000 florins. After our discussion, I spoke with Lemmo and he agreed to everything except the penalty of 2,000 florins. […] I met Giovanni and told him what Lemmo wanted, and that he wanted a penalty of only 1,000 florins […] Giovanni told me that you had so arranged matters that he could not reply without

Contudo, a despeito do prejuízo social e econômico que descumprir um contrato de matrimônio podia trazer às famílias, não faltaram os casos de rompimento. Giovanni Del Bene mencionava em uma de suas cartas o fim do acordo matrimonial da filha de seu primo Francesco, celebrado no Borgo São Lorenzo, o qual havia deixado a jovem bastante triste e desiludida com a sua situação: "eu sinto que não devemos puxar esse assunto e aborrecê-la mais e que nós devemos achar outro bom candidato para ela", dizia (In: BRUCKER, 1998, p. 34).[39]

Entretanto, não obstante algumas poucas exceções, os acordos matrimoniais representavam o anúncio de um matrimônio concluído. A partir do momento em que as partes se comprometiam a celebrar a aliança, as duas famílias começavam a se preocupar com a preparação das futuras núpcias. Começava assim uma nova etapa: a da escolha e encomenda de tudo aquilo necessário para a festa de casamento e para a nova vida que iniciaria o futuro casal.

Dos preparativos à celebração do matrimônio

Uma vez que as tratativas matrimoniais haviam sido concluídas, era comum entre os florentinos que o noivo começasse a enviar presentes para sua futura esposa. Esse gesto representava uma forma simbólica de honrar o compromisso constituído no *giuramento* e ajudava a estabelecer um relacionamento entre o futuro casal. Assim, alguns dias após a oficialização do acordo, o jovem começava a frequentar a casa da noiva levando presentes à jovem e confraternizando com seus futuros parentes.

Essa prática compreendia dar objetos como broches, joias ou cintos ricamente adornados. Mas, também era muito comum na época entregar pequenos cofres com chave, um objeto que referia simbolicamente à pureza e à castidade da moça, uma alegoria do corpo feminino

---

consulting you. Speaking with all due reverence and faith, it appears to me that this issue should not disturb or impede this marriage [...]".

39 "it is my feeling that we shouldn't push this issue and annoy her further, and that we will find some other good prospect for her".

que podia ser "aberto" somente pelo marido (SEBREGONDI, 2010). A tradição de presentear um cofre à noiva mostra-se explícita na forma como Ugolino Martelli se referia a ela; em 1433, ele registrou em suas *Ricordanze*: "no dia 9 de agosto enviei o cofrinho das joias, como se costuma" (1989, p. 99).[40]

Despesas com um cofre ou *forzerino* também figuram no diário de Andrea di Betto Minerbetti (In: BIAGI, 1899) após a menção do acordo de matrimônio com Francesca, filha de Berto Talenti, em 1320; o que nos permite observar que a entrega de um cofre às moças também "costumava- -se" no início do *Trecento*. No registro de Minerbetti figuram ainda algumas joias que foram dadas à moça, como uma coroa e uma *ghirlanda* de prata – ornamentos de luxo utilizados para realçar os penteados femininos em ocasiões festivas. Entretanto, não eram todos os noivos os que escolhiam presentear às moças com um cofre, Cino Rinuccini optou por entregar uma joia a sua futura esposa Ginevra Martelli: "lembro como neste dia 10 de abril levei a casa dela, à Ginevra, minha mulher, um colar de pérolas com um pendente de pérolas e rubi" (1840, p. 253).[41]

Desse modo, o tempo entre a assinatura do acordo matrimonial e a celebração do matrimônio era a oportunidade para o futuro casal se conhecer pessoalmente – lembremos que até esse momento a noiva não havia participado nem do *impalmamento* nem do *giuramento*. A primeira visita do noivo à casa da jovem geralmente representava o dia em que eles se viam pela primeira vez. Essas visitas familiares e jantares com os parentes resumiam-se a uns poucos encontros em que a moça recebia os presentes do futuro esposo e os jovens podiam conversar e tentar quebrar o gelo de uma relação previamente estabelecida. Nesse sentido, já

---

40 "a dì viiij d´aghosto le mandai il bacino delle gioie, chome n´appare". O termo bacino ou forzerino correspondia a um pequeno cofre confeccionado para portar objetos pequenos, como joias ou outros artigos de valor. Geralmente era revestido em marfim ou metal, às vezes folhados em ouro ou belamente decorados, com pinturas ou incrustações.

41 "Ricordo come questo dì 10 d'Aprile portai a casa sua alla Ginevra mia donna uno vezzo di perle con uno pendente di perle e rubini".

mencionamos que os casamentos costumavam ser celebrados, comumente, entre dois e quatro meses após a assinatura do acordo matrimonial, portanto, o curto prazo entre as duas celebrações limitava os encontros do casal prévios ao matrimônio. O compromisso entre Caterina Strozzi e Marco Parenti foi assinado em agosto de 1447 e Alessandra Strozzi (1877) esperava que o casamento da filha fosse celebrado em novembro.

Ainda, além de marcar o começo da relação entre o futuro casal e seus parentes, o *giuramento* assinalava também o início dos preparativos de casamento. A brevidade do prazo que separava esse evento da celebração do rito matrimonial fazia com que as famílias começassem logo a pensar nas necessidades da noiva e nas encomendas para o quarto do casal.

Assim, conforme explica Paola Tinagli, o acordo do futuro matrimônio "era marcado por um importante ato privado: a encomenda do mobiliário de casamento" (1997, p. 22).[42] Nesse sentido, um dos primeiros passos das famílias era confiar aos artistas e artesãos da cidade a confecção dos móveis para a nova vida dos esposos. Nessa tarefa, a tradição incumbia aos pais ou parentes do noivo; era a eles que correspondia encomendar não somente os móveis e as roupas de cama que enfeitariam o quarto dos esposos, mas também algumas peças de arte para tornar o ambiente mais ameno e agradável.

Por ocasião do casamento de Andrea di Tommaso Minerbetti com Maria Bini, em 1493, seus pais adquiriram os seguintes itens:

> Uma cama e um sofá-cama (*lettuccio*), com revestimento de nogueira, com cofres ao redor, todo muito bem trabalhado e com belas incrustações [...], f. 50.
> Dois cofres (*forzieri*), pintados e dourados, f. 18.
> Um armário de nogueira com incrustações [...], f.10.
> Uma pintura de Nossa Senhora com o marco dourado, f.12.

---

42 "was marked by an important private act: the commissioning of marriage furniture".

Uma bandeja de parto (*tondo da parto*) pintada, com o marco dourado, f. 5.
Um espelho redondo com relevos em gesso com marco dourado, f. 2 (In: BIAGI, 1899, p. 17-18, grifo meu).[43]

Ainda, entre os objetos acima mencionados também figuravam tapetes, lençóis, um colchão, um edredom e várias almofadas de brocado e tafetá. A decoração do quarto dos esposos era realizada com grande cuidado por parte dos pais dos noivos. Tradicionalmente, nas casas florentinas, os quartos eram os ambientes melhor e mais ricamente mobiliados. Em especial, porque representavam o local do sono, do repouso e da intimidade do casal; nele seria consumado o matrimônio e nele também seriam concebidos os filhos, tão caros à sociedade mercantil. Por essa razão buscava-se arrumar o ambiente com conforto e beleza, com móveis luxuosos e pinturas especialmente encomendadas para tornar mais aconchegante o entorno dos esposos. Em seu tratado sobre arquitetura, Alberti recomendava pintar imagens de pessoas belas e nobres na habitação onde os esposos se reuniam, pois isso tinha grande importância na qualidade da concepção e na beleza da futura descendência: "Advirto que pintem belas faces de homens onde a mulher e o marido se unem para gerar os que muito se importam com que as matronas façam belos filhos", dizia – na concepção de Alberti, o marido e a mulher deviam ter quartos separados dentro da casa, para garantir maior tranquilidade e sossego a ambos durante a gestação e o parto da mulher, porém, uma

---

43 "1 letto, 1 lettuccio con la spalliera di noce apichata insieme con le cassette intorno lavorato bene tutto e con tarsie bellissime […], f. 50/ 2 forzieri dipinti et messi d´oro, f. 18/ 1 armario di noce intarsiato […], f. 10/ 1 Nostra Donna dipinta con suo ornamento messo d´oro, f. 12/ 1 tondo da parto dipinto con cornice messe d´oro, f. 5/ 1 spechio tondo di rilievo di gesso con la cornice dorata, f. 2".

dessas habitações devia estar arrumada especialmente para os encontros dos esposos (1546, p. 201).[44]

Entretanto, a dedicação dos pais com o arranjo da habitação do casal tinha outro motivo implícito: era também uma forma de ostentar publicamente a riqueza familiar. Durante as horas do dia, os quartos das casas eram utilizados para receber os amigos e parentes que visitavam a família. Segundo Charles de La Roncière (2004), pelo conforto e variedade do mobiliário, os dormitórios costumavam ser um ambiente propício para as reuniões. Objetos como a cama, o sofá-cama e outras peças decorativas serviam para as pessoas sentarem a conversar ou a discutir assuntos de negócios enquanto apreciavam a riqueza da decoração do ambiente.

O luxo dos móveis variava de acordo com a hierarquia da família que os encomendava. Os da família Minerbetti parecem ter sido peças muito delicadas, feitas em nogueira com incrustações. Outros registros fazem menção a móveis pintados, arcas ou cofres e cabeceiras para a cama. Nesse sentido, muitos dos móveis eram mandados fazer especialmente para a ocasião, outros eram comprados já feitos nas oficinas dos artesãos. O mesmo acontecia com as pinturas para a decoração do quarto do casal – pequenas pinturas devocionais com imagens religiosas ou longos painéis pintados para decorar as paredes da habitação, denominados *spalliere*. Quando Bernardo Rinieri casou-se com Bartolommea Dietisalvi, em 1458, encomendou a pintura dos *spallieri* ao pintor Apollonio di Giovanni (MUSACCHIO, 2008).

Enquanto os pais do noivo se encarregavam do quarto do casal, a família da noiva se centrava na confecção e encomenda dos objetos do *donora*. Já mencionei que o *donora* constituía uma parte do dote da noiva e representava uma contribuição da sua família para a nova vida que a jovem iniciaria junto ao marido. Além dos tradicionais *cassoni* – as arcas finamente decoradas nas quais o enxoval da jovem era transportado até a

---

44 "Ammoniscono che sì dipingano belle faccie di huomini ove concorrono le mogli con li mariti à generare il che molto importa che le matrone faccino belli figliuoli".

casa do marido –, os pais encomendavam para as filhas diversos artigos para seu uso pessoal, buscando cobrir as necessidades da jovem nos primeiros momentos do matrimônio. Assim, o enxoval contava com roupas para o uso cotidiano, camisas para dormir, toucas para o cabelo, vestidos de luxo para ocasiões especiais, capas e abrigos para usar no inverno, pentes, espelhos, pequenos livros e objetos devocionais. Muitas vezes, o *donora* incluía também bacias, jarros, lençóis, cobertores, joias, material de costura e outros objetos.

Em 1419, Giovanni Corsini registrou em suas *Ricordanze* o *donora* entregue a sua filha Chaterina:

> Um par de arcas (*forziere*), florins 24
> Um vestido cinza, florins 18
> Uma saia, com duas e meia oz. de prata, florins 10
> Um vestido de lã fina bordado, com nove oz. de prata, florins 25
> 12 camisas de mulher com laço, florins 10
> Um rosário, florins 4
> Um livro pequeno de mulher, florins 8
> Uma capa carmesim com cinco oz. de ouro e 17 de prata, florins 11
> Um chapéu de seda branca pesado, com três oz. de ouro, seis de prata, florins 4
> (In: PETRUCCI, 1965, p. 109-110, grifo meu).[45]

Além dos itens mais luxuosos também figuravam meias, lenços, toucas, um pente, duas facas pequenas e várias roupas.

---

45 "1 paio di forziere, fiorini 24/ 1 ciopa bigia, fiorini 18/ 1 gamura, suvi once 2 ½ d´ariento, fiorini 10/ 1 ciopa di rosato ricamata, suvi once 9 d´ariento, fiorini 25/ 12 chamicie a riticiele, fiorini 10/ 1 filza di paternostri, fiorini 4/ 1 libriciuolo di donna, fiorini 8/ 1 chapucio di cermisi, sovi once 5 d´oro, 17 d´ariento, fiorini 11/ 1 beretta di sciamito bianco, suvi once 3 d´oro, 6 d´ariento".

Os objetos que formavam o *donora* da noiva eram escolhidos com grande dedicação por parte dos parentes, pois além de servirem à jovem para o seu arranjo e cuidado pessoal na vida que iniciava, também deviam dizer respeito à posição e hierarquia social da moça. Os encargos com a preparação da noiva demandavam um tempo considerável na rotina dos pais, o que envolvia comprar diferentes tecidos para as roupas da moça, encomendar a confecção das mesmas a diversos artesãos da cidade e ordenar joias, chapéus e calçados. Ainda, havia que preocupar-se com os prazos de entrega e ter tudo pronto para o dia do matrimônio. Por essa razão dona Alessandra Strozzi advertia ao filho Filippo após o compromisso da filha: "não te surpreendas se eu não te escrevo muito, pois estou ocupada com as coisas de Caterina" (1877, p. 8).[46]

A respeito das arcas ou *cassoni*, Paola Tinagli (1997) explica que constituíam as peças de maior relevância entregues à noiva e eram os primeiros artigos que costumavam ser encomendados pelas famílias. Giovanni Del Bene, assim que arranjou o casamento da sua filha Caterina, escreveu a seu primo comentando os preparativos da boda; além de lhe mencionar o acordo matrimonial com a família de Andrea Quarata e o valor de 900 florins do dote da moça, ele também lhe dizia: "os *cassoni* serão elaborados na forma tradicional, custarão entre 70 e 75 florins", dando a esses objetos uma considerável importância ritual (In: BRUCKER, 1998, p. 33).[47] A relação entre os *cassoni* e os casamentos era tão presente na vida florentina que eles eram mencionados até na literatura da época. Gentile Sermini escrevia em uma de suas novelas em 1420: "as arcas costumam ser levadas quando as moças vão com o esposo" (1874, p. 21).[48] Já Giovanni Boccaccio valia-se destas peças para criar histórias engraçadas de adultério e traição no quarto do casal.[49]

---

46 "Non ti maravigliare s' io non ti scrivo ispesso, che sono infaccendata ne' fatti della Caterina".

47 "the marriage chest will be furnished in the customary manner; it will cost between 70 and 75 florins".

48 "le casse si soleno portare quando le zite ne vanno allo sposo".

49 *Decamerão*, IV: 10 e VIII: 8.

Também chamados de *forziere*, essas arcas costumavam ser finamente decoradas, com belas pinturas, incrustações em metal ou pátinas em ouro, possuíam vários compartimentos em seu interior e, em muitas ocasiões, trancas com chave. O custo dependia da riqueza da ornamentação escolhida, daí a diferença que vemos nos valores das arcas de Corsini e nas de Del Bene. O considerável investimento que as famílias faziam na elaboração dessas peças explica-se em que elas tinham uma grande relevância dentro do cortejo da noiva, sendo carregadas pelos serviçais da casa e exibidas frente à comunidade. Mais do que usadas como objetos práticos para transportar o enxoval da noiva no momento da transferência para a casa do marido, elas eram usadas para exibir frente à comunidade a riqueza familiar, pois durante o percurso da jovem pelas ruas da cidade o luxo e suntuosidade das arcas podiam ser admirados pelas pessoas da vizinhança. Além disso, uma vez que a moça se estabelecia junto a sua nova família, os *cassoni* vinham a complementar a decoração do quarto, servindo para o armazenamento de roupas e riquezas e como assentos para acomodar às visitas que se recebiam na casa (WITTHOFT, 1982).

Geralmente, essas arcas eram pintadas com histórias que faziam referência a fontes literárias – relatos da antiguidade clássica, da Bíblia ou de autores contemporâneos como Francesco Petrarca e Giovanni Boccaccio.[50] Sabemos que para celebrar a boda de Piero de Medici e Lucrezia Tornabuoni o motivo indicado para enfeitar os *cassoni* nupciais foi o mito de Cupido e Psiquê (PERNIS; ADAMS, 2006), mas as narrativas decorativas eram as mais diversas. As histórias escolhidas não eram selecionadas ao acaso, referiam ao amor, à fidelidade, à honra e à virtude, diziam respeito aos valores morais da sociedade florentina e eram usadas como mensagens didáticas, como exemplos simbólicos para a vida do casal.

---

50 Para mais informações sobre as histórias representadas nos *cassoni* ver: PAOLINI, Claudio; PARENTI, Daniela; SEBREGONDI, Ludovica. *Virtù d´amore*: pittura nuziale nel quattrocento fiorentino. Prato: Giunti, 2010.

Logicamente, dentro dos preparativos do futuro matrimônio encontravam-se também os encargos com o vestido da noiva, cuja confecção exigia grande cuidado e dedicação. A vestimenta da noiva era considerada uma forma importante de ostentação pública e por esse motivo as famílias procuravam que as roupas que as jovens usariam no dia do matrimônio fossem dignas da sua hierarquia e riqueza. Nessa procura, buscavam-se os tecidos mais suntuosos, das mais esplêndidas cores, para logo fazê-los ornar com ricas peles e belíssimos bordados em pérolas, miçangas ou fios de ouro e prata. Contudo, antes de entrar no assunto do vestido de casamento é importante mencionar que, na Florença do Quattrocento, esse encargo não era exclusividade dos pais das moças.

Vimos na narração de Boccaccio, citada no início do capítulo, que o marquês Gualtieri di Saluzzo mandou confeccionar roupas belíssimas para sua futura esposa Griselda antes do matrimônio; essa iniciativa também era tomada pelos noivos florentinos na vida real. A historiadora Patricia Lurati (2010) comenta que era tradição na época que a noiva recebesse do noivo o vestido para usar no dia da festa do matrimônio. Porém, ela esclarece que essa tradição só se afirmou por volta de 1440; antes disso, tanto os noivos quanto os pais das moças podiam se encarregar indistintamente dessa tarefa.

Assim, ao longo da pesquisa encontrei referência a ambos os casos. Iris Origo (1992), com base na documentação de Francesco Datini, mercador de Prato residente em Florença, nos apresenta o empenho de um pai com a roupa de casamento da filha. Ela relata que Datini mandou confeccionar para o matrimônio da filha Ginevra um luxuoso vestido em pano de seda cor carmesim, com uma longa cauda e pele de arminho branco realçando o pescoço. De acordo com Origo, o vestido estava cingido por um cinto também carmesim, com aplicações de prata e uma grande fivela de esmalte francês; na cabeça, a moça levava uma *ghirlanda* em tecido carmesim, bordada com fios de ouro e adornada com mais de 240 miçangas, flores esmaltadas e folhas douradas.

A riqueza de detalhes que hoje podemos ter do vestido de Ginevra e de outras tantas jovens florentinas deve-se ao cuidado minucioso com que os mercadores registravam as despesas tidas com o vestido de noiva, ou mesmo à forma detalhada com que ele era descrito nas cartas enviadas aos parentes fora da cidade. O tema da confecção do vestido era tão comentado entre os parentes quanto o eram a questão do valor do dote ou do *parentado* estabelecido. E não era um assunto de conversa só de mulheres, falava-se do tema também entre os próprios homens. Em 1381, Giovanni Del Bene mencionava o vestido de noiva de sua filha na carta que enviara a seu parente Francesco: "as mulheres decidiram que o vestido de Caterina seria feito em seda azul" (In: BRUCKER, 1998, p. 35).[51]

A descrição de Del Bene, apesar de não ser das mais detalhadas, é significativa por mencionar o papel que desempenhavam as mulheres da família na escolha do vestido de casamento. Essa era, sem dúvida, a roupa mais significativa na vida das moças florentinas. Assim, é compreensível que um sentimento de empatia e afinidade tomasse conta de todas as mulheres da casa, solteiras, casadas e viúvas, que, a partir das suas próprias ilusões e experiências, solidarizavam-se com a noiva e a ajudavam a definir e a realizar seus sonhos e desejos.

Já da parte dos futuros esposos, a dedicação e cuidado com essa tarefa era igualmente diligente. Em 1447, Alessandra Strozzi comentava ao filho Filippo que Marco Parenti, assim que se comprometera com a sua filha Caterina, havia encomendado para a moça um vestido de veludo de seda cor carmesim: "e é o mais belo tecido que há em Florença", ressaltava orgulhosa (1877, p. 5).[52] Do vestido, Marco ordenara fazer "as mangas grandes, forradas em marta, (para usar) quando for a (casa do) marido", e, igualmente, encarregara "uma grinalda de penas com pérolas, custando 80 florins, e o cocar de baixo, que tem duas tranças de pérolas, custando 60 florins ou mais" (STROZZI, 1877, p. 5, grifo meu).[53] Também Francesco Castellani encomendou o vestido para sua

---

51 "the women have decided that Caterina´s dress will be made of blue silk".

52 "ed è il più bel drappo che sia in Firenze".

53 "colle maniche grandi, foderato di martore, quando n'andrà a marito"; "una grillanda di penne con perle, che viene fiorini ottanta; e racconciatura di sotto, e' sono duo trecce di perle, che viene fiorini sessanta o più".

futura esposa Lena Alimanni, em 1448; assim consta em seus *Ricordi*: "fiz cortar a Andrea, alfaiate, um vestido de carmesim escuro e claro para a Lena, minha mulher" (1992, p. 117).[54] Dias mais tarde, ele registrou ter entregado o vestido ao mestre Giovanni Gilberti para ser bordado com fios de prata, ouro e pérolas.

No que concerne ao assunto, a documentação não nos esclarece se os vestidos encomendados pelos noivos eram escolhidos de acordo com as preferências das moças. Não há referência a se as jovens tinham nessa ocasião a mesma oportunidade de escolha que elas tinham quando o vestido de noiva era encomendado pelas suas famílias. A dúvida que surge é se os noivos teriam conversado com as moças sobre o tema durante os encontros tidos com as jovens e suas famílias após a celebração do *giuramento*. A única menção a esse fato aparece em uma das cartas de Alessandra Strozzi, na qual comentava que tão logo foi celebrado o compromisso de sua filha Caterina, Marco Parenti dissera à jovem: "pede aquilo que tu queiras" (1877, p. 5).[55] Se considerarmos esse testemunho, podemos pensar que sim, possivelmente, o vestido fosse um assunto de conversação entre o futuro casal e alguns noivos se esforçassem por honrar os desejos das moças.

Com base nas descrições dos vestidos, notamos que tanto os pais quanto os noivos empenhavam-se para que as moças luzissem belas e suntuosas no dia da boda. A cor carmesim era a mais utilizada nos vestidos por ser a mais luxuosa – os tecidos nessa cor eram os mais desejados de Florença, tanto para roupas femininas quanto masculinas, pois eram fabricados com uma tintura importada muito custosa, feita a partir de insetos secos triturados (MUSACCHIO, 2008). Além disso, o uso de peles e bordados dava maior realce ao vestido e à figura da noiva. Pais e noivos usavam tempo e muito dinheiro na tarefa de vestir às moças, pois as práticas rituais florentinas ofereciam-lhes uma grande possibilidade de ostentar publicamente a riqueza que havia sido investida na jovem.

---

54 "feci taglare ad Andrea sarto uno vestito d´alto e basso chermisi alla Lena mia donna".

55 "chiedi ciò che tu vuogli".

A noiva exibiria seu vestido durante o cortejo que a conduziria da casa paterna até a casa do marido. Ao longo do percurso pelas ruas da cidade ela seria olhada por vizinhos e membros da comunidade, que mesmo não convidados à festa teriam oportunidade de vê-la de perto e admirar a suntuosidade de suas roupas e joias. Nesse dia, as moças florentinas ocupavam um lugar de honra sem par dentro da vizinhança, tornando-se o centro de todas as atenções. As famílias investiam grandes quantias de dinheiro em encomendar os luxuosos vestidos às melhores alfaiatarias e firmas de bordado da cidade,[56] pois assim como acontece nos dias de hoje, as pessoas gostavam de comentar os pormenores dos casamentos, sabiam antecipadamente dos detalhes da festa, dos convidados, dos móveis encomendados pelas famílias e também quem havia se encarregado do vestido da moça. Esperava-se com curiosidade o dia do matrimônio para poder ver a noiva em seu vestido de núpcias, admirar a qualidade do tecido, da cor e a riqueza da ornamentação.

Ainda, com relação ao tema da vestimenta, chama-nos a atenção que nenhuma menção é feita às vestes usadas pelo noivo ou pelos parentes mais próximos. Podemos pensar que, devido ao alto custo que tinham as roupas naquele período e ao tempo que demandava a sua confecção, o vestido de noiva fosse, talvez, a única peça encomendada especialmente para a ocasião. Nesse sentido, é possível que o noivo e os outros parentes vestissem no dia do matrimônio as roupas suntuosas que se reservavam especialmente para os grandes eventos públicos da cidade. Logicamente, também cabe a possibilidade de que a confecção dessas roupas não tenha sido registrada ou tenha sido junto com outras despesas realizadas para a boda, mas essa probabilidade não é condizente com o cuidado minucioso com que os mercadores detalhavam seus gastos e suas encomendas em seus diários pessoais. Portanto, a falta de referências sobre o assunto nos permite fazer apenas essas suposições a respeito.

---

56 Para maiores informações sobre a confecção dos vestidos de casamento na Florença Renascentista ver: FRICK, Carole Collier. *Dressing Renaissance Florence*. Baltimore: Johns Hopkins University Press, 2002.

Um detalhe relevante sobre os preparativos de casamento, pois se refere à forma como as noivas pensavam no seu futuro matrimônio, nos é apresentado por uma das cartas de Alessandra Strozzi. Após o compromisso da sua filha Caterina com Marco Parenti ela escreveu ao filho Filippo: "diz a Caterina que faças com que ela tenha um pouco daquele sabonete; e se há (em Nápoles) alguma água boa ou outra coisa que faça bela, que te implora que o envies pronto" (1877, p. 8, grifo meu).[57] Embora sendo a única menção nos nossos documentos a esse assunto, as palavras de dona Alessandra permitem observar que as futuras esposas, além de pensarem nas roupas e joias que usariam no dia da boda, esmeravam-se também para luzir belas na sua aparência física.

Assim, uma vez que o vestido da noiva e o mobiliário nupcial ficavam prontos era o momento de se celebrar o matrimônio. A cerimônia de casamento em si era um ato simples, discreto, comemorado de forma privada no ambiente doméstico. Conforme indicam os registros da época, o cenário escolhido para essa cerimônia era a casa da família da moça. Aqui, em companhia dos pais, parentes e amigos mais próximos, os noivos manifestavam frente ao notário o seu consentimento para o matrimônio, condição determinante para legitimar a união do casal. Pela primeira vez desde o início das tratativas matrimoniais compareciam a noiva e as mulheres das famílias – tanto o *impalmamento* quanto o *giuramento* haviam sido celebrados pela parentela masculina. Na ocasião, o notário perguntava a cada um dos esposos se aceitavam de livre vontade o consentimento ao casamento – um gesto apenas simbólico, já que a vontade dos esposos havia sido previamente decidida e acordada pelas famílias –, logo após o assentimento dos cônjuges tinha lugar o ritual de entrega do anel de matrimônio à esposa.

O *immissio anuli* ou entrega do anel era o ponto culminante do rito e representava o símbolo da nova união, um significado que, com as devidas ressalvas contextuais, podemos relacionar com os casamentos do presente. Esse momento foi amplamente representado nas pinturas

---

57 "dice la Caterina, che tu faccia ch'ell' abbia un poco di quel sapone; e se v'è niuna buon'acqua o altra cosa da far bella, che ti prega gliele mandi presto".

renascentistas, especialmente em imagens que diziam respeito ao matrimônio da Virgem Maria (Fig. 5-7). Essas pinturas são de grande ajuda, pois nos permitem ter uma ideia visual do modo como ocorria a cerimônia matrimonial e a entrega do anel – as representações artísticas, mesmo evocando outros tempos, guardam sempre alguma relação com a sua realidade contemporânea.[58]

Figura 5 – GHIRLANDAIO, Domenico. *Sposalizio della Vergine*, c. 1485-1490. Afresco. Igreja Santa Maria Novella, Capela Tornabuoni, Florença.
Fonte: GAGLIARDI, 2010, p. 30.

Através das pinturas podemos observar que os noivos se posicionavam de frente um para o outro e o notário ou o pai da moça tomava a mão da jovem, geralmente a esquerda, para que o esposo colocasse o anel em seu dedo anular. Segundo escreve Marco Antonio Altieri no século

---

[58] No caso específico dos pintores florentinos da Renascença, eles muitas vezes representavam as figuras religiosas em interiores decorados com o mobiliário da sua própria época, em ambientes específicos da cidade de Florença ou, como afirma Enrico Castelnuovo (2006), rodeados de figuras proeminentes da realidade contemporânea.

XVI, a escolha do dedo anular não era fortuita: "só daquele dedo, um nervo, uma veia, ou mesmo algum outro ligamento, mostra-se coligado e incorporado com o coração" (1873, p. 53).[59] Nesse sentido, Jacqueline Musacchio (2008) explica que a tradição do dedo anular era mencionada já no período da antiga Roma, na *Saturnalia* de Macrobius, do século V, onde esse autor estabelecia que o anel de casamento iria no quarto dedo da mão esquerda, pois dessa mão fluía uma veia direto ao coração.

Figura 6 – GIOTTO. *Sposalizio della Vergine*, c. 1303-1305. Afresco. Cappella degli Scrovegni, Pádua.
Fonte: SEBREGONDI, 2010, p. 38.

---

59 "solo da quel deto, o nervo o vena, overo algun altro ligaculo, se mostra qual se colleghi et incorpori col core".

Ainda, como parte do ritual de casamento, Ludovica Sebregondi (2010) explica que, enquanto o esposo colocava o anel no dedo da esposa era tradição que os amigos o palmeassem no ombro ou nas costas como uma forma de simbolizar o rito de passagem do jovem do grupo dos homens solteiros para o dos casados. Essa tradição também é apresentada pelo pintor e escritor Giorgio Vasari no século XVI; ao relatar a vida de Franciabigio, Vasari comentava o seguinte sobre o afresco do artista na igreja *della Santíssima Annunziata* (Fig. 7): "nela fez os Esponsais da Virgem, onde se vê claramente a grandíssima fé que tinha José, que enquanto a desposa mostra no rosto tanto temor quanto alegria. Ainda, pintou a um que lhe dá socos, como é costume no nosso tempo, como lembrança da boda" (2004, p. 668).[60] Esse costume devia ser muito significativo, pois em todas as pinturas que aqui apresento os moços que aparecem atrás da figura do noivo estão com a sua mão levantada, com a palma aberta ou com o punho fechado, mas sugerindo a intenção de bater nas costas do novel esposo.

---

60 "En ella hizo los Desposorios de la Virgen, en donde se ve claramente la grandísima fe que tenía José, quien mientras la desposa muestra en su rostro tanto temor como alegría. Además pintó a uno que le da puñetazos, como es costumbre en nuestros tiempos, como recuerdo de la boda".

Figura 7 – FRANCIABIGIO. *Sposalizio della Vergine* (detalhe), c. 1513. Afresco. Igreja Santissima Annunziata, Florença.
Fonte: GAGLIARDI, 2010, p. 24.

Outra questão que nos é sugerida através das pinturas é a forma como, possivelmente, se acompanhava os noivos durante a cerimônia; as mulheres posicionavam-se do lado da moça e os homens do lado do noivo. Talvez esse comportamento representado na arte fosse uma forma de solidariedade de gênero ou de identificação com os papeis sociais trazidos pelo matrimônio.

Uma vez que havia finalizado a cerimônia, o notário encarregava-se de redigir o *instrumentum matrimonii*, o documento mediante o qual o matrimônio tornava-se legalmente um fato constituído. "Apresentadas as testemunhas", dizia um documento matrimonial do ano 1302 da zona rural de Florença, "e feitas por mim as interrogações, notário que assina, o dito Gaccio di Rigaccio, invocado o nome de Cristo, colocou o anel no dedo da mencionada Franchina, recebendo-a como a sua legítima esposa, e ela, pela sua parte, recebeu livremente o anel, aceitando Gaccio como o seu legítimo esposo" (*apud* PAMPALONI, 1966, p. 35-36).[61] Nas palavras expressas por esse notário, é importante destacar o papel concedido ao anel como reforço do consentimento ao matrimônio verbalmente pronunciado pelos esposos. Nesse sentido, o anel era um símbolo tão representativo do matrimônio celebrado que os documentos notariais daquela época se referiam à cerimônia como *matrimonium* ou *datio anuli* (do latim, entrega do anel) (FABBRI, 1991). Ainda, vale mencionar a invocação a Cristo na cerimônia laica, a qual nos permite observar que, além da assistência à missa da união antes do casamento, havia durante a celebração do rito matrimonial um apelo simbólico à presença religiosa.

Com isso, ao terminar o dia, os noivos já eram considerados marido e mulher. Nesse sentido, uma das poucas representações existentes do rito matrimonial fora do tema religioso nos permite perceber a importância da função do notário na cerimônia relatada, apresentando-o no próprio momento em que redigia o documento de legitimação da união (Fig. 8). Com relação ao notário, vale relembrar também que a sua participação nos matrimônios florentinos dava-se, fundamentalmente, entre as famílias de melhor condição econômica. Tanto as famílias da alta sociedade quanto as famílias de artesãos e comerciantes médios podiam se dar ao luxo de pagar os serviços destes profissionais. No entanto, "entre os pobres, o anel parece ter sido entregue mais frequentemente na igreja ou na frente de um padre ou de monges que serviam como testemunhas" (KLAPISCH-ZUBER, 1985, p. 196).[62]

---

61 "Presenti i testimoni"; e fatte le interrogazioni da me notaio sottoscritto, il predetto Gaccio di Rigaccio, invocato il nome di Cristo, mise l'anello in dito alla suddetta Franchina ricevendola in sua legittima sposa, e essa da parte sua ricevette liberamente l'anello, accettando Gaccio come suo legittimo sposo".

62 "among the poor the ring seems to have been given more often in church or before a priest or monks who served as witnesses".

Figura 8 – GHIRLANDAIO, Domenico. *I Buonomini dotano una fanciulla povera*, c. 1490. Afresco. Oratório Buonomini di San Martino, Florença.
Fonte: SEBREGONDI, 2010, p. 37.

Diferentemente da informação visual oferecida pela arte, os documentos pessoais são pouco descritivos em relação à forma como acontecia a cerimônia de matrimônio, remetendo-se apenas a mencionar alguns assuntos pontuais, como a missa que os noivos costumavam assistir antes da celebração, a entrega do anel de casamento à esposa e o nome do notário que oficiara a cerimônia. Ugolino Martelli registrou seu matrimônio com Betta Serragli de forma breve e concisa: "no dia 6 de setembro de 1434, sábado de manhã, ouvimos juntos a missa da união na igreja de San Friano; e retornando à casa de Francesco Serragli, seu pai, dei-lhe o anel" (1989, p. 99).[63] Igualmente fez Goro Dati em seus *Ricordi*: "no dia 7 de abril, que foi segunda-feira de Páscoa, dei-lhe o anel; foi o

---

63 "a dì vi di settembre 1434, i sabato mattina, udinno insiema la messa del chongunto nella chiesa di San Friano;e tornati a casa di Francesco Serragli suo padre, le diedi l'anello".

notário ser Lucha Franceschi" (2006, p. 105).⁶⁴ Cino Rinuccini foi um pouco mais explícito, mas, de igual modo, suas palavras não nos permitem ter uma ideia da forma como acontecia a cerimônia de matrimônio:

> Lembro como nesta manhã dia 29 de junho, a Ginevra minha mulher e eu ouvimos juntos em San Lorenzo a missa da união; e logo, à tarde, na casa de Ugolino seu pai dei-lhe o anel e esposei-a como minha legítima esposa; foi encarregado ser Piero di Iacopo Migliorelli notário, dito Ser Piero da Pontorno (1840, p. 254).⁶⁵

O que estes registros nos permitem compreender é que o significado do anel tinha uma relevância ritual muito importante dentro da celebração do casamento, pois a sua menção não só fazia parte da descrição dos documentos notariais como estava presente no dizer desses mercadores. Isto é, era um signo culturalmente associado com a ideia do matrimônio. Os florentinos aqui citados não falavam em haver contraído matrimônio e sim em haver dado o anel às esposas, resumindo nesse símbolo o acontecimento da cerimônia realizada. Rinuccini é o único entre eles a mencionar que ao dar o anel a sua mulher Ginevra a havia tomado como sua esposa, porém, nos outros registros, a simples menção à entrega do anel já implicava o matrimônio celebrado.

De acordo com Fabbri (1991), em termos simbólicos a entrega do anel tinha implícito outro significado além daquele da culminação ritual do matrimônio. Representava a transferência da autoridade sobre a jovem esposa, que passava da figura paterna para a do esposo. O gesto de "entrega da mão", que no momento do *immissio anuli* era exercido pelo notário ou

64 "a dì 7 d'aprile, che fu lunedì della Pasqua, le diedi l'anello; fu il notaio ser Lucha Franceschi".

65 "Ricordo come questa mattina a dì 29 di Giugno, la Ginevra mia donna ed io insieme udimmo in San Lorenzo la messa del Congiunto; e dipoi la sera in casa Ugolino suo padre gli detti l'anello e sposaila per mia legittima sposa; funne rogato ser Piero di Iacopo Migliorelli notaio, detto ser Piero da Pontormo".

pelo próprio pai da moça, mostrava a forma como a mulher era guiada, por meio do casamento, do controle de uma figura masculina para o de outra. O simbolismo dessa transmissão de autoridade teria a sua máxima expressão na cerimônia que conduziria a esposa até a casa do marido. Em linhas gerais, podemos dizer que a cerimônia de matrimônio florentina era um evento formal, mas reservado apenas aos mais íntimos. Tratava-se de um acontecimento privado destinado, fundamentalmente, a oficializar a união estabelecida no passado pelas famílias. Com a manifestação do consentimento dos jovens e a entrega do anel à esposa, o notário entendia a livre aceitação do matrimônio por parte dos contraentes, condição necessária para tornar legítimo o matrimônio. Contudo, não obstante a importância jurídica do evento, ele não era comemorado de forma suntuosa. A celebração pública do casamento só tinha lugar alguns dias depois, com uma grande festa na casa da família do esposo. Porém, no dia da cerimônia matrimonial propriamente dita não há menção nos documentos a alguma forma de festejo. Possivelmente, a família da noiva oferecesse algum jantar em homenagem aos esposos, mas, sendo assim, tratava-se apenas de uma comemoração doméstica, reservada aos poucos convidados da cerimônia. Brucia Witthoft (1982) menciona que o mercador Luca da Panzano celebrou um jantar em sua residência após o casamento da filha, porém, esse é o único caso citado pela historiadora. Sabemos sim, através de Marco Antonio Altieri, que nestas celebrações na Roma do século XVI a família da noiva oferecia uma comida "abundante não tanto de diversas coisas confeitadas como, de acordo com a estação, de uma grande variedade de frutas excelentes e muito estimadas" (1873, p. 51).[66]

É relevante mencionar que mesmo considerados legítimos esposos após a celebração dessa cerimônia, para que a união fosse juridicamente completa faltavam ainda as manifestações públicas frente à comunidade, após as quais o matrimônio era consumado e se tornava devidamente válido aos olhos do governo e da sociedade.

---

66 "repiena non tanto de diverse cose confectate, ma secundo la stascione de grandissima copia de fructi molto excellenti et extimati".

O cortejo da noiva e o banquete de casamento

De acordo com as práticas matrimoniais florentinas, a união se considerava legítima após o dia em que a esposa era transferida da casa paterna para a casa do marido, onde era celebrada uma grande festa para acolher a jovem em sua nova família e o matrimônio era finalmente consumado. Segundo Christiane Klapisch-Zuber (1985), a cerimônia de transferência da jovem para aquele que seria o seu novo lar anunciava a legitimação do matrimônio aos olhos da comunidade e representava o rito de passagem que marcava o ingresso da jovem para o grupo das mulheres casadas. Esse ritual apresentava publicamente a jovem como uma *donna novella*, literalmente uma nova mulher ou uma nova esposa (MUSACCHIO, 2008). Em particular, a ação de conduzir a esposa até o marido sugeria que o casal passaria a sua primeira noite juntos, constituindo um sinal explícito da consumação da união.

Entre as famílias da alta sociedade, esse ritual assumia as proporções de uma grande celebração pública, pois significava uma boa oportunidade de exibir frente à comunidade o prestígio e poder do *parentado* estabelecido (WITTHOFT, 1982). Assim, era comemorado com grande ostentação, com uma procissão festiva que tomava conta das ruas da cidade acompanhando a jovem ao longo do seu percurso. O contraste entre a simplicidade da cerimônia matrimonial celebrada dias antes na casa da jovem e o espetáculo deste cortejo nupcial é extraordinário. Durante a cerimônia, a moça precedia a cavalo usando o suntuoso vestido feito para a ocasião e as joias que havia recebido de presente do pai e do esposo (Fig. 9). O cabelo maravilhosamente penteado e adornado com uma coroa ou *ghirlanda* em ouro ou prata. No caminho até sua nova residência era escoltada por amigos e parentes das duas famílias e anunciada por músicos e dançarinos, que noticiavam a hierarquia do matrimônio que se celebrava e atraíam os olhares de toda a vizinhança. Ainda, na comitiva seguiam também os criados da família, carregando as arcas com os bens que a esposa levava para a nova vida que iniciava.

Figura 9 – LORENZETTI, Ambrogio. *Os efeitos do bom governo na cidade* (detalhe), c. 1340. Afresco. Palazzo Pubblico, Siena.
Fonte: SEBREGONDI, 2010, p. 39.

Giovanni Morelli registrou esse momento significativo de seu casamento com Caterina degli Alberti com as seguintes palavras: "conduzi-a no dia 27 de janeiro, uma quinta-feira à tarde, a cavalo, em companhia de doze nobres jovens [...]; e ali se fez boa e abundante festa com tudo aquilo que pertence a esse tipo de acontecimento" (1718, p. 252).[67] Diferentemente da sobriedade com que os mercadores relatavam a cerimônia de matrimônio, notamos que em relação a esse dia falavam de forma um pouco mais precisa e eloquente, deixando explícito que a importância comemorativa do casamento recaía especificamente nessa data, a qual era celebrada "com tudo aquilo" que pertencia a uma ocasião do tipo. Talvez a importância simbólica se atribuísse mais a esse dia do que ao dia da própria cerimônia de casamento por ser a ocasião em que

---

67 "menolla a dì 27 di gennaio un giuovedì a vespero, a cavallo, in compagnia di dodici nobili giovani [...]; e ivi si fece buona e lieta festa con ciò che a simile fatto s'appartiene".

o homem trazia a esposa para sua casa para começarem a sua vida juntos, por isso nos registros constam expressões alusivas como "mandei por ela" ou "conduzi-a", sugerindo a relevância do ato.

Uma descrição mais completa sobre a cerimônia de transferência da esposa é oferecida por Marco Parenti a respeito do casamento de Lorenzo de Medici com a jovem Clarice Orsini, em 4 de junho de 1469. Parenti escreve:

> Domingo de manhã a esposa partiu da casa de Benedetto degl' Alexandri a cavalo, naquele cavalo grande doado pelo Rei (de Nápoles) a Lorenzo, com muitas trombetas e muitos pífaros; ao seu redor, os jovens da festa de casamento, a pé, bem vestidos; detrás dela os cavaleiros messer Carlo e messer Tommaso, a cavalo, com a família que os acompanhava, segundo o costume da cidade; e por diversas ruas a conduziam à casa do marido, a qual estava espetacularmente arrumada (1996, p. 247, grifo meu).[68]

Ocasionalmente, quando os casamentos celebrados envolviam a famílias de grande porte, como é aqui o caso dos Medici, as noivas eram escoltadas por parentes ou amigos do esposo também a cavalo, o que concedia maior magnificência ao evento. Assim, a opulência da comitiva da noiva costumava evidenciar a hierarquia da união que se havia celebrado. Muito similar é o registro de Ugolino Martelli sobre o cortejo da sua esposa Betta Serragli: "no dia 8 de setembro do dito ano,

---

68 "Domenicha mattina la sposa partì da chasa Benedetto degl' Alexandri a cavalo, in sul caval grosso che donò il Re a Lorenzo, con molte trombe e pifferi inanzi; d'intorno e giovani delle noze, a pie', vestiti alla civile; drieto a llei e cavalieri, cioè messer Carlo e messer Tommaso, a cavalo, cho' loro famigli che l'acompagnavano, secondo l'uso della terra; e per diverse vie la condussono a casa il marito, la quale era parata ornatissimamente".

No caso de Clarice Orsini, o seu cortejo parte da casa de um amigo da família e não da casa do seu pai, como tradicionalmente ocorria, porque a família Orsini residia na cidade de Roma.

uma segunda-feira [...] mandei por ela ao nosso Francesco Martelli com outros jovens a cavalo, e a conduziram ao nosso lugar de San Ciervagio" (1989, p. 99).[69]

Um caso singular a respeito dessa celebração é mencionado pelo mercador Lapo Niccolini. De acordo com seu registro, a sua família comemorou com uma única festa os matrimônios dele e do seu irmão Filippo. Assim, as duas esposas foram transferidas no mesmo dia até a casa deles. Ele escreveu: "no dia 6 de maio de 1384, eu Lapo e Filippo, meu irmão, conduzimos juntas as mulheres até o marido e fizemos uma festa na nossa casa da rua *del Palagio*" (1969, p. 72).[70]

Geralmente, entre a celebração do matrimônio e a transferência da esposa para a casa do marido costumavam transcorrer de alguns dias a algumas semanas. Dos casos acima mencionados, Giovanni Morelli casou-se no dia 15 de dezembro e sua esposa foi para sua casa em 26 de janeiro. Nos casamentos de Ugolino Martelli e Lapo Niccolini esses prazos foram bem menores; o primeiro celebrou o matrimônio no dia 6 de setembro e a chegada da esposa no dia 8 de setembro, o segundo casou no dia 10 de maio e recebeu a esposa no dia 11 de maio. Um caso particular foi o de Lorenzo de Medici, que casou por procuração em Roma com Clarice Orsini em fevereiro de 1469 e a moça só chegou à sua casa em Florença no dia 4 de junho.

O costume do cortejo das noivas pelas ruas da cidade era uma prática habitual, tão representativa da cultura florentina que é referida tanto em documentos do governo quanto em documentos religiosos. O *Statuto Trecentesco del Capitano del Popolo di Firenze* mencionava que, durante essa cerimônia, a esposa era acompanhada por mulheres, moças e músicos que tocavam instrumentos de cordas e de vento

---

69 "a dì viii di settenbre anno detto, in lunedì [...] manadai per lei Francesco Martelli nostro chon più Giovani a chavallo, e chondussola al luogho nostros di San Ciervagio".

70 "a dì xj di maggio 1384, io Lapo e Filippo, mio fratello, menammo le donne insieme a marito e faciemmo una ffesta nella nostra chasa della via del Palagio".

(SEBREGONDI, 2010). Já em suas prédicas, São Bernardino de Siena referia-se detalhadamente a essa prática:

> Tu vês quando ela vai para o marido, ela vai a cavalo toda ornada com tanta música e tanto triunfo: ela reúne uma multidão quando ela vai pela rua e o caminho todo cheio de flores. Ela está vestida com tanto ornamento, com o brilho da prata [...] com os dedos cheios de anéis [...] ela leva o cabelo preso, penteado: ela tem a *ghirlanda* na cabeça, tem o véu e de cada ângulo ela destelha ouro (1427, *apud* MUSACCHIO, 2008, p. 266, n. 16).[71]

Ainda, em outro de seus sermões ele dizia: "vejo vir a jovem mulher acompanhada com dois nobres cavaleiros. Ela está sobre um belo cavalo, vestida de seda e muito bem adornada para seu esposo" (1940, *apud* SEBREGONDI, 2010).[72]

Com relação ao tema, é importante ressaltar que a prática da noiva montar a cavalo não era exclusiva dos matrimônios florentinos. Marco Antonio Altieri, testemunha das bodas romanas do século XVI, também a mencionava: "a esposa [...] em cavalo branco, testificando com o seu candor ser imaculada" (1873, p. 67).[73] Igualmente, os historiadores Frances e Joseph Gies afirmam que, na Espanha dos anos 1300, "a noiva ia a cavalo

---

[71] "Tu vedi quando ella ne va a marito, ella ne va a caballo tutta ornata con tanti suoni, con tanto triunfo: ella fa del grosso, quando ella va per la via, e la strada è tutta piena di fiori. Ella è vestita tanto ornatamente, co le listre dell'ariento [...] piene le dita d'anella [...] ella há i capelli raconti, pettinati: ella ha le ghirlanda in capo, ella ha la fietta, e in ogni lato alluccica d'oro".

[72] "vegovi venire la donna novela accompagniata con due nobili cavalieri. Ella è in su um bello cavalo vestita di seta e ornata molto bene al suo esposo".

[73] "la sposa [...] in cavalo bianco, testificando-se col suo candore essere immaculata".

para a igreja" – a única diferença é que nos territórios espanhóis a celebração matrimonial era religiosa (1989, p. 154).[74]

Entretanto, todo esse esplendor mencionado nas descrições dos mercadores, nas leis florentinas e nos discursos religiosos era acessível apenas às camadas mais abastadas. Os grupos menos privilegiados não podiam se dar ao luxo de fazer grandes cortejos nupciais, nem ter músicos e dançarinos para acompanhar a noiva; a jovem, geralmente, ia a pé até a casa do marido, não a cavalo, acompanhada por seus parentes e amigos. Nesse sentido, para a alta sociedade essa prática cultural representava uma oportunidade propícia de diferenciação social. O luxo da procissão nupcial assinalava o poder e a hierarquia da família em questão perante o resto da sociedade. Podemos dizer que, entre os membros das famílias mais abastadas da cidade a cerimônia de transferência da esposa era utilizada como uma forma de reforçar a identidade social e de demonstrar o estatuto e a posição que se tinha dentro da comunidade (CHARTIER, 1990).

Assim sendo, esses cortejos nupciais assemelhavam-se em magnificência às comitivas dos líderes políticos que visitavam a cidade, às procissões religiosas ou a outros tipos de festas urbanas. A exposição suntuosa da noiva, das pessoas prestigiosas que a acompanhavam e dos serviçais que carregavam o seu enxoval anunciavam a importância do evento que se celebrava (Fig. 10). Os músicos e dançarinos contratados para o evento conseguiam atrair a atenção e os olhares da comunidade, congregando um grande número de curiosos e causando um forte impacto em todos os que testemunhavam o passo da jovem. Desse modo, como escrevera Marco Parenti sobre o cortejo de Clarice Orsini, a cerimônia "parecia quase um triunfo" (1996, p. 248).[75]

---

74 "rode on horseback to church".
75 "parea quase uno trompho".

Figura 10 – GIOVANNI, Giovanni (Lo Scheggia). *Corteo nuziale* - storia di Traiano e la vedova (detalhe), c. 1455-1460. Têmpera sobre madeira. Coleção privada.
Fonte: SEBREGONDI, 2010, p. 40.

No que concerne a esse tema, Burckhardt explica que nas cidades italianas da época todo cortejo festivo "tivesse ele lugar para enaltecer um acontecimento qualquer ou apenas em função de si próprio, assumia, em maior ou menor grau, o caráter e, quase sempre, o título de um *trionfo*" (2003, p. 301).

Particularmente sobre o matrimônio florentino podemos dizer que, mesmo a noiva sendo a figura central da procissão, anunciada e cortejada por músicos e dançarinos, não era a ela a quem o "triunfo" celebrava e sim às famílias envolvidas no matrimônio. Na opinião de Witthoft (1982), a procissão nupcial representava um "triunfo" em dois sentidos: o triunfo do noivo, pelo sucesso em trazer para sua família a noiva, o dote e os seus pertences, e o triunfo da família da moça, que ostentava no evento a sua riqueza, poder e a importância política e econômica da aliança matrimonial que havia celebrado.

Geralmente, para o cortejo da noiva escolhiam-se os domingos. Segundo Christiane Klapisch-Zuber, 40 % dos casos estudados ocorreram nesse dia, uma escolha que manifestava o desejo de dar uma maior publicidade ao evento: "o dia em que um maior número de pessoas, isto é, de testemunhas, podia ser esperado para atender a tal solenidade" (1985, p. 187).[76] Assim consta na descrição de Niccolò Corsini sobre o casamento de sua filha Francesca: "Enviamo-la ao marido, ao dito Lucha, no dia 9 de maio de 1401, muito honoravelmente, e fizeram grande festa de casamento, conforme necessário, e foi no domingo, o dia de São Miguel Arcanjo" (In: PETRUCCI, 1965, p. 81).[77] Também em um dia domingo foi conduzida a jovem Clarice Orsini até a casa da família Medici, Nannina de´ Medici até a casa dos Rucellai, Ginevra Martelli até a casa dos Rinuccini e Betta Vilanuzzi até a casa dos Dati.

Com relação aos meses escolhidos para essa celebração, respeitava-se o período da quaresma por causa do impedimento da intimidade sexual durante esses dias (SEBREGONDI, 2010). Assim, entre os meses anteriores e posteriores a essa época, os preferidos, segundo mostram os documentos, eram janeiro, maio e junho. O primeiro deles era escolhido por aqueles que queriam evitar esperar o fim da quaresma para concretizar o matrimônio, já maio e junho, por serem os primeiros meses mais quentes do ano, oferecendo um clima mais apto para as celebrações ao ar livre.

Uma vez que o cortejo nupcial chegava ao destino a moça era recebida pelo seu marido e por alguns convidados da festa, que a aguardavam no umbral da casa com muita alegria e alvoroço. Segundo Parenti, a jovem Clarice foi recebida por 30 moças na casa de Lorenzo de Medici: "umas 30 moças haviam ficado na casa de Lorenzo di Piero, as quais receberam à esposa e ao cortejo; e foi retirada a oliveira da janela, com

---

76 "the day on which the greatest number of people, thus of witnesses, could be expected to attend such solemnities".

77 "Mandamola a marito al detto Lucha a dì Viiij di magio 1401 e molto honorevolemente e fecene grande festa di noze, come bisognò, e fue i domenicha, il dì di santo michele archangiolo".

muita música [...]. Foram todos para almoçar" (1996, p. 247-248).[78] As ramas de oliveira mencionadas por Parenti eram augúrio de felicidade para o casal, colocados nas portas e janelas das casas indicavam a celebração de um matrimônio na família (MUSACCHIO, 2008). A partir desse momento tinha início a festa de casamento, com danças, música e abundantes refeições. O banquete variava em luxo e suntuosidade de acordo com a riqueza e a posição social da família que celebrava. Desse modo, as comidas oferecidas, os dias de duração da festa, a hierarquia dos convidados e o espetáculo montado para as celebrações eram elementos que contribuíam para exaltar a hierarquia de uma família. Preparava-se tudo com grande opulência, ocupavam-se as salas, os pátios, os jardins e até a própria rua da casa – era costume entre os nomes mais distintos da cidade a apropriação do espaço urbano como extensão dos próprios palácios. Armavam-se palcos cobertos para a dança, cenários para os músicos, mesas com bancos para o banquete e decoravam-se os ambientes com tapetes, guirlandas, vasos, obras de arte e prataria. No cenário montado para a festa homenageava-se aos noivos e atendiam-se aos convidados com músicos, serviçais e cozinheiros contratados para a ocasião, serviam-se os suntuosos banquetes, dançava-se e celebrava-se com grande alarde o *parentado* estabelecido entre as famílias.

O banquete de casamento de Bernardo Rucellai e Nannina de Medici foi provavelmente um dos mais luxuosos da época. A detalhada descrição que seu pai Giovanni Rucellai, um dos homens mais ricos de Florença, registrara em seu diário pessoal, permite elaborar uma imagem bastante precisa de como a festa pode ter sido:

> Memória que no dia 8 de junho de 1466 fizemos a festa de casamento de Bernardo, meu filho, e da Nannina, filha de Piero di Cosimo de Medici [...]. A festa se fez fora da casa em um palco alto [...] que ocupava toda a pracinha em frente da nossa casa, e a *loggia* e a rua della Vigna

---

78 "Atre 30 fanciulle in circa erano rimase a casa Lorenzo di Piero, che riceverono la sposa et il corteo; e tirato fu l'ulivo alle finestre, con molti suoni [...]. Andorono tutti a desinare".

até o alto da nossa casa, representado a modo de triângulo com belíssima decoração de tapeçarias penduradas e pinturas, e com um teto por cima, para proteger do sol, de pano azul, com todo o dito teto adornado com guirlandas, cobertos com vegetação e com rosas no centro das guirlandas, com festões de vegetação ao redor, com escudos, a metade com a arma dos Medici e a metade com a arma dos Rucellai [...]. E embaixo desse palco se dançava e festejava e se colocava para almoçar e para jantar. [...] A cozinha se fez na rua atrás da nossa casa [...] onde operavam entre cozinheiros e lavadores de louça, 50 pessoas (In: MARCOTTI, 1881, p. 82-84).[79]

Também para a festa de casamento de Lorenzo de Medici e Clarice Orsini havia "um palco na rua onde se dançava [...] decorado com tapetes e bancos [...] e por cima cortinas de panos inteiros, roxos e verdes e brancos, com bordados dos escudos deles (dos Medici) e dos Orsini" (PARENTI, 1996, p. 247 e 249, grifo meu).[80]

---

79 "Memoria que a dì VIII di giugno 1466 facemo la festa delle nozze di Bernardo mio figliulo e della Nannina figliuola di Piero di Cosimo de Medici [...]. La quale festa si fece fuori di casa in su uno palchetto alto [...] che teneva tutta la piazzuola ch'è dirimpetto alla casa nostra e la loggia e la via della Vigna per fino alla cima della casa nostra, rittrato a modo di triangolo con bellissimo aparato di panni d'arazzi pancali e spalliera, e con un cielo di sopra per difesa del sole di panni turchini, con essi adornato per tutto il detto cielo con ghirlande, coperto di verzura e con rose nel mezzo delle ghirlande, con festoni di verzura dattorno, con scudi la metà coll'arme de'Medici e la metà coll'arme de'Rucellai [...]. In sul detto palchetto si danzava e festeggiava e apparecchiava pe'desinari e per le cene. [...] La cucina si fece nella via dirieto alla casa nostra [...] dove s'aoperavano fra cuoghi e sguatteri persone 50".

80 "un palco nella via dove si danzassi [...] ornato d'arazi e spalliere [...] di sopra, tende di pani interi, pagonazi e verdi e bianchi, con compassi di loro

Porém, o avanço da festa para o espaço público não significava que a celebração era aberta a todos os cidadãos; as ruas e praças eram demarcadas com dosséis, tapeçarias e cercas, de modo a conferir aos convidados uma sugestiva privacidade. A demarcação do território da festa não era unicamente uma forma de exibir a riqueza familiar, era também uma forma de delimitação social: "à gente comum nada se dizia", comentava Parenti sobre os convidados ao banquete Medici-Orsini (1996, p. 249).[81] Jacqueline Musacchio (2008) explica que os dosséis eram úteis, pois ajudavam a trazer as celebrações para o espaço urbano ao mesmo tempo em que proporcionavam uma barreira necessária de exclusividade, algo muito importante para toda demonstração de poder e hierarquia em uma cidade orientada para a exibição social.

Além dos relatos escritos, as cenas de casamento representadas por pintores da época permitem visualizar a forma como os cenários das festas eram montados, permitindo-nos ter uma ideia de como era a apropriação do espaço público, a decoração da rua e da casa, os palcos montados para a dança, o vestuário dos convidados e os comportamentos à mesa durante o banquete.

O palco de dança do *Cassone Adimari* (Fig. 11) apresenta uma festa montada na praça principal de Florença – pode-se ver nos fundos a singular arquitetura do Batistério de São João. Os panos vermelhos e brancos que compõem o dossel representam um cenário similar ao descrito na festa de Rucellai e de Lorenzo de Medici. Com relação aos convidados, a suntuosidade das roupas corresponde a dos que assistiram ao banquete na casa dos Medici; segundo comentava Parenti, havia "tantos vestidos e casacos de brocado e seda bordados com pérolas [...] tantos que muito mais culpo tal grau de civilização do que o louvo" (1996, p. 250).[82]

---

arme e degli Orsini".

81 "a gente bassa nulla si diceva".

82 "tante cotte e giornee di broccato e di seta ricamate di perle [...] tanto que più tosto al grado della civiltà lo biasimo ch'io la lodi".

Figura 11 – GIOVANNI, Giovanni (Lo Scheggia). *Cassone Adimari* (detalhe), c. 1450. Têmpera sobre madeira, 88 x 303 cm. Galleria dell'Accademia, Florença.
Fonte: MUSACCHIO, 2008, p. 36.

Assim também, a pintura de Botticelli representando o banquete de casamento de Nastagio degli Onesti (Fig. 12), narrado por Giovanni Boccaccio no *Decamerão* (V: 8), nos fornece uma informação importante a respeito dos comportamentos que regiam o momento das refeições durante a festa: homens e mulheres sentavam-se separados, reunindo-se apenas para os momentos da dança. Essa informação é confirmada no relato da festa de Lorenzo de Medici: "a esposa com outras 50 jovens dançarinas comiam no jardim [...] nas *loggie* que circundavam o pátio da casa, comiam os cidadãos convidados [...] na sala térrea comiam os jovens que dançavam, [...] na sala grande, comiam as mulheres de mais idade [...] em companhia de dona Lucrezia (Tornabuoni)" (PARENTI, 1996, p. 248, grifo meu).[83] O mesmo comportamento foi notado por Danièle Alexandre-Bidon na iconografia dos manuscritos iluminados

---

83 "la sposa con circa 50 giovane da danzare mangiavano nell'orto [...] nelle loggie che circundano la corte di casa, mangiavano e citadino convitati [...] nella sala terrena mangiavano e giovani che danzavano [...] in sala grande, mangiavano le donne di più età [...] in compagnia di mona Lucrezia".

da baixa Idade Média, onde os banquetes de núpcias ou de cavalaria eram representados guardando "uma estrita separação dos convivas de acordo com o sexo" (1996, p. 526).

Figura 12 – BOTTICELLI, Sandro. *A história de Nastagio degli Onesti* (Parte IV), c. 1483. Têmpera sobre madeira, 83 x 142 cm. Coleção privada.
Fonte: MUSACCHIO, 2008, p. 34.

Com relação à comida, os banquetes buscavam impressionar aos convidados com pratos requintados e deliciosos. Serviam-se variedades de carne, petiscos, doces e muito vinho. Na festa de casamento de Lorenzo de Medici serviu-se:

> [...] primeiro um aperitivo, depois uma carne guisada, depois carne assada, depois waffle e marzipã, amêndoas e sementes de pinho confeitadas, depois os doces com *pinocchiati* (espécie de suspiros com crocante de sementes de pinho) e doce de abóbora. À noite gelatina, carne assada, frituras, waffle, amêndoas e os doces. [...] Vinhos:

Malvasia, Trebbiano e vermelho, ótimos (PARENTI, 1996, p. 248, grifo meu).[84]

Devido ao grande número de convidados, as refeições eram servidas em vários turnos, para assim poder sentar a todas as pessoas. Ainda, entre a comida oferecida pela manhã e a comida servida à noite costumava haver um momento em que as pessoas retiravam-se a descansar, como sugere o relato de Parenti: "Os festejos eram de manhã, pouco antes do almoço e pouco depois, e iam embora para descansar; e por volta das 20 horas (16 horas)[85] retornavam, e dançava-se até a hora do jantar" (1996, p. 249, grifo meu).[86]

No banquete na casa dos Rucellai foram servidas seis refeições considerando o almoço e o jantar dos três dias de duração dos festejos. Um grande número de convidados compareceu à festa e as mesas foram servidas em quatro turnos diferentes. "Nas primeiras mesas [...] comiam 170 pessoas", escrevera Rucellai se referindo ao primeiro turno de comensais, "nas segundas, terceiras e quartas mesas comia muita gente, de modo que naquela refeição comeram 500 pessoas" (In: MARCOTTI, 1881, p. 84).[87]

---

84 "[...] prima, il morselletto, poi un lesso, poi un arrosto, poi cialdoni e marzapane e mandorle e pinocchi, confetti, poi le confettiere con pinocchiati e zucata confetta. La sera, gelatina, uno arrosto, frittellette, cialdoni e mandorle e le confettiere. [...] Vini: malvagìa, trebbiano e vermegli optimi".

85 No chamado *tempo italiano*, a primeira hora do dia era marcada pelo pôr do sol e pelo som do sino do *Angelus*. Assim, sendo a boda de Lorenzo de Medici no mês de junho, o pôr do sol devia ser por volta das 20 horas na nossa concepção do tempo, o que faria das 20 horas mencionadas por Parenti as nossas 16 horas.

86 "Il festeggiare era la mattina, pocho innanzi desinare e pocho da poi, e andavansi a riposare; e circa le 20 hore ritornavano, e per insino a ora di cena si danzava".

87 "alle prime tavole [...] mangiava 170 persone"; "alle seconde e terze e quarte tavole mangiava gente assai, per modo che fu tal pasto che vi man-

Três dias durou também a celebração do casamento de Lorenzo de Medici e Clarice Orsini, com música, dança e grande fartura de comida e bebida. De acordo com Parenti, ao banquete compareceram mais de mil convidados, os quais foram servidos com grande cerimônia: "A ordem de conduzir os pratos e servir a mesa era maravilhosa, porque todos os pratos vinham juntos pela porta da rua, precedidos por trombetas, como se costuma" (1996, p. 248).[88]

Atender a um número tão grande de convidados com toda essa fartura e ostentação promovia o prestígio da família na comunidade e reforçava os vínculos de aliança e solidariedade com os convidados. Sem dúvida, uma festa de tais proporções era comentada por vários dias entre as pessoas da cidade; nas praças, nas ruas, no mercado e nas reuniões improvisadas na porta das casas. Assim como o cortejo da noiva, o banquete de casamento era uma operação de propaganda familiar, baseada na ostentação da força social, política e econômica da família anfitriã. Ambos os eventos eram explicitamente celebrados para mostrar à comunidade o poder e a riqueza da aliança estabelecida. Essa intenção pode ser claramente percebida no orgulho que demonstra Giovanni Rucellai pela festa oferecida por motivo do casamento de seu filho Bernardo com Nannina de´ Medici: "foi considerado o mais belo e mais nobre aparato já feito em festa de casamento" (In: MARCOTTI, 1881, p. 83).[89]

Entretanto, vale mencionar que houve ocasiões em que a festa de casamento não foi celebrada. Foi o caso de famílias que haviam sofrido a perda recente de algum parente e para guardar o luto abstinham-se das comemorações. Esse motivo é apontado por Goro Dati para justificar a ausência de festejos após a chegada da esposa em sua casa: "no dia 20 de maio, domingo de manhã, o dia de Santo Stagio, veio ao marido; e não

---

giò persone 500".

88 "L´ordine di conducere le pietanze e servire a tavola era meraviglioso, peroché tutte insieme ciascuna vivanda veniva per la porta della via, colle trombre innanzi, come si costuma."

89 "fu tenuto il più bello e più gentile parato che si sai mai fato a festa di nozze".

fizemos festa de casamento porque Manetto Dati havia partido desta vida fazia apenas 8 dias" (2006, p. 115).[90]

No que diz respeito à consumação da união, tradicionalmente acontecia no final do primeiro dia da festa de casamento, nos aposentos especialmente mobiliados para o casal. Entre os casos analisados, o único florentino a se referir explicitamente a esse passo fundamental na legitimação do matrimônio foi Filippo di Matteo Strozzi, que registrou a chegada da esposa na sua casa com as seguintes palavras: "no dia 27 (setembro) a conduziram a cavalo [...] e à noite, em nome de Deus, consumamos o matrimônio" (*apud* FABBRI, 1991, p. 183, grifo meu).[91] Assim, após terem dançado, comido e participado da festa com os convidados, os esposos retiravam-se à privacidade de seus aposentos para iniciarem legitimamente a sua vida em comum.

Outro documento que nos permite pensar que a consumação do matrimônio ocorria na casa do marido após o banquete de casamento é a opinião negativa que o humanista Matteo Palmieri manifestava a respeito do cortejo da esposa, o qual considerava uma grave ofensa à moralidade:

> Hoje, no meio da observância cristã, as virgens publicamente a cavalo, excessivamente adornadas e pintadas de toda lascívia, com trombetas na frente chamando o povo para ver a desenfreada audácia do meretrício arder, são levadas ao campo do desejado espetáculo; contornando as praças e exibindo que vão a caminho de não ser mais virgens (1982, p. 114).[92]

90 "a dì XX di maggio detto domenicha mattina el dì di Santo Stagio ne venne a marito; e non facemmo noze né festa, perché era Manetto Dati passato di questa vita 8 dì inanzi".

91 "a dì 27 la chondusono a chavallo [...] e la notte, chol Nome di Dio, chonsumamo il matrimonio".

92 "Oggi, nel mezzo della observanzia cristiana, le vergini publicamente, a cavalo, ornate quanto più possono, et dipincte d'ogni lascívia, colle trombe

A indignação de Palmieri com a exibição da esposa não somente é significativa por sugerir que a jovem ia virgem ao encontro do marido, mas também por ser uma crítica aberta a essa prática, que ele vê como um ato imoral e uma afronta à sociedade. Nesse sentido, é um pensamento singular por rejeitar um costume social estabelecido e amplamente mencionado pelos florentinos, que se referem a ele sem qualquer alusão a considerá-lo indecoroso. Nem mesmo um religioso, como São Bernardino de Siena, fez uma crítica semelhante. Como vimos em suas prédicas ele apenas se limitou a comentar a forma como a esposa era conduzida pelas ruas da cidade: "sobre um belo cavalo, vestida de seda e muito bem adornada para seu esposo" (1940 *apud*/SEBREGONDI, 2010).[93]

Vale mencionar que houve ocasiões em que o matrimônio foi consumado na casa da esposa no mesmo dia da entrega do anel ou alguns dias antes que a jovem fosse para a casa do esposo. Um desses casos foi a união de Matteo Strozzi e Maddalena Salviati, consumada no lar paterno da moça duas semanas após a oficialização da união e quase três semanas antes dela ser conduzida até o marido (FABBRI, 1991). Segundo Klapisch-Zuber (1985), essa mudança de hábito ocorreu no final do século XV e início do século XVI, quando figuram mais casos de matrimônios que anteciparam a consumação da união para antes do dia do cortejo nupcial. Entretanto, os documentos não esclarecem o porquê dessa mudança de comportamento. Nesse sentido, Brucia Witthoft (1982) propõe a hipótese de uma preocupação por parte dos esposos com o pagamento do dote, que teria levado os homens a consumar o matrimônio em casa do pai das moças para assegurar a cobrança do dote antes de levar as esposas a morar com eles. Porém, trata-se apenas de uma hipótese.

A primeira noite de intimidade dos esposos completava o processo de legitimação da união. Entretanto, independentemente do lugar

---

 inanzi chiamando il popolo a vedere la sfrenata audácia del meretrício ardire, ne portano al campo della desiderata giostra; intorniando le piaze, et faccendo monstra, ne vanno a non essere più vergini".

93 "su un bello cavallo vestita di seta e ornata molto bene al suo esposo".

de consumação do matrimônio, o início da vida em comum do casal só tinha lugar após a cerimônia de transferência da esposa e a celebração do banquete de casamento. Esse momento, isto é, o primeiro dia da esposa na casa do marido, era marcado por um costume particular: no primeiro dia da festa ou mesmo na manhã seguinte, a jovem era celebrada e agasalhada pela sua nova parentela, que lhe presenteava diversos anéis como uma forma de lhe dar as boas-vindas ao núcleo familiar.

Giovanni Rucellai comentou em seu *Ricordi* a acolhida que a sua nora Nannina de´ Medici teve na família: "e à nova esposa foram entregues 25 honoráveis anéis" (In: MARCOTTI, 1881, p. 85).[94] Andrea di Tommaso Minerbetti (In: BIAGI, 1899) também registrou os anéis recebidos pela sua esposa no dia da festa: nove anéis com diamantes, rubis e safiras, presenteados tanto por homens e mulheres da família quanto por amigos. E igualmente fez Cino Rinuccini com sua mulher Ginevra Martelli:

> foi entregue de manhã à dita Ginevra oito anéis de ouro com joias, como diremos. De Filippo nosso pai uma pérola de valor nove florins de ouro, aproximadamente. De Lorenzo Vettori nosso tio uma safira de valor quatro florins de ouro. De Andrea seu irmão um rubi rosa de valor quatro florins de ouro. De Alamanno meu irmão um rubi rosa de valor oito e meio florins *larghi*. De nosso Neri um diamante de valor cinco florins *larghi*. De nosso Francesco um rubi de valor cinco florins de ouro. Do nosso cunhado Bianco e a nossa Lisabetta, sua esposa, um rubi de valor cinco e meio florins *larghi*. De mona Simona nossa tia uma pérola de valor quatro e meio florins de ouro (1840, p. 254).[95]

---

94 "e alla donna novela furono date 25 onorevoli anela".

95 "fu donato la mattina alla detta Ginevra otto anella d'oro con gioie, come diremo. Da Filippo nostro padre una perla di valuta di fior. 9 d'oro incirca. Da Lorenzo Vettori nostro zio uno zaffiro di valuta di fior. 4 d' oro. Da

Essa tradição florentina fazia parte dos rituais de matrimônio. Tratava-se de uma forma simbólica de receber e acolher à nova integrante da casa. Klapisch-Zuber (1985) menciona que esse costume não somente representava a entrada da esposa no círculo familiar do esposo, ele também definia a sua nova função social e estabelecia vínculos de solidariedade naquele que seria o seu novo espaço doméstico.

Por outra parte, com relação ao pagamento do dote, o esposo devia oficializar publicamente a consumação do matrimônio para receber esse valor. Tanto para recebê-lo da família da esposa quanto para recebê-lo dos oficiais do *Monte delle doti* o marido devia se declarar *confessi et contenti*, admitindo que o casamento havia sido devidamente consumado. Essa declaração ocorria na presença dos parentes da esposa e de um notário, ou bem de um funcionário do *Monte*, e, uma vez que se entregava o dinheiro ao marido, diretamente ou através do depósito no fundo, elaborava-se o documento denominado *confessio dotis*, que certificava o pagamento do valor.

Lapo Niccolini e seu irmão Filippo resgataram juntos os dotes prometidos no momento dos acordos matrimoniais, três dias após a festa de casamento que celebraram conjuntamente: "no dia 14 de maio de 1384 confessamos o dote eu, Lapo, e Filippo, meu irmão" (1969, p. 72).[96] Tommaso di Iacopo Guidetti, após consumar o matrimônio com Lisa, filha de Rinieri di Andrea Richasoli, registrou em seus *Ricordi*:

> Eu fui ao Monte com Simone da' Richasoli, irmão da dita Lisa, e Lorenzo da' Richasoli, tio da dita Lisa, porque Rinieri, seu pai, estava em cama doente; e con-

---

Andrea suo fratello uno baiaselo di valuta di fior. 4 d' oro. Da Alamanno mio fratello uno baiaselo di valuta di fior. 8½ larghi. Da Neri nostro uno diamante di valuta di fior. 5 larghi. Da Francesco nostro uno rubino di valuta di fior. 5 d' oro. Dal Bianco nostro cognato e Lisabetta nostra, sua donna, uno rubino di valuta di fior. 5' larghi. Da mona Simona nostra zia una perla di valuta di fior. 4 ½ d' oro".

96 "a dì xiiij di maggio 1384, chonfessammo la dota io Lapo e Filippo, mio fratello".

fessei o dito dote na frente do chanceler do Monte, Ser Giovanni di Francesco di Neri, isto é, como havia consumado o matrimônio com a dita Lisa [...] e os referidos Simone e Lorenzo deram licença que me fosse transferido o dito dote de mil florins (*apud* MOLHO, 1994, p. 316, n. 39).[97]

Assim, o primeiro momento de intimidade dos esposos tinha implicações que iam além do início da vida em comum. De acordo com o que marcavam as práticas matrimoniais florentinas, tratava-se de mais uma etapa das negociações de casamento, aquela que vinha a concluir as tratativas iniciadas no passado através da entrega do dinheiro prometido para a celebração da aliança entre as famílias. Uma vez recebido o dote, o marido se encarregava do pagamento do imposto ou *gabella* sobre o valor.

Em linhas gerais, o pagamento do dote fechava o processo de escolha, acordo e concretização que marcava os matrimônios da alta sociedade da Florença do Quattrocento. Um processo que tanto no seu início quanto na sua conclusão era pautado por interesses familiares e guiado pelos parâmetros de um acordo de negócios. A partir desse momento a aliança matrimonial era concluída e junto com a legitimação da união legitimava-se igualmente o vínculo de *parentado*, uma relação que iria se fortalecer e estreitar afetivamente com o passar do tempo e as experiências vividas em comum. Entretanto, iniciava-se também um vínculo ainda mais complexo, o do casal, que apenas se conhecendo devia construir a sua vida e a sua família sem a base do sentimento; deixando assim latente uma nova questão: como se constituiria a relação dos esposos?

---

97 "Io andai al monte, dove chon Simone da´ Richasoli, fratello della detta Lisa e Lorenzo da´ Richasoli, zio di detta Lisa, perché Rinieri suo padre era nel letto malatto, e chonfessai la detta dota davanti il chancelliere del monte ser Giovanni di Francesco di Neri, cioè chome avevo chonsumato il matrimonio con la detta Lisa [...] e´ subditi Simone e Lorenzo dierno licenzia in me fusse promutato detta dota di f. mille".

A VIDA MATRIMONIAL FLORENTINA: ALGUMAS CONSIDERAÇÕES

Ao longo deste trabalho analisei a forma como os matrimônios florentinos do Quattrocento eram constituídos dentro das famílias da alta sociedade. Vi que as alianças eram estabelecidas de acordo com os interesses e expectativas familiares e seguindo a racionalidade de uma transação comercial, com valores de troca, materiais e simbólicos, que deviam ser ponderados com prudência e objetividade antes de se realizar a escolha matrimonial. Chegado o momento, o matrimônio era acordado na forma de um contrato entre as famílias dos noivos. Só então os futuros esposos começavam a se conhecer, com visitas esporádicas que se estendiam por poucos meses, às vezes menos, até o dia da celebração do casamento. Sem uma base afetiva e quase sem se conhecerem, os jovens deviam iniciar a sua vida em comum; mas, de que modo isso acontecia? Que ideais e preceitos conduziam a vida matrimonial desses casais?

A esses novos interrogantes que se apresentaram nos últimos momentos da escrita buscarei responder brevemente neste espaço, com a ressalva de que se trata de um tema muito amplo e complexo, cujo desenvolvimento necessitaria uma pesquisa mais extensa e aprofundada.

Buscar conhecer como se constituía a vida dos casais florentinos após os matrimônios acordados pelas famílias é uma tarefa difícil, devido à falta de documentos específicos que permitam analisar o tema. Existem, contudo, alguns casos particulares dos quais sobreviveram correspondências intercambiadas entre os esposos ao longo dos anos de casamento, as quais podem permitir uma aproximação à relação e à intimidade desses casais. Embora considerando que essas cartas oferecem uma visão fragmentada da realidade, pois testemunham apenas um determinado momento ou uma determinada ocasião da vida matrimonial, elas são fontes muito relevantes, que permitem observar detalhes sutis implícitos nas palavras redigidas. Elas podem nos revelar como era o trato afetivo que os esposos se brindavam, a preocupação que demonstravam um pelo outro e outras tantas singularidades capazes de nos mostrar a forma como eles haviam construído o seu vínculo afetivo.

Em 1458, durante uma das recorrências da peste em Florença, Lucrezia Tornabuoni escrevia desde a vila de Careggi respondendo a uma carta de Piero de Medici – que havia viajado à cidade para saber dos parentes que haviam permanecido lá: "Vejo que toda a minha família está bem, e tem sido de grande consolo saber que eles estão saudáveis, e te agradeço por isso; e sim te imploro, não podendo nós retornar lá, que tu retornes o mais rápido que puderes, pois parecem mil anos que nós não te vemos", dizia se referindo a ela e aos filhos (1993, p. 55).[1] A saudade que ela demonstra pela sua ausência, o desejo de estar junto dele e o carinho com que lhe agradece haver visitado a seus parentes, revelam um sentimento de afeição e de apreço pela convivência entre ambos. Ainda, Lucrezia assinava suas cartas com a expressão "a tua Lucrezia", que sugere cumplicidade entre ambos e a sensação que ela tinha de ser parte importante da vida do esposo.

As cartas enviadas por Piero a Lucrezia também refletem carinho e preocupação pela sua esposa. Ela costumava passar algumas temporadas nas águas termais dos arredores de Florença para tratar seus problemas de artrite; em uma dessas ocasiões em que se encontravam afastados ele lhe escreveu: "Tem fé e dispõe-te a obedecer aos médicos e a não te afastar dos mandamentos deles, e tolera e sofre cada coisa, se não por ti e por nós, pelo menos pelo amor de Deus, que demonstra estar te ajudando, não te preocupes por coisa alguma, a não ser pela razão

---

[1] "Veggo tutta la brigata mia sta bene, che m´è suto di gran consolatione sentire loro essere sani, che ti ringratio; e sì ti prego, non avendo noi a tornare costì, tu te ne ritorni il più presto che puoi, che ci pare mille anni che non ti vedemmo".

pela qual te encontras lá" (In: TORNABUONI, 1993, p. 95).² Dois dias depois, em 3 de outubro de 1467, ele enviou-lhe uma nova carta dizendo: "parece que te encontras melhor e assim me avisam os médicos [...] que têm esperança na tua liberação, e certamente a terás se fizeres aquilo que na outra (carta) te disse. Não cessamos de fazer orações por ti" (In: TORNABUONI, 1993, p. 96).³ A assiduidade com que eles se escreviam e a atenção que Piero põe na saúde da esposa expressam o carinho e cuidado que ele tinha com ela. Aconselhava-lhe a se preocupar unicamente com a sua recuperação, a seguir as indicações médicas e dava-lhe forças para continuar o tratamento e voltar logo junto da família; nesse sentido, as palavras de Piero revelam a consideração, a dedicação e o afeto que ele lhe tinha.

Uma atitude similar de apoio e companheirismo é possível perceber também em Marco Parenti. Por ocasião da morte do irmão menor de sua esposa Caterina, ele escreveu ao cunhado Lorenzo Strozzi: "Dona Alessandra e a Caterina estão em um momento de muito choro e muita aflição, procuramos confortá-las quanto nos é possível. Assim te peço que faças tu agora, na forma que puderes, com alguma boa carta" (1996, p. 49).⁴ Além de brindar consolo à esposa e à sogra estando perto delas nesse momento de dor, Marco se preocupava em que seu cunhado as acompanhasse a distância com palavras de conforto e empatia, atitudes que somente costumamos ter com pessoas que realmente nos importam e pelas quais temos um grande carinho. Ainda, sobre a forma

2   "Habbi fede, et disponti all'ubidientia de' medici et a non usscire una drama de' comandamenti loro, et tolera et soffera ogni cosa, se non per te et per noi, almeno per l' amor di Dio, che demostra aiutarci, né atendere a cos'alcuna, salvo alla cagione per che se' costì".

3   "A te pare essere meglo, et così m'avisano e medici che [...] hai speranza nella tua liberatione, et certamente la puoi havere, se farai quello che per altra t'ò detto. Qui non si cessa di fare orationi per te".

4   "Mona Allexandra e la Caterina sono in grande pianti e grande amaritudine; attendiamo a confortalla quanto c'è possibile. Chosì ti priego che facci anchora tu, in modo che tu possa, com qualche buona lettera".

como Marco cuidava e se comportava com Caterina temos informações através do parecer de sua sogra, dona Alessandra Strozzi. Em uma das cartas enviadas ao filho Filippo, ela comentava: "De Marco te digo que é um jovem bom e trata muito bem à Caterina, e com todos se comporta bem e isso me faz muito feliz" (1997, p. 40).[5]

Assim, podemos observar que, mesmo sendo os matrimônios acordados pelas famílias e não constituídos a partir do sentimento nascido entre os noivos, a relação dos esposos se estruturava no carinho, na solidariedade e no interesse pelo outro. Logicamente, havia matrimônios que conseguiam mais facilmente estabelecer uma boa relação, por afinidade, atração mútua ou simpatia, e havia outros que, com maiores dificuldades, fundamentavam-se na conformidade e na aceitação do outro. Mas, em linhas gerais, nota-se que o vínculo que se constituía na convivência era de apoio e companheirismo.

Evidentemente, não eram casamentos fundamentados em um amor apaixonado, pois não há nas cartas palavras de amor ou ternura entre os esposos, nem frases que transmitam uma grande emoção ou sentimento, mas nota-se um interesse pela vida em comum, pelos assuntos e preocupações do outro e pelo bem-estar dos filhos e dos parentes que os uniam. Sentiam a saudade da convivência mútua, da companhia do outro, e, quando por diversos motivos se encontravam afastados, preocupavam-se pela saúde, conforto e segurança do parceiro, como podemos ver na carta de Clarice Orsini a Lorenzo de Medici, escrita desde Cafaggiolo em maio de 1479: "as crianças estão todas bem e esperam para te ver, eu espero ainda mais, pois não tenho outro tormento a não ser que tu estejas em Florença nestes momentos", dizia, referindo-se à epidemia de peste que assolava a cidade e que lhe provocava o medo de perder o marido (In: ROSS, 1910, p. 218).[6]

---

5   "Di Marco, t´aviso ch´è buon giovane e molto bene tiene la Caterina, e tutti se ne porta bene, e molto me ne contento".

6   The children are all well and long to see you, I long even more, for I have no other torment than that you should be at Florence during such times".

Essa noção de matrimônio como uma relação de companheiros para a vida fazia parte da representação humanista difundida na Florença do Quattrocento. O amor matrimonial era exaltado como um sentimento perfeito que devia se fundamentar na afeição nascida na convivência. Se considerarmos a importância que os humanistas concederam na época ao tema da família é natural que fizeram igual com o matrimônio, por ser ele a base de um novo núcleo familiar. Assim, Francesco Barbaro ressaltava que o amor entre marido e mulher devia ser "a imagem da verdadeira amizade" (1548, p. 39).[7] Ele aconselhava: "procure-se então da própria vontade de ambos o amor recíproco; o qual de dia em dia deve crescer com cada carinho" (1548, p. 41).[8] Suas palavras não podiam ser mais eloquentes em nos mostrar a ideia do amor construído, do amor nascido "da própria vontade" dos esposos em querer forjar uma relação com bases sólidas, fundamentada no afeto mútuo. Era nas experiências cotidianas, na convivência entre eles e com os outros parentes, que os esposos deviam se esforçar por "dar forma" a um sentimento entre ambos, por "moldar" o seu amor com base no apoio, na solidariedade, na confiança e no carinho, elementos indispensáveis de uma "verdadeira amizade".

Essa forma de educação para o matrimônio estava igualmente presente em Leon Battista Alberti; ele advertia o seguinte:

> pode o amor entre mulher e marido se tornar grandíssimo, se a benevolência surge de algum desejo, o matrimônio te entrega grande abundância de prazer e agrado; se a benevolência cresce com a conversação, com nenhuma pessoa terás mais perpétua familiaridade que com a esposa; se o amor se liga e une descobrindo e comunicando a tua afeição e vontade, com ninguém terás uma via mais aberta e livre para conhecer todo e para

---

7 "la imagine della vera amicitia".

8 "cherchisi adunque dalla propria volontà di ambedue lo amor reciproco; il quale di giorno in giorno vada crescendo com ogni tenerezza".

te brindar que com a tua própria mulher e contínua companheira; se a amizade se acompanha de honestidade, nenhuma união te será mais religiosíssima do que aquela do matrimônio (1972, p. 107).⁹

A perspectiva humanista apelava à construção do vínculo afetivo entre os esposos através de demonstrações de carinho, de um comportamento honesto, do diálogo e da convivência. Segundo esses teóricos, o casal devia cultivar o amor e a amizade dentro do casamento, pois fundamentado no companheirismo, na dedicação e no afeto o vínculo matrimonial podia se tornar um sentimento puro e sublime.

Assim o manifestava também Matteo Palmieri: "entre todos os amores da predileção humana nenhum é maior nem mais unido pela natureza do que aquele da conjunção matrimonial" (1982, p. 156).¹⁰ Além de ser exaltado como um sentimento elevado, que segundo Alberti "beirava o religioso", vemos que o amor matrimonial era igualmente vinculado à sabedoria da natureza. Assim como Palmieri, Alberti também relacionava a existência desse sentimento com o grande saber da mãe da vida:

> Assim, portanto, foi o matrimônio instituído pela natureza, ótima e divina mestre de todas as coisas, com a condição que o homem tenha uma firme companhia na vida e que ela seja somente uma, com a qual se reduza

---

9 "Puossi l'amor tra moglie e marito riputar grandissimo, però che se la benivolenza sorge da alcuna voluttà, el congiungio ti porge non pochissima copia d'ogni gratissimo piacere e diletto; se la benivolenza cresce per conversazione, com niuna persona manterrai più perpetua familiarità che cholla moglie; se l'amore si colega e unisce discoprendo e comunicando le tue affezioni e volontà, da niuno arai piú aperta e piana via a conoscere tutto e dimonstrarti che alla propria tua donna e continua compagna; se l'amicizia sta compagna della onestà, niuna coniunzione più a te sarà religiosíssima cha quella del congiugio".

10 "infra tutti gli amori delle humane dilectioni niuno n'è magiore né più da natura unito che quello delle coniuntioni matrimoniali".

sob um teto, dela não se afaste com o pensamento e nunca a deixe só, a ela sempre retorne trazendo e ordenando aquilo que à família seja necessário e adequado. A mulher em casa conserve aquilo que lhe foi trazido (1972, p. 127).[11]

Nessa dinâmica proposta por Alberti o amor do casal ia se construindo não só nas experiências cotidianas, mas também na noção de lealdade entre ambos. Embora a infidelidade fosse parte desses matrimônios, devia existir entre o casal a ideia de respeito pelo compromisso do matrimônio. A esposa devia se tornar a pessoa mais íntima, mais próxima do marido, e assim se devia sentir também em relação a ele. Barbaro dizia: "Gostaria, portanto, que a mulher com fé, sabedoria, caridade e ternura, ame e honre o marido [...]. Viva e converse com ele de tal modo que, sem a presença dele, [...] coisa nenhuma possa lhe ser agradável, aprazível ou alegre" (1548, p. 39).[12] Nesse sentido, vemos que tanto Alberti quanto Barbaro veem na conversação, no respeito, nos gestos de carinho e no cuidado mútuo as ferramentas fundamentais para a construção do amor no casamento.

Esses ideais também eram sugeridos nas representações que decoravam os *cassoni* ou os quartos dos casais, imagens que remetiam a histórias clássicas ou contemporâneas sobre o amor e a fidelidade e lembravam, no cotidiano, a importância desses valores. O afresco de um

---

11 "Cosí adunque fu il coniugio instituito dalla natura ottima e divina maestra di tutte le cose con queste condizioni, che l'uomo abbia ferma compagnia nel vivere, e questa sia non più che con uma sola, colla quale si riduca sotto un tetto e da lei mai si partisca coll'animo, nolla mai lasci sola, anzi ritorni, porti e ordini quello che alla famiglia sai necessario e commodo. La donna in casa conservi quello che l'è portato".

12 "Voglio adunque che la moglie con tante fede, studio, charità, e tenerezza, ami et honori il marito [...]. Viva e conversi con esso lui in maniera, che senza la presenza di quello [...] cosa veruna non le poter essere, ne grata, ne piacevole, ne gioconda".

dos quartos do Palazzo Davanzati de Florença é um claro exemplo de como o afeto e a amizade dos esposos eram exaltados também através das imagens, sugerindo-se a cumplicidade de compartilhar uma caminhada, um jogo, uma leitura ou tantas outras atividades que podiam se desfrutar a dois.

Figura 13 – Artista desconhecido. *História de Chastelaine de Vergi*, c. 1395. Afresco. Palazzo Davanzati, Florença.
Fonte: Web Gallery of Art[13].

Mas, além de dividirem os bons momentos da vida em comum, Barbaro aconselhava-os também a serem um do outro o apoio e o sustento. À mulher dizia sobre o marido: "se ele está perturbado, aborrecido e de má vontade; esforça-te com voz suave e falar moderado por alegrá-lo, confortá-lo e consolá-lo" (1548, p. 37).[14] Assim também, o esposo devia ser o sossego da mulher nos momentos de tristeza ou necessidade: "o ma-

---

13 Disponível em: www.wga.hu (Acesso em: novembro 2014).

14 "se egli sarà poi tribolato, fastidito, et di mala voglia; sforzisi con voce soave, et com parlar modesto allegrarlo, confortarlo, et racconsolarlo".

rido, tornando-se parceiro dos assuntos dela estará dividindo e mitigando a soma das penas que a atormentam [...] ela, nos amados braços de seu caro consorte, deixará os seus suspiros" (BARBARO, 1548, p. 40).[15]

Desse modo, o amor dos esposos, que segundo Palmieri (1982) era intensamente unido pela natureza, fundamentava-se também no sustento emocional, no afeto e no cuidado que o casal devia se brindar para superar juntos os momentos difíceis e mitigar as penas e as preocupações. Essas demonstrações de empatia, proteção e solidariedade completavam a confiança e a afeição do amor matrimonial, tornando-o um sentimento ainda mais firme e seguro.

É o amor que se expressa no carinho que Santa Ana e São Joaquim se manifestam no abraço do encontro na Porta Dourada de Jerusalém, sensivelmente representado por Giotto em um dos afrescos da Capela Scrovegni, em Pádua (Fig. 14). O carinho e a felicidade com a qual se abraçam e beijam celebra uma das grandes novidades que alegrava a vida dos esposos florentinos: o nascimento de um filho – Ana e Joaquim comemoravam nesta cena a notícia do futuro nascimento da Virgem Maria. A chegada dos filhos vinha reforçar ainda mais a amizade e a afeição do casal. Os filhos representavam uma realidade comum e contribuíam fortemente a promover a união de marido e mulher, pois as crianças se tornavam o foco dos cuidados, dos anseios e da alegria de ambos. A partir desse momento, a preocupação pelo bem-estar e educação da descendência passava a ocupar o pensamento dos esposos e a tornar-se um tema recorrente de conversação, o que contribuía grandemente a aumentar a cumplicidade e o carinho entre eles.

---

15 "il marito quase compagno divenuto de gl´affanni di lei, andra compartindo, et allegierendo la soma delle pene che la tormentano [...] ella nelle amate braccia del suo caro consorte riporrà i suoi sospiri".

Figura 14 – GIOTTO. *Encontro na Porta Dourada*, c. 1303-1305. Afresco. Cappella degli Scrovegni, Pádua.

Fonte: WOLF, 2006, p. 34.

É importante mencionar que, a despeito da aparente igualdade de gênero que a noção do matrimônio como amizade pode sugerir, a sociedade florentina se sustentava em relações de hierarquia homem-mulher; "o casal se amava, mas o marido mandava" (KING, 1993, p. 60).[16] Os ideais do período pediam da esposa obediência e submissão. O comprazer ao marido era uma das principais exigências das representações femininas do século XV. A esse respeito Francesco Barbaro dizia:

---

16 "la pareja se amaba pero el marido mandaba".

"nada é mais agradável ou mais desejado pelos homens" (1548, p. 36).[17] Como mencionei antes na escrita, eram os homens que, uma vez casados, se encarregavam de instruir às esposas na nova vida que iniciavam, ensinando-lhes suas funções dentro da casa e os gostos e costumes da nova família. No entanto, esse domínio do marido não excluía à mulher da tomada de decisões e de uma participação ativa no governo da família, pois a mulher florentina, mesmo subordinada em algumas questões ao marido, foi pensada como a sua principal companhia e sustento nos assuntos da casa. Vimos casos como o de Lucrezia Tornabuoni em que a autonomia da esposa foi uma ajuda fundamental para o marido, que podia se dedicar a suas atividades com a confiança de contar com uma fiel companheira no sustento das questões familiares. Assim, a cumplicidade do casal ia se forjando não só na convivência, no diálogo e no apoio entre ambos, mas também na mútua confiança que se atribuíam no cuidado e atenção da família e da casa.

Nesse sentido, de acordo com os papéis sociais ressaltados acima por Alberti (1972), aos homens correspondia o prover e às mulheres o manter. Sobre essa complementaridade masculino/feminino sustentava-se a organização social do mundo mercantil florentino, os homens cuidando da vida política e dos negócios familiares e as mulheres conservando a riqueza adquirida e sustentando o privado familiar. Esse equilíbrio erguia-se na noção da vida matrimonial como amizade e parceria. Assim sendo, o matrimônio continuava sendo útil aos valores e interesses dos grandes nomes florentinos, promovendo não só a manutenção da ordem dentro da sociedade, mas também a perpetuação do poder e da hierarquia das famílias.

Em linhas gerais, podemos concluir que com a mesma racionalidade com que se estabeleciam os acordos de casamento, pensava-se o amor conjugal. O amor entre os esposos da alta sociedade do Quattrocento era um amor construído na prática, um sentimento que nascia a posteriori e se fundamentava nos valores da amizade. Um sentimento que não se manifestava espontaneamente, mas que era promo-

17 "noné cosa più grata, o più desiderata da gli huomini".

vido e ensinado, não só através do exemplo dos outros casais da família, mas também através da arte e da literatura da época. Somente um amor constituído nesses parâmetros podia assegurar uma união duradoura e estável e garantir os interesses que haviam levado as famílias à celebração do matrimônio. O amor nascido da atração espontânea, das emoções e da vontade de estar juntos não costumava ser parte da vida matrimonial, essa forma de amor era vivida na clandestinidade da cidade e, às vezes, até da própria casa, fruto do qual eram os muitos filhos ilegítimos que conformavam as famílias. No tempo em que as histórias de amor apaixonado eram exaltadas na escrita dos grandes nomes da literatura renascentista e alegorias do Amor eram representadas por renomados artistas do período, o amor conjugal foi difundido, pelo menos entre os membros da alta sociedade florentina, como um sentimento forjado na forma de uma perfeita amizade.

FONTES DOCUMENTAIS

ALBERTI, Leon Battista. *I dieci libri de l'architettura*. Veneza: Apresso Vincenzo Vaugris, 1546.

___. *I libri della Famiglia*. Torino: Einaudi, 1972.

___. *Opere Volgari*. vol. 1. Bari: G. Laterza, 1843.

ALIGHIERI, Dante. *A Divina Comédia: Paraíso*. Edição Bilingue. São Paulo: Editora 34, 1998.

___. *Da monarquia / Vida nova: texto integral*. São Paulo: Martin Claret, 2003.

ALTIERI, Marco Antonio. *Li nuptiali*. Roma, Tipografia Romana di C. Bartoli, 1873.

BARBARO, Francesco. *Prudentissimi et gravi documenti circa la elettion della moglie*. (trad. Alberto Lollio). Veneza: Appresso Gabriel Giolito de Ferrari, 1548.

BIAGI, Guido. *Due corredi nuziali fiorentini, 1320-1493: da un libro di ricordanze dei Minerbetti*. Florença: G. Carnesecchi e figli, 1899.

BISTICCI, Vespaciano da. *I libri delle lode delle donne*. Roma: Roma nel Rinascimento, 1999.

BOCCACCIO, Giovanni. *Decamerão*. São Paulo: Victor Civita, 1979.

BRUNI, Leonardo. *Le vite di Dante e del Petrarca*. Florença: All'Insegna della Stella, 1672.

CASTELLANI, Francesco di Matteo. *Ricordanze: ricordanze A* (1436-1459). Florença: Olschki, 1992.

CASTIGLIONE, Baldassare. *O cortesão*. São Paulo: Martins Fontes, 1997.

CERTALDO, Paolo da. *Libro di buoni costumi*. Florença: Le Monnier, 1945.

DATI, Goro. *I libri di famiglia e il libro segreto di Goro Dati*. (Org. Leonida Pandimiglio). Alessandria: Edizione dell'orso, 2006.

DEI, Benedetto. *La cronica dall'anno 1400 all'anno 1500*. Florença: Francesco Papafava editore, 1984.

GUICCIARDINI, Francesco. *Historia de Florencia: 1378-1509*. Mexico, DF: Fondo de cultura económica, 1990.

____. *Opere inedite*. Florença: Barbera, Bianchi e comp., 1857.

LANDUCCI, Luca. *Diario fiorentino di Luca Landucci*. Florença: Sansoni, 1883.

MACHIAVELLI, Bernardo. *Libro di Ricordi*. Florença: Le Monnier, 1954.

MAQUIAVEL, Nicolau. *A Mandrágora*: comédia em cinco atos. São Paulo: Abril Cultural, 1976.

____. *História de Florença*. São Paulo: Musa, 1998.

____. *O Príncipe*. São Paulo: Martins Fontes, 2004.

MARCOTTI, Giuseppe. *Un mercante fiorentino e la sua famiglia nel secolo XV*. Florença: Tipografia G. Barbera, 1881.

MARTELLI, Ugolino di Niccolò. *Ricordanze dal 1433 al 1483*. Roma: Edizione di storia e letteratura, 1989.

MORELLI, Giovanni. Cronica. In: MALESPINA, Ricordano. *Istoria Fiorentina. Coll'aggiunta di Giachetto Malespina e la cronica di Giovanni Morelli*. Florença: S.A.R., 1718.

NICCOLINI, Lapo. *Il Libro degli affari proprii di casa: de Lapo di Giovanni Niccolini de' Sirigatti.* Paris: S.E.V.P.E.N, 1969.

PALMIERI, Matteo. *Vita Civile.* Florença: Sansoni, 1982.

PARENTI, Marco. *Lettere.* (Ed. Maria Marrese). Florença: Olschki, 1996.

PETRUCCI, Armando. *Il libro di ricordanze dei Corsini* (1362-1457). Roma: Istituto storico italiano per il Medioevo, 1965.

PITTI, Buonaccorso. *Cronica di Buonaccorso Pitti.* Bologna: Presso Romagnoli Dall'Acqua, 1905.

RINUCCINI, Filippo di Cino. *Ricordi storici di Filippo di Cino Rinuccini dal 1282 al 1460.* Florença: Stamperia Piatti, 1840.

RUCELLAI, Giovanni. *Giovanni Rucellai ed il suo Zibaldone*: "il Zibaldone quaresimale". Londres: Warburg Institute, 1960.

SERMINI, Gentile. *Le novelle di Gentile Sermine da Siena.* Livorno: F. Vigo, 1874.

SIENA, Bernardino de. *Prediche volgari di S. Bernardino da Siena.* Siena: G. Landi, Nino Alessandri, 1853.

SOLERTI, Angelo. *Autobiografie e vite de' maggiori scrittori italini fino al secolo decimottavo narrate da contemporanei.* Milão: Albrighi, Segati & C. Editori, 1903.

STROZZI, Alessandra Macinghi. *Lettere di una gentildonna fiorentina del secolo XV ai figliuoli esuli.* (Ed. C. Guasti). Florença: Sansoni, 1877.

____. *Selected letters of Alessandra Strozzi.* Bilingual edition. Berkeley: University of California Press, 1997.

STROZZI, Lorenzo. *Vita di Filippo Strozzi, il vecchio.* Florença: Tip. della Casa di Correzione, 1851.

TORNABUONI, Lucrezia. *Lettere.* Florença: Olschki, 1993.

VASARI, Giorgio. *Las vidas: de los más excelentes arquitectos, pintores y escultores italianos desde Cimabue a nuestros tiempos.* Madrid: Cátedra, 2004.

VELLUTI, Donato. *La cronica domestica di messer Donato Velluti.* Florença: Sansoni, 1914.

REFERÊNCIAS BIBLIOGRÁFICAS

ALEXANDRA-BIDON, Danièle. Banquete de imagens e "hors d'oeuvre" iluminados. In: FLANDRIN, Jean-Louis; MONTANARI, Massimo. *História da alimentação*. São Paulo: Estação Liberdade, 1996.

ANDERSON, Siwan. The economics of Dowry and Brideprice. *Journal of Economic Perspectives*, vol. 21, n. 4, Fall 2007, p. 151-174.

ARIÈS, Philippe. *História social da criança e da família*. Rio de Janeiro: LTC, 2006.

BARTHÉLEMY, Dominique. Parentesco. In: DUBY, Georges (org.). *História da Vida privada*, 2: da Europa feudal à Renascença. São Paulo: Cia. das Letras, 2004, p. 96-161.

BEC, Christian. *Les marchands écrivains: affaires et humanism à Florence, 1375-1434*. Paris: Mouton et cie, 1967.

BEIGEL, Hugo G. Romantic Love. In: *American Sociological Review*, vol. 16, n. 3, junho 1951, p. 326-334.

BRANCA, Vittore. *Merchant writers of the Renaissance*: from Boccaccio to Lorenzo de' Medici. New York: Marsilio Publishers, 1999.

BRANDILEONE, Francesco. *Saggi sulla storia della celebrazione del Matrimonio in Italia*. Milano: Ulrico Hoepli, 1906.

BRAUDEL, Fernand. *A dinâmica do capitalismo*. Rio de Janeiro: Rocco, 1987.

BROWN, David. *Virtue and beauty*. Princeton: Princeton University Press, 2001.

BRUCKER, Gene. *Giovanni and Lusanna: love and marriage in Renaissance Florence*. Berkeley: University of California Press, 2005.

_____. *The society of Renaissance Florence: a documentary study*. Toronto: University of Toronto Press, 1998.

_____. *Two memoirs of Renaissance Florence: the diaries of Buonaccorso Pitti & Gregorio Dati*. Long Grove: Waveland Press, 1991.

BULLARD, Melissa Merian. Marriage politics and the Family in Florence: the Strozzi-Medici aliance of 1508. In: *The American Historical review*, vol. 84, n. 3, jun. 1979, p. 668-687.

BURCKHARDT, Jacob. *A cultura do Renascimento na Itália*. São Paulo: Companhia das Letras, 2003.

BURMESTER, Ana Maria de Oliveira. A História Cultural: apontamentos, considerações. In: *ArtCultura*, Uberlândia-MG, vol. 5, n. 6, jan./jun. 2003, p. 39-44.

CASTELNUOVO, Enrico. *Retrato e sociedade na arte italiana*: ensaios de história social da arte. São Paulo: Cia. das Letras, 2006.

CHARTIER, Roger. *A história cultural: entre práticas e representações*. Rio de Janeiro: Bertrand, 1990.

CHOAY, Françoise. De re aedificatoria: Alberti ou o Desejo e o Tempo. In: _____. *A regra e o modelo*. São Paulo: Perspectiva, 2010.

CICCHETTI, Angelo; MORDENTI, Raul. *I libri di famiglia in Italia*. vol. 1. Roma: Edizioni di storia e letteratura, 1985.

COSTA LIMA, Luiz. *Trilogia do controle - o controle do imaginário*. Rio de Janeiro: Topbooks, 2007.

CRABB, Ann. *The Strozzi of Florence: widowhood & family solidarity in the Renaissance*. Michigan: Univesity of Michigan Press, 2000.

CRUM, Roger J.; PAOLETTI, John T. *Renaissance Florence: a social history*. New York: Cambridge University Press, 2006.

CUNHA, Maria Teresa. Territórios abertos para a história. In: BASSANEZI, Carla; DE LUCA, Tania. *O historiador e suas fontes*. São Paulo: Contexto, 2012, p. 251-279.

D'AVRAY, David. Marriage ceremonies and the church in Italy after 1215. In: DEAN, Trevor; LOWE, K.J.P. *Marriage in Italy*. 1300-1650. New York: Cambridge University Press, 1998.

D'ELIA, Anthony F. *The renaissance of marriage in fifteenth-century Italy*. Cambridge, MA: Harvard University Press, 2004.

DUBY, Georges. *Medieval marriage: two models from Twelfth-century France*. Londres: John Hopkins, 1991.

____. *O cavaleiro, a mulher e o padre*: o casamento na França feudal. Lisboa: Dom Quixote, 1988.

ECKSTEIN, Nicholas. Neighborhood as microcosm. In: CRUM, Roger J.; PAOLETTI, John T. *Renaissance Florence: a social history*. New York: Cambridge University Press, 2006, p. 219-239.

FABBRI, Lorenzo. *Alleanza Matrimoniale e Patriziato nella Firenze del '400: studio sulla famiglia Strozzi*. Firenze: Leo S. Olschki Editore, 1991.

GAGLIARDI, Isabella. Il matrimonio in epoca medievale e rinascimentale: alcune note. In: PAOLINI, Claudio; PARENTI, Daniela; SEBREGONDI, Ludovica. *Virtù d'amore: pittura nuziale nel quattrocento fiorentino*. Prato: Giunti, 2010, p. 24-33.

GIES, Frances; GIES, Joseph. *Marriage and the family in the middle ages*. New York: Harper Perennial, 1989.

GOLDHWAITE, Richard A. *Private wealth in Renaissance Florence: a study of four families*. New Jersey: Princeton University Press, 1968.

_____. The Florentine palace as domestic architecture. *The American Historical Review*, Vol. 77, n. 4 (oct. 1972), p. 977-1012.

GOODE, William. *A família*. São Paulo: Pioneira, 1970.

GOODY, Jack. *Bridewealth and dowry*. Cambridge: Cambridge University Press, 1973 (a).

_____. *The character of kinship*. New York: Cambridge University Press, 1973 (b).

GOMES, Angela de Castro. Escrita de si, escrita da História: a título de prólogo. In: _____. *Escrita de si, escrita da História*. Rio de Janeiro: FGV, 2004.

HERLIHY, David. The Medieval marriage market. *Medieval and Renaissance studies*, 6, 1976, p. 3-27.

_____.; KLAPISCH-ZUBER, Christiane. *Tuscans and their families*: a study of the Florentine Catasto of 1427. New Haven: Yale University Press, 1985.

HIBBERT, Christopher. *The house of Medici*: its Rice and fall. New York: Harper Perennial, 2003.

HIPONA, Agostinho de. *Dos bens do matrimônio; a santa virgindade; dos bens da viuvez: cartas a Proba e a Juliana*. Coleção Patrística. vol. 16. São Paulo: Paulus, 2001.

HUGHES, D. O. From Brideprice to Dowry in Mediterranean Europe. *Journal of Family History*, 3, 1978, p. 262-296.

KENT, Francis William. *Household and lineage in Renaissance Florence: the family life of the Capponi, Ginori, and Rucellai*. New Jersey: Princeton University Press, 1977.

KING, Margareth L. *Mujeres renacentistas: la búsqueda de un espacio*. Madrid: Alianza, 1993.

KIRSHNER, Julius. Family and marriage: a socio-legal perspective. In: NAJEMY, John. *Italy in the age of the Renaissance*. New York: Oxford University Press, 2004.

_____.; MOLHO, Anthony. The dowry fund and the marriage market in early Quattrocento Florence. *Journal of Modern History*, 50, setembro 1978, p. 403-438.

KLAPISCH-ZUBER, Christiane. *Women, family, and ritual in Renaissance Italy*. Chicago: University of Chicago Press, 1985, p. 68-93.

LAWLER, Michael G. *Marriage and sacrament: a theology of christian marriage*. Minnesota: The Liturgical Press, 1993.

LOWE, Kate. Secular brides and convent brides: wedding ceremonies in Italy during the Renaissance and Counter-Reformation. In: DEAN, Trevor; LOWE, Kate. *Marriage in Italy 1300-1650*. New York: Cambridge University Press, 1998.

LURATI, Patricia. Vesti nuziali nella Firenze rinascimentale. In: PAOLINI, Claudio; PARENTI, Daniela; SEBREGONDI, Ludovica. *Virtù d´amore: pittura nuziale nel quattrocento fiorentino*. Prato: Giunti, 2010, p. 45-49.

MACFARLANE, Alan. *História do casamento e do amor*: Inglaterra 1300-1840. São Paulo: Cia. Das Letras, 1990.

MALATIAN, Teresa. Narrador, registo e arquivo. In: BASSANEZI, Carla; DE LUCA, Tania. *O historiador e suas fontes*. São Paulo: Contexto, 2012, p. 195-221.

MARTINES, Lauro. Sangre de abril: Florencia y la conspiración contra los Médicis. México: Fondo de cultura económica Turner, 2006.

_____. *The social world of the Florentine Humanists: 1390-1460*. Toronto: University of Toronto Press, 2011.

McLEAN, Paul D. *The art of the network: strategic interaction and patronage in Renaissance Florence*. Durham: Duke University Press, 2007.

MOLHO, Anthony. Deception and marriage strategy in Renaissance Florence: the case of women´s ages. In: *Renaissance Quarterly*, vol. 41, n. 2, summer, 1988, p. 193-217.

_____. *Marriage Alliance in Late Medieval Florence*. Cambridge: Harvard University Press, 1994.

MUSACCHIO, Jacqueline. *Art, marriage, and family in the Florentine Renaissance palace*. New Haven: Yale University press, 2008.

NAJEMY, John M. *A history of Florence*: 1200-1575. Maden: Blackwell Publishing, 2006.

NASCENTES, Antenor. *Dicionário etimológico da Língua Portuguesa*. Rio de Janeiro: Francisco Alves, 1955.

NIETZSCHE, Friedrich W. *Humano, demasiado humano*. São Paulo: Cia. Das Letras, 2000.

ORIGO, Iris. *The merchant of Prato*. Londres: Penguin books, 1992.

PAMPALONI, Guido. Le nozze. In: CAMERANI, Sergio. *Vita privata a Firenze nei secoli XIV e XV*. Florença: Leo S. Olschki, 1966, p. 31-52.

PARKS, Tim. *O banco Medici*. Rio de Janeiro: Record, 2005.

PERNIS, Maria Grazia; ADAMS, Laurie Schneider. *Lucrezia Tornabuoni de´ Medici and the Medici Family in the Fifteenth Century*. New York: Peter Lang, 2006.

PERNOUD, Regine. *Idade Média: o que não nos ensinaram*. Rio de Janeiro: Editora Agir, 1994.

PESAVENTO, Sandra Jatahy. O mundo como texto: leituras da História e d Literatura. In: *História e Educação*, ASPHE, FaE, UFPEl, Pelotas, n. 14, set. 2003, p. 31-45.

RONCIÈRE, Charles de La. A vida privada dos notáveis toscanos no limiar da Renascença. In: DUBY, Georges (org.). *História da Vida privada*, 2: da Europa feudal à Renascença. São Paulo: Cia. das Letras, 2004, p. 163-309.

ROSS, Janet. *Lives of the early Medici:* as told in their correspondence. Londres: Chatto & Windus, 1910.

SALVADORI, Patrizia. Introduzione. In: TORNABUONI, Lucrezia. *Lettere*. Florença: Olschki, 1993.

SALVINI, Salvino. Prefazione. In: PITTI, Buonaccorso. Cronica di Buonaccorso Pitti. Florença: Giuseppe Manni, 1720.

SCOTT, Joan. Gênero: uma categoria útil de análise histórica. In: *Educação e Realidade*, Porto Alegre, vol. 16, n. 2, p. 5-22, jul/dez. 1990.

SEBREGONDI, Ludovica. Rituale di nozze nella Firenze rinascimentale. In: PAOLINI, Claudio; PARENTI, Daniela; SEBREGONDI, Ludovica. *Virtù d'amore: pittura nuziale nel quattrocento fiorentino.* Prato: Giunti, 2010, p. 35-43.

TAMASSIA, Nino. *La famiglia italiana nei secoli decimoquinto e decimosesto.* Milão: Remo Sandron, 1910.

TINAGLI, Paola. *Women in Italian Renaissance art: gender, representation, identity.* Manchester: Manchester University Press, 1997.

TOMAS, Natalie R. *The Medici women*: gender and power in Renaissance Florence. Burlington: Ashgate, 2003.

TREXLER, Richard C. *Public Life in Renaissance Florence.* Ithaca: Cornell University Press, 1991.

VIGARELLO, Georges. O corpo inscrito na história: imagens de um "arquivo vivo". Apresentação, entrevista, tradução de Denise Bernuzzi de Sant'Anna. In: *Revista Projeto História*, São Paulo, n. 21, nov. 2000, p. 225-236.

WITTHOFT, Brucia. Marriage rituals and marriage chests in Quattrocento Florence. In: *Artibus et Historiae*, vol. 3, n. 5, 1982, p. 43-59.

WOLF, Norbert. *Giotto.* Koln: Taschen, 2006.

ZONABEND, Françoise. An anthropological perspective on kinship and the family. In: BURGUIÈRE, André; *et al. A history of the family.* Cambridge: Harvard University Press, 1996.

AGRADECIMENTOS

Meu sincero agradecimento ao prof. Dr. Amilcar Torrão Filho, meu querido orientador de mestrado, por ser meu guia na escrita, pela amizade e pelo apoio incondicional para a publicação deste livro. Devo muito a ele pela realização deste sonho.

Sou grata, igualmente, às professoras que com carinho e dedicação acompanharam o percurso da minha pesquisa, enriquecendo-a com as suas observações e contribuições: prof. Dra. Leila Mezan Algranti, prof. Dra. Yone de Carvalho e prof. Dra. Mariza Werneck.

Quero agradecer também, muito especialmente, ao meu marido, Juan, o meu grande companheiro pelas bibliotecas lá fora, cúmplice da felicidade que me provocava a descoberta de novos documentos e ouvinte das dúvidas e ideias que surgiam durante a escrita de cada um dos capítulos deste livro.

Do mesmo modo, à minha família, meus pais Ruben e Susana, meu irmão Ignacio e minha cunhada Fernanda, por estarem sempre presentes.

Pelo financiamento da pesquisa, agradeço ao Conselho Nacional de Desenvolvimento Científico e Tecnológico (CNPq).

E pelo auxílio à publicação do livro, à Fundação de amparo à pesquisa do estado de São Paulo (FAPESP).

Alameda nas redes sociais:
Site: www.alamedaeditorial.com.br
Facebook.com/alamedaeditorial/
Twitter.com/editoraalameda
Instagram.com/editora_alameda/

Esta obra foi impressa em São Paulo no inverno de 2017. No texto foi utilizada a fonte Adobe Jenson Pro em corpo 11 e entrelinha de 14 pontos.